新編體育經紀人教程（第二版）

主編 ● 范佳音、王欠

崧燁文化

序

　　現代體育產業在很大程度上是靠賣形象、賣聲譽、賣創意、賣夢想、賣體驗來開創自己的財富帝國的，好萊塢式的「大成本、大製作、高風險、高收益」的運作模式正在被越來越多的商業體育機構所採用，資金密集、技術密集、智力密集已經成為全行業運行的顯著特徵。於是，圍繞體育主營業務的多元化、專業化的體育仲介服務業開始形成規模，並在體育產業價值鏈中發揮了越來越重要的激發和催化作用。

　　第二次世界大戰結束以來，全球體育朝著職業化、產業化、市場化的方向闊步前進，其中一個重要的推手就是體育經紀人的大量出現和各類體育推廣公司的迅速崛起。可以毫不誇張地說，沒有體育經紀人開創的球員經紀模式、賽事營運模式、企業與組織體育贊助和營銷模式，體育的職業化、產業化和市場化就沒有實現的通路和轉化的媒介。今天，對全球體育明星、球隊老板、體育賽事的組織和營運機構以及一流的企業和品牌來說，如果你不瞭解體育經紀業務、不熟悉著名的體育經紀公司，那麼你可能還不是真正意義上的一線明星、一流企業和卓越品牌，同樣，對於從事體育產業營運和研究的人來說，如果你不瞭解體育經紀業務，那麼你可能就是一個不合格的從業者和研究者。

　　體育推廣和仲介行業是一個智力密集、靠腦袋吃飯的行業。它的商業邏輯和營利模式是增值分享，即只有把代理客戶的商業價值最大限度地挖掘出來並真實地銷售出去，才能在客戶價值增值中分享利潤，而要創造和實現客戶價值，專業化運作和持續的創新能力就是根本。當前，體育仲介市場和行業在中國仍然屬於新興市場和新興行業，在這個行業的發展中還存在市場開放度不夠、國內企業競爭力不強、從業人員整體素質不高以及行業管理規範度還有待進一步提高等問題。但是，隨著中國經濟轉型和城市化進程加速，越來越多的城市開始申辦重大的國際和國內賽事，

越來越多的企業開始進入品牌化、國際化的發展階段，越來越多的運動項目走上職業化發展道路以及越來越多的運動員走出國門、走向世界，中國體育仲介機構和從業人員的市場空間正在不斷地被打開。

《新編體育經紀人教程》是一本全面論述體育經紀人和體育經紀活動的基礎性入門教材。它對體育經紀業務全流程的系統介紹，對體育經濟管理專業的學生來說，是必須掌握的專業基礎理論知識，對體育產業從業人員來說，也是提升理論水平，指導實踐操作的有益工具。相信《新編體育經紀人教程》的出版對培養高水平的體育經營管理人才，對推動中國體育產業全面協調可持續發展都將起到重要作用。

鮑明曉

目錄

第一章　體育經紀人導論 …… 001
　　第一節　經紀市場的形成與發展 …………………………… 003
　　第二節　體育經紀人概述 …………………………………… 006

第二章　體育經紀人的職業素質和職業能力 …… 029
　　第一節　體育經紀人的職業素質 …………………………… 031
　　第二節　體育經紀人的知識結構 …………………………… 033
　　第三節　體育經紀人的職業能力 …………………………… 036

第三章　運動員經紀 …… 041
　　第一節　運動員經紀概述 …………………………………… 043
　　第二節　運動員轉會經紀 …………………………………… 055
　　第三節　運動員參賽經紀 …………………………………… 066
　　第四節　運動員無形資產的開發 …………………………… 072
　　第五節　運動員日常事務的代理 …………………………… 089

第四章　體育賽事經紀 …… 095
　　第一節　體育賽事概述 ……………………………………… 097
　　第二節　體育賽事經紀 ……………………………………… 107
　　第三節　體育賽事營銷 ……………………………………… 122

第五章　體育組織經紀 …… 133
　　第一節　體育組織概述 ……………………………………… 135
　　第二節　體育組織經紀 ……………………………………… 137
　　第三節　體育組織經紀技巧 ………………………………… 142

第六章　體育保險經紀　155

第一節　體育保險概述 …… 157
第二節　體育保險業 …… 164
第三節　體育保險經紀 …… 176

第七章　體育旅遊經紀　183

第一節　體育旅遊概述 …… 185
第二節　國內外體育旅遊發展狀況 …… 191
第三節　體育旅遊經紀人業務 …… 196

第八章　體育媒介與體育贊助　211

第一節　體育媒介 …… 213
第二節　體育贊助 …… 218

第九章　體育經紀合同　245

第一節　合同與體育經紀合同 …… 247
第二節　體育經紀合同的訂立 …… 249
第三節　體育經紀合同的風險評估 …… 256
第四節　合同的履行與變更 …… 260

第十章　體育經紀人管理　279

第一節　體育經紀資格認定 …… 281
第二節　體育經紀人管理制度 …… 287
第三節　中國體育組織對體育經紀人的管理 …… 290
第四節　國際上對體育經紀人的管理 …… 293

附錄　298

參考文獻　310

第一章
體育經紀人導論

DIYIZHANG

第一節　經紀市場的形成與發展

一、經紀市場形成的條件

商品生產和商品交換是市場形成的基本因素，也是經紀人和經濟業務產生的先決條件。從經濟業務提供的仲介服務職能看，它涉及生產、流通和消費等領域，連接著生產與生產、生產與流通、生產與消費等環節。經紀人正是連接各種市場交易的橋樑。它對於加速商品流通，縮短商品循環週期，促進經濟的快速發展有著重要的推動作用。經濟市場的形成依賴於商業貿易活動，沒有了商業貿易活動，也就失去了經紀人存在的土壤。

商業貿易活動催生了經紀市場的發育，在社會經濟形態由自然經濟向市場經濟的過渡中，商品生產和商品交換是其重要的標誌。商品生產和商品交換的產生需要具備兩個基本條件：第一，出現了社會分工。社會分工的出現提高了生產效率，促進了生產力的發展，出現了剩餘產品，使得商品交換成為可能。作為中間商促成商品交換的服務業便初露端倪。第二，生產資料歸不同的所有者佔有。由於他們可以自由支配手中的產品，或者用於交換，或者用於消費，在交換和消費的過程中，商人作為中間人起著重要的媒介作用。

商業貿易活動不僅催生了經紀市場的發育，而且極大地促進了經濟市場的成長和發展。第一，商業貿易活動為社會化大生產提供了保證。社會再生產就是生產與流通互動，兩者相互依賴、相互促進。商品生產者只有通過流通領域，才能實現商品的價值並謀取利潤，其所需的生產要素也只有通過流通領域從要素市場獲取。現在商品生產分工的細化，使得商品生產者已越來越依賴於商人和他們的商業貿易活動。第二，商業貿易活動促進了社會生產效益的整體提高。商業貿易活動不僅需要獲取自身的經濟效益，而且主要的是實現生產的效益。商品的流通時間越短，企業的資金週轉就越快，商品的流通數量就越大，企業的資本效益就越高。第三，商業貿易活動推動了商品流通的國際化發展。發達的商業貿易活動縮短了生產地與消費地的空間和由生產領域到消費領域的時間，有利於實現商品的規模化生產和專門化營銷，從而推動了商品流通的國際化發展。

在市場經濟發達的國家和地區，生產企業的對外銷售大多是通過中間商來完成的，中間商在生產企業和消費者之間建立買賣關係，生產企業通過委託代理的方式，與國際貿易中間商及他國進口貿易中間商簽訂銷售合同。

二、經紀市場與市場經濟的關係

經紀市場的形成和發展離不開商業貿易活動，商業貿易活動的發展則取決於市場經濟的成熟和市場經濟的完善。一方面，市場經濟中的客觀矛盾需要經紀人和經紀業務的存在和發展；另一方面，經紀人和經紀業務的存在和發展又是市場經濟發展的客觀要求。

三、市場經濟中的客觀矛盾

在現代市場經濟背景下，社會分工的細化、社會生產力的提高，以及市場經濟本身的缺陷所導致的生產與消費之間、供給與需求之間的矛盾日益普遍和突出。生產者與消費者之間的客觀矛盾主要表現為：空間、時間的分離，信息的不對稱，商品的質量、數量和價格的矛盾。

生產者與消費者的空間分離，即產品的生產地與消費地在地域上的差異。生產者與消費者的時間分離，即生產者的市場供給與消費者的市場需求在時間上的差異和矛盾。生產者與消費者之間的信息不對稱是指生產者不知道消費市場，消費者不知道供給市場，彼此間擁有的信息不對稱，市場信息失靈。生產者與消費者在商品品質供需上的矛盾，即生產者所供商品和消費者所需商品在種類、功能、規格、質量上的矛盾。生產者與消費者在商品價格上的矛盾，即生產者按成本和競爭價格估價產品，消費者按效用和支付能力估價產品，交易的實現價格體現著供求雙方的利益矛盾。

上述客觀矛盾的存在，需要中間商集中雙方的信息，以縮短雙方的空間矛盾和時間間隔，提高生產者與消費者之間的交換效率。集中雙方對商品品質、數量和價格的供需要求，促成雙方達成公平合理的交易。

四、體育產業概述

體育產業是指生產體育物質產品和精神產品，提供體育服務的各行業的總和。體育產業作為國民經濟的一個部門，具有與其他產業相同的共性，即注重市場效益、

講求經濟效益，同時又具有不同於其他產業部門的特性。體育產業的產品的重要功能還在於提高居民身體素質、發展社會生產、振奮民族精神、實現個人的全面發展和社會文明進步。

《國家體育產業統計分類》將體育產業界定為「為社會公眾提供體育服務和產品的活動以及與這些活動有關聯的活動的集合」，並將體育產業劃分為 11 個大類、37 個中類、52 個小類。11 個大類包括：第一，體育管理活動；第二，體育競賽表演活動；第三，體育健身休閒活動；第四，體育場館服務；第五，體育仲介服務；第六，體育培訓與教育；第七，體育傳媒與信息服務；第八，其他體育相關服務；第九，體育用品及相關產品製造；第十，體育用品及相關產品銷售、貿易代理與出租；第十一，體育場地設施建設。

體育產業是名副其實的朝陽產業。2015 年，全球體育產業總值為 15,000 億美元（1 美元約合 6.78 元人民幣，下同），發達國家體育產業占其國內生產總值的 1%~1.5%。其中，2015 年，美國體育產業總值就達 5,000 億美元，占其國內生產總值的比例達 3%，美國體育產業總值占全球體育產業總值的 1/3。統計數據顯示，2013 年，全球體育產業年增加值接近 9,000 億美元，其中美國體育產業總值高達 2.87 萬億美元，年增加值達到 4,500 億美元，約占全球體育產業增加值的一半，約占美國國內生產總值的 2.93%。法國體育產業總值約占其國內生產總值的 2.85%。中國體育產業總值僅為 3,100 億元人民幣，占國內生產總值的比重僅為 0.56%。通過十幾年商業化的快速發展，美國體育產業已經成為美國十大經濟支柱產業之一，相比之下，中國體育產業產值水平與全球平均水平尚差距甚遠。

中國體育市場的產業化起步較晚，開始於 20 世紀 80 年代。20 世紀 90 年代中期，中國體育產業才形成較為完整的產業形態和較為完善的體育行業的制度，中國的體育廣告業、體育建築業、體育博彩業、體育旅遊業和體育用品業等具體行業也是在這個時期開始得到發展。

中國體育產業雖然起步較晚，但發展很快，產業的領域不斷拓展，發展規模也不斷擴大，產業的質量也有所改善，產業的效益也明顯增高。體育產業的整體規模和其他產業相比較雖然不是很大，但是在社會主義市場經濟發展中，已經構成了一個獨具特色的產業門類。中國目前體育產業發展現狀主要體現在四個方面：第一，以本體市場為主體的體育市場，形成了一定的規模，市場體系的基本框架已趨清晰。基本包括競賽表演市場、健身娛樂市場、技術培訓與諮詢市場、體育無形資產市場、

體育旅遊市場。第二，體育產業開發的領域不斷擴展，體育產業的質量和產業效益逐步提高。第三，社會投資辦產業的形式發展很快，湧現了一大批符合現代體育制度的體育俱樂部、體育企業或企業集團。第四，確立和形成了保證體育事業發展的多渠道、多層次、多形式的產業化籌資機制。

第二節　體育經紀人概述

一、體育經紀人的概念及相關介紹

(一) 經紀人的概念

在探討「體育經紀人」的概念之前，應該首先瞭解經紀人的含義。經紀人的概念界定，在理論界和法規中有各種不同的論述。各國對經紀人的說法也各不相同，但是其基本觀點和核心內容是一致的，即「為交易雙方充當仲介」。

《中國經濟大辭典》認為：經紀人、中間商人，舊時稱為捐客，是指作為買賣雙方的媒介處於獨立地位，促成交易賺取佣金的中間商人。

《美國布萊克法律大辭典》將經紀人定義為：經紀人是指經授權代理委託人進行交易，或獨立行使為委託人提供與第三人訂約的機會，或充當訂約媒介促成委託人與第三人訂約和守約的中間人。

《法國拉魯斯大百科全書》對經紀人的解釋是：經紀人是指在商業交易中充當居間商的人。

在日本，人們把經紀人理解為：經紀人是指仲買人或周旋者。

上述對經紀人的各種理解雖然存在差異，但對經紀人的本質屬性的認識卻是相同的。經紀人主要包括以下三個要素：第一，以獲取佣金為目的；第二，充當委託人與第三人之間的訂約媒介或為委託人提供與第三人訂約的機會；第三，保證合同實施。總結這些共同之處，我們可以將經紀人定義為：經紀人是指在經濟活動中，以收取佣金為目的，為供需雙方提供中間服務，促成交易的具有獨立地位的自然人、法人和其他經濟組織。它是市場仲介組織的重要組成部分，是為買賣雙方實現市場交易而從事溝通、服務的中間人。

2004年8月，國家工商行政管理總局頒布實施的《經紀人管理辦法》將經紀人

界定為：經紀人是指在經紀活動中，以收取佣金為目的，為促成他人交易而從事居間、行紀或者代理等經紀業務的自然人、法人和其他經濟組織。

按照中國《經紀人管理辦法》的規定，經紀人的概念在經紀活動的主體、目的和方式上具有以下基本特徵：

第一，主體——自然人、法人或其他經濟組織。

第二，目的——促成交易、收取佣金。

第三，方式——提供居間、行紀、代理等仲介服務。

(二) 經紀人的特徵

從經紀人從事經紀業務時的社會、經濟、法律角度考察，綜合經紀人的活動情況，經紀人具有如下幾個基本特徵：

1. 經紀人是促成供需雙方交易的商業服務人員

經紀人應該嚴格按照委託人的指示在其委託業務的範圍內進行活動，其目的是促成委託人建立某一民事法律關係，並不代理委託人具體實施這一民事法律關係。這一特點也使經紀人與進行事務性活動的介紹人、傳達人區別開來。

2. 經紀人不能成為獨立的意思表示

經紀人的仲介活動是為了促使委託人和第三方之間達成交易，經紀人本身不是合同的當事人，也無權為委託人簽訂合同，因此也無須獨立的意思表示。經紀人在其活動中只起居間介紹的作用；而代理人在代理權限內作出法律行為時，必須向第三方作出獨立的意思表示，具有自己的主張。

3. 經紀人以其勞動獲得相應的報酬

收取佣金是經紀人的經營目的，佣金是依附於合同標的金額、代理成交額一定比例或提成關係的收入形式。經紀人根據委託人的要求提供信息及其他諮詢業務。從這個方面看，經紀和諮詢很相似，但它們有著本質的區別：諮詢服務雖然也是受託人提供某些信息和其他諮詢服務，但只是和委託人之間的關係，不涉及第三人。不以委託人和第三者達成交易為收取佣金的條件。而經紀活動則是委託人與第三者達成交易，簽訂合同后取得佣金的一種仲介服務。這種仲介服務是凝結了價值的一般人類勞動，是一種從事經濟信息勞務的具體勞動，這種腦力勞動耗費了社會必要勞動時間，經紀人通過這種仲介服務的勞動，加快了商品價值的實現。所以應獲得相應的報酬。

(三) 經紀人的業務範圍

經紀人的業務範圍也就是經紀人的經營範圍，它是國家允許經紀人從事經紀業

務的服務項目，是經紀人業務活動範圍的法律界限，反映了經紀業務活動的內容和方向，體現了經紀人的民事權利能力和民事行為能力。目前中國的經紀活動涉及的業務範圍十分廣泛，幾乎包括一切經濟文化領域，大致包括：現貨交易經紀、期貨交易經紀、證券交易經紀、科技成果市場經紀、房地產市場經紀、保險市場經紀、金融市場經紀、文化體育市場經濟、勞務市場經紀、外貿市場經紀和旅遊服務經紀等內容。

經紀業務的具體內容主要包括：

1. 傳遞商品信息

經紀人接受供給方或需求方的委託後，就帶著相應的商品信息去尋找合適的買家或賣家，在這個過程中，經紀人的基本職能就是傳遞商品信息。

2. 代表一方談判

當交易雙方就有關條件方面存在分歧時，經紀人可以在接受委託人的授權後，代表委託人的一方與交易另一方在授權範圍內就相關問題進行談判。

3. 提供交易諮詢

在交易者不太熟悉市場交易的商務、法律等事宜時，經紀人利用自己的信息資源可以提供各種諮詢服務，協助辦理或者接受委託和代為辦理有關手續。

4. 草擬交易文件

經紀人可以根據委託方的意見，草擬經紀活動中的有關文件和合同文本，但草擬的文件需要最終當事人的簽名、蓋章，才能發生法律效力。

5. 提供交易保證

經紀人在一定程度上起著保障交易安全的經濟擔保作用，但是這種擔保是以信譽條件作為保證的，並不負連帶賠償責任。

中國《經紀人管理辦法》明確規定，經紀人應當遵守國家有關規定，在允許的經營範圍內進行經紀活動。國家禁止流通的商品和服務，不得進行經紀活動。

（四）體育經紀人的相關概念

2006年4月29日，勞動和社會保障部發布的第六批新職業中把「體育經紀人」作為正式公布的名稱。2007年4月，「體育經紀人」這一職業名稱被《中華人民共和國職業分類大典》正式補錄。從法律的角度來界定，體育經紀人是指在體育經紀活動中，以收取佣金為目的，為促成他人交易而從事居間、行紀或者代理等經紀業務的自然人、法人和其他經濟組織。

由於受不同的社會制度、傳統文化及經濟發展水平等因素的影響，不同國家或組織對體育經紀人的界定存在著一些差異。甚至在同一個國家的不同地區，對體育經紀人的解釋也不盡相同。

義大利足球協會的《體育經紀人管理條例》中規定，體育經紀人是指代理職業運動員的人。體育經紀人為運動員擬訂合同期限、薪金和獎金等條款，為委託運動員與俱樂部以外的自然人或者法人簽訂涉及運動員名字及形象開發的商業合同。

在美國，不同的州對體育經紀人的定義也不相同，如加利福尼亞州將體育經紀人視為獨立的合同簽訂者，以獲取佣金為目的，與運動員或者體育組織簽訂委託合同，為他們尋找職業運動或比賽機會，以及提供其他的商業機會。在肯塔基州，則這樣解釋體育經紀人：體育經紀人是指親自或通過他人招募學生運動員，並與之形成默契關係的人。

中國足球協會的《球員經紀人管理辦法》規定：球員經紀人是指以獲取佣金為目的，在正常範圍內向俱樂部介紹其有意簽約的球員，或者介紹兩家俱樂部進行球員轉會活動的自然人。

中國籃球協會的《籃球項目體育經紀人管理暫行辦法》規定：籃球項目體育經紀人是指依法取得經紀資格、從事籃球經紀活動的法人和自然人。籃球項目體育經紀活動是指個人或組織在籃球項目活動中收取佣金、促成籃球活動順利開展的居間、行紀或代理等經營活動。

（五）體育經紀人的類別

體育經紀人沒有嚴格意義上的類別劃分，通常是從經紀內容、經營主體形式、職業特點、經紀活動方式進行劃分的。

1. 按經紀內容劃分

（1）運動員經紀人。運動員經紀人是指專門從事運動員經紀活動的體育經紀人或經紀組織。如國際足球聯合會註冊的體育經紀人都只從事足球運動員轉會的經紀業務。運動員經紀人主要代理運動員轉會、參賽、商務活動和日常事務管理等業務。近年來，運動員經紀人的業務內容已大大擴展，並且逐漸細分，諸如代理運動員投資理財、個人形象設計、無形資產開發、廣告權益買賣、法律諮詢服務等均成為運動員經紀人的重要業務。

（2）賽事經紀人。賽事經紀人是指專門從事體育賽事經紀的體育經紀人或者經紀組織。從事體育賽事經紀活動的大多數經紀商是體育經紀公司或經紀事務所等體

育經紀組織。與個體體育經紀人比較，它們一般在規模、資金、組織結構和運作模式上相對規範。賽事經紀人的業務主要內容包括：賽事代理權談判、合作意向確定、代理協議簽訂、贊助商合同簽訂、電視轉播權買賣合同、賽事相關產品開發權出售、賽事廣告代理、紀念品開發、冠名權出讓等。經紀組織一般只承擔其中部分業務，市場開發和推廣工作通常由賽事組織者、賽事承辦者與贊助商、新聞媒介等經營主體合作完成。賽事經紀人在中國有著非常好的發展前景，是中國體育經紀人最大的經紀業務。

（3）體育組織經紀人。體育組織經紀人是指從事俱樂部、運動隊或體育組織有關事務代理活動的體育經紀人或經紀組織。這是新出現的體育經紀活動領域，其內容包括：包裝和代理運動隊，為運動隊爭取贊助，參與俱樂部資產重組，代理體育組織，幫助他們協調或者解決有關問題、爭端，為其獲取有關信息，提供訂約機會，進行商業性開發等。

2. 按經營主體形式劃分

（1）個體體育經紀人。個體體育經紀人是指具有民事權利能力和完全民事行為能力的自然人，依法註冊、以個人名義從事體育經紀活動，並以個人全部財產承擔無限責任的體育經紀組織。有的個體體育經紀人以一個運動項目的經紀活動為主，有的個體體育經紀人則介入多個運動項目，有的個體體育經紀人是多名運動員的經紀人，有的個體體育經紀人則是一名體育明星的私人顧問。他們的服務大多數以運動員的個體服務為主。

（2）合夥體育經紀人。合夥體育經紀人是指以經紀人事務所的方式或其他合作形式從事經紀業務的營利性組織。合夥人預先訂立合夥協議，共同出資，共同經營，共享利益，共擔風險。合夥人按出資比例或協議約定，以各自財產承擔相對責任，對經紀人事務所的債務承擔無限連帶責任。

（3）經紀公司。經紀公司是指依據《中華人民共和國公司法》（以下簡稱《公司法》）成立的，從事經紀業務，負有限責任的企業法人。經紀公司按登記機關核准的經營範圍從事經紀活動。通常，這樣的公司的實力比較雄厚，在從事運動員經紀業務的同時，更多的是推廣賽事、包裝球隊或者代理體育組織等。

（4）其他組織形式。目前，有許多廣告公司、諮詢公司、文化傳播公司，以及一些運動項目管理中心的市場開發部等機構也都在兼營體育經紀活動。

3. 按職業特點劃分

(1) 專職體育經紀人。專職體育經紀人是指那些沒有其他專業，以專門從事體育經紀業務為職業的體育經紀人。專職體育經紀人一般都合夥註冊相應的體育經紀組織，如合夥體育經紀企業、體育經紀公司或其他仲介服務機構。專職體育經紀人通常比較熟悉體育經紀業務、具有較強的市場推廣能力、商業運作比較規範。專職體育經紀人在體育經紀市場中占主導地位。

(2) 兼職體育經紀人。兼職體育經紀人是指那些擁有體育經紀人資格證書，除了從事體育經紀活動之外，還擁有其他本職工作的體育經紀人。他們在本職工作之餘，利用自己的專業知識和操作經驗，兼職從事如運動員代理、賽事推廣策劃、體育組織贊助等經紀業務。相對於專職體育經紀人，他們具有靈活性和機動性的特點。

4. 按經紀活動方式劃分

(1) 居間經紀人。居間經紀人是指以自己的名義為他人提供交易機會，或促成他人之間的交易，主要活動是提供信息、牽線搭橋。居間經紀人是傳統概念上的中間人。

(2) 行紀經紀人。行紀經紀人是指受委託人委託，經紀人以自己的名義介入與第三方進行交易，並承擔相應的責任。

(3) 代理經紀人。代理經紀人是指受委託人委託，經紀人以委託人的名義與第三方進行交易，並由委託人承擔相應的法律責任。代理經紀人主要起代理作用。

(六) 體育經紀人的作用

體育經紀人在運作運動員經紀、教練員經紀、體育賽事經紀、體育組織經紀以及代理企業介入體育市場等方面的作用是不可替代的。體育競賽市場越完善，體育經紀人就越活躍，這是由體育市場的供需矛盾決定的。體育經紀人的作用主要體現在如下幾個方面：

1. 有利於協調競賽市場的供需矛盾

廣義的體育市場是指體育用品市場和體育服務市場；狹義的體育市場是指體育服務市場。體育服務市場主要包括健身娛樂市場和競賽表演市場及連帶的體育博彩市場。

健身娛樂市場屬於大眾健身範疇。市場的供給方是政府和企業，產品是體育健身娛樂設施和大眾健身教練及社會體育指導員；市場的需求方則是大眾健身消費者。市場供需矛盾的突出表現是產品供給不足。但大眾健身消費是人力資本投資消費，

消費需求理當旺盛。解決這一市場的供需矛盾唯有政府增加投資，否則企業和經紀人都難有作為。因為大眾健身市場在中國長期微利甚至無利經營。

競賽市場性質類似於文藝影視市場。市場的供給方是各級體育組織，產品是各類體育賽事，包括運動隊和運動員本身。市場的需求方是現場觀眾和媒體受眾。市場的供需矛盾突出表現在體育賽事這種商品的品質差異和市場價值。解決這一市場的供需矛盾，取決於經紀人和經紀公司對這種商品的包裝與市場推廣，尋求贊助商和強勢媒體的商業合作有利於提升賽事的市場價值，以吸引更多的現場觀眾和媒體受眾，通過賽事現場門票銷售和電視轉播權出售，為體育組織聚集財富，從而收購或買入更高水平的職業選手，形成良性循環將有利於提升競賽市場的規模和品牌。體育經紀人和經紀公司的這種協調能力是不可或缺的。

為運動員提供了便利。體育經紀人需要國際各體育組織（如國際足球聯合會、國際田徑聯合會等機構）對其頒發正式的聘任證書，才可以上崗經營，所以運動員可以放心地將各種事務委託給體育經紀人。體育經紀人熟悉世界各地的體育環境，不僅能夠為運動員聯繫到足夠多的比賽，而且能夠把運動員的食宿安排得井然有序。如為運動員爭得出場費、交通費、辦好簽證、安排機場接送、拉廣告、找贊助，為運動員進行包裝宣傳等。正如中國著名田徑運動員李彤所說的那樣：「對運動員來說，體育經紀人的作用，就如同有一位好教練一樣重要。」

2. 促進了體育職業化和商業化的進程

儘管奧林匹克倡導的是業餘訓練和比賽，但從當今世界來看，各國體育的職業化和商業化已成為無可爭議的現實，職業化的表現形式是聯賽，商業化的表現形式是大獎賽、邀請賽，這些都必然需要經紀人為運動員辦理轉會、獎金分配和其他一些事務性工作。通過經紀人的運作，還可以創造很多商機，吸引廣大民眾的參與。1997年在美國舉行的加拿大短跑名將貝利和美國著名運動員約翰遜之間的「世界飛人」大賽，還有1998年在中國成都舉辦的「世界女飛人」大賽，這些都是帶有濃厚的商業色彩的非常規體育比賽，都是體育經紀人一手創辦出來的。

3. 促進了體育產業化和市場經濟的發展

體育經紀人對體育產業的發展和體育市場經濟的繁榮起著重要的推動作用。它是體育市場不可缺少的一個環節。從職業角度講，體育經紀人的活動促進了體育產業市場化和社會化。通過他們的運作，把過去由國家撥錢辦比賽變成由社會出資、市場出資辦比賽，這是體育產業化的重要表現形式。不僅各類體育比賽，而且電視

轉播、廣告策劃、媒體宣傳甚至運動員和運動隊的經營管理也離不開體育經紀人的參與。體育經紀人在體育產業化和市場經濟的發展中將會起著越來越重要的作用。

從世界範圍看，體育經紀人最成功的案例是1984年的第23屆洛杉磯奧運會。它是由美國商人尤伯羅斯的個人企業承辦的，改變了過去由國家承辦奧運會的慣例。尤伯羅斯就像經營個人企業那樣經營奧運會的全部工作，最后把第23屆洛杉磯奧運會辦成了一個空前成功的盛會，而且盈利2億多美元，改寫了奧運會的經濟史，使奧運會步入市場經濟的軌道。前國際奧委會主席薩馬蘭奇說：「沒有商業的贊助，奧林匹克運動將走向死亡。」奔馳公司每年向體育界投資上千萬歐元，他們認為「對體育的投入越多，每年的利潤就會越多」。由此可見，在世界範圍內，體育界和經濟界相互促進、共同發展的規律已經為人們所接受。

案例

經紀人在李娜取得成功過程中的重要作用

著名網球運動員李娜作為兩屆大滿貫的冠軍得主，不僅在網球事業上有所突破，而且成為運動員商業開發最具代表性和典型性的例子之一。2008年之前，李娜的收入來源主要源自於比賽的獎金，扣除掉個人所得稅以及上交給中國網協的錢之後所剩無幾。

北京奧運會之后李娜「單飛」，李娜自主選擇訓練方式、經紀公司和商業活動，於2009年與全球體育和娛樂業營銷巨頭國際管理集團（IMG）成功牽手，達成合作意向，IMG高級副總裁麥斯·埃森巴德作為李娜的經紀人。簽約之後，李娜有更多的時間和精力專注於自己的比賽和訓練。從2009年簽約到2011年澳大利亞網球公開賽之前，李娜手中僅僅只有球衣裝備與球拍這兩大贊助，作為經紀人的麥克斯為李娜謹慎選擇品牌引入，幫助李娜先后簽約了勞力士、哈根達斯、奔馳、壽康人壽、耐克、維薩（VISA）等十多個國際大品牌，李娜評價說：「我從來不擔心贊助這些與比賽無關的事情，我有最好的經紀人，所有的事情都由他來聯繫和決定，我只需要專注於訓練與比賽。」李娜全身心地投入比賽取得的優異成績，為麥克斯開發李娜的商業價值提供了保證。根據《福布斯》雜誌的統計，數據顯示李娜這些年的贊助收入超過5,800萬美元。這也意味著在長達15年的職業生涯中，這位中國網球金花累計收入超過4.5億元。2016年的3月31日，《福布斯》雜誌公布的最新一期的

退役運動員收入榜中，亞洲網球「一姐」李娜憑藉1,400萬美元的年收入成功上榜，並且成為收入最高的退役女運動員。由此可見李娜的經紀人的成功運作不僅充分挖掘了李娜職業生涯的商業價值，為李娜在職業生涯取得好的成績清除障礙，使李娜能夠更好地專注於比賽，也為李娜退役后的道路做好了鋪墊。除了搞定贊助之外，作為經紀人的麥克斯還注重對李娜的形象塑造和包裝。李娜身后的團隊在公關培訓方面也取得了一定的成就，使李娜對媒體的態度由抗拒轉為幽默得體。獲得這樣的成功，李娜個人能力是一方面，她的經紀人也在其中也發揮了不可替代的重要作用。

——資料來源於衛禹帆，黃曉春. 體育產業市場環境下中國體育經紀人發展分析 [J]. 廣州體育學院學報，2016，(5)：14－17.

（七）體育經紀人的權利和義務

1. 體育經紀人的權利

體育經紀人的權利是指在開展經濟活動過程中，依照法律法規和雙方協議的有關規定享有的、受國家法律保護的權利和利益。

體育經紀人首先的身分是所在國公民，擁有該國法律規定的公民應享有的權利，也必須履行該國公民的義務。除了作為所在國公民擁有法律規定的權利和義務外，作為特定行業的從業者，體育經紀人享有從業者應有的權利和履行相應的義務，全面完整地規定體育經紀人的權利和義務，對規範體育經紀運作、保障經紀人權益、促進經紀業務的發展大有裨益。

體育經紀人擁有以下幾方面的權利：

（1）請求國家法律保護權。體育經紀人有權在法律允許的範圍內，並按註冊登記時核准的經營範圍開展經紀活動，應當受到法律的保護，任何單位和個人不得干涉。當經紀人的權利和利益受到損失或其實現受到阻礙時，有權要求相關部門對其合法的權利和利益給予保護。

（2）請求支付報酬的權利。體育經紀人按照與委託人的協議完成經紀活動后，有權依照國家的有關規定或雙方訂立的經紀合同，得到合理的報酬，獲取佣金。

（3）請求支付成本費用的權利。體育經紀人按照協議完成委託任務后，有權要求委託方支付在體育經紀活動過程中發生的各種成本、費用，成本、費用可以單獨計算，也可以和佣金合併在一起以包干的方式在體育經紀合同中加以約定。

（4）委託人有違約或詐欺行為時，有終止服務的權利。在體育經紀活動進行過程中，體育經紀人發現委託人違約，或就委託的事項有故意隱瞞事實真相的嫌疑，可以終止服務，並就由此產生的損失請求賠償；體育經紀人發現委託人已不具有履約能力時，也可以終止體育經紀活動。

（5）賠償請求權。體育經紀人在代理活動時，其權利範圍還包括：必要的請償權，非因自身因素造成損害的損害請求權以及在某些情況下對佔有的委託人財產行使留置權等。

（6）其他權利。根據約定提供經紀服務，委託方或合同他方違約，經紀人有權不退還佣金，也不承擔委託方與合同他方所訂合同的履約責任。經紀人如作為代理人，其權利範圍還包括必要的債務的請求權。

2. 體育經紀人的義務

經紀人的義務是指經紀人依照法律或者委託人的協議規定，應履行的必須為或禁止為一定行為的責任，以保護國家和委託人的權益。

經紀人的義務也分為對國家的義務和對委託人的義務。對國家的義務是指按照國家的有關規定依法行紀和照章納稅；對委託人的義務是指依法或者按照協議對委託人盡職盡責，包括法律規定的義務和由雙方協商經合同確認的義務。

經紀人的義務具有法律的約束力，如經紀人未履行或未完全履行其義務，權利人有權要求其履行或要求國家有關部門強制其履行。

體育經紀人的義務主要有如下幾個方面：

（1）依法經紀。體育經紀人必須依照國家的有關法律法規和政策，開展經紀業務活動，不得違背國家的有關法律規定。

（2）照章納稅。照章納稅是每一個公民應盡的責任，體育經紀人應當按照國家的有關規定按時足量納稅，包括營業稅、所得稅、個人收入調節稅等，收取當事人佣金應當開具發票，並依法繳納稅收和行政管理費等。

（3）履行協議。作為一名合格的體育經紀人，首要任務就是要依照與委託人簽訂的協議，不折不扣地為運動員或其他委託人履行好協議規定的有關內容。在履行協議的過程中，需要修改或變更委託要求時，應先徵得委託人的同意，避免造成違約行為。

（4）誠實守信。誠實守信是經紀活動的基本原則，也是體育經紀人的基本素質。在體育經紀活動過程中，體育經紀人必須保持自己的中立地位，公正地對待各

方人和事；如實介紹和轉達任何一方的意見，不能為了一方的利益而損害另一方的利益；要提供客觀、公正、準確、高效的服務。

（5）保守秘密。體育經紀人有為委託人保守任何轉會、比賽、商業活動或按約定為當事人保守商業秘密的義務。不經授權，不得將委託人或另一方當事人的情況洩露給對方或媒體公眾。在未將一方當事人有關情況告知另一方時，體育經紀人有自己先承擔履行合同的義務。

（6）盡職服務。體育經紀人面對的對象多為體育明星或有影響的體育組織，因此，其服務水平顯得尤為重要。體育經紀人應自始至終、盡職盡責地做好服務工作，包括：有關文書的製作、簽署和保存、談判與及時的信息溝通，詳盡周到的日程和生活安排；樣品和證件的保管；督促有關各方履行協議；記錄經紀業務成交情況，並保存三年以上；將訂約機會和交易情況如實、及時地報告當事人各方；妥善保管當事人交付的樣品、保證金、預付款等財物。

（7）賠償損失。體育經紀人在開展經紀業務時，如因自己行為的過失或違約給委託方造成損失的，應當負有相應賠償的責任。

二、體育經紀人的產生與發展

（一）國外體育經紀人的產生與發展

1. 國外體育經紀人產生的社會背景

體育經紀活動早在古羅馬時代就已出現。據歐洲的一些體育史學者考證，古羅馬奧斯汀時期的「龐貝俱樂部」就曾介紹當時的運動員到各體育俱樂部去比賽，但是這種仲介活動只體現了初始狀態的體育經紀活動。

現代意義上的體育經紀人源於西方，最早出現在19世紀末20世紀初的英國。以英國為代表的主要資本主義國家基本實現了工業化，社會的注意力開始逐漸轉移到文化和人類自身的建設上來，職業體育逐漸成為運動員的謀生手段。隨著體育職業化和商業化的不斷完善，職業聯盟、職業俱樂部等體育組織累積了大量的財富，與此同時職業運動員的收入不斷增加，體育組織和職業運動員面臨著越來越多的商業機會，於是便出現了專門為職業運動員和體育組織提供諮詢、聯繫轉會、策劃比賽並從中收取佣金的機構和個人。體育經紀人就是在這樣的背景下應運而生的。

1976年，棒球開創了職業化的先河，成立了美國歷史上的第一個職業聯盟——全國棒球職業甲級聯盟。隨後，美國各大職業聯盟相繼成立。1925年，推銷商

C.C. 帕萊與芝加哥熊隊的老板喬治‧哈里斯簽訂了一份代理合同，成為美國第一位經紀人。之后拳擊、橄欖球、籃球等職業項目也相繼出現了體育經紀人。

隨著全球職業化、商業化的趨勢，體育經紀活動在各國有不同程度的發展。特別是歐美發達國家，體育經紀業對體育產業在國民經濟中佔有重要地位起到了關鍵作用。

2. 歐洲體育經紀人的發展

（1）足球造就了歐洲體育經紀人。歐洲體育項目職業化程度最高的是足球。20世紀50年代，大部分國家都已建立了完整的職業足球體制，形成了完全以市場為依託的職業足球聯賽體系。尤其以英國、義大利、西班牙、德國和法國五大職業足球聯賽最為突出，龐大的職業足球市場和職業球員隊伍為足球經紀人從事經紀活動提供了巨大的舞臺，足球經紀人在整個體育經紀人隊伍中的比例和影響不斷增加。

20世紀60年代，隨著德國、義大利等歐洲國家職業化足球制度的建立和完善，各種聯賽日趨興旺，轉會制度進一步確立並更加開放，歐洲各國間的交流日益頻繁，體育經紀領域不斷擴大，各俱樂部為了吸引優秀的運動員加盟，放寬政策給予運動員更大的談判權利和更優厚的條件。這就使得體育經紀人的服務對象和服務領域進一步擴展。各類體育經紀人為體育明星代理多種事物逐漸成為一種普遍現象，他們將自己的利益和運動員的利益緊密地結合起來，不但代理運動員談判雇用及轉會合同，甚至連運動員的日常生活也全面負責，形同管家，進一步擴大了運動員的功能和作用。

（2）運動員職業化，體育比賽商業化。進入20世紀90年代以後，田徑、網球、高爾夫球、棒球、自行車等項目的職業化也迅速發展，體育競技水平不斷提高，這些項目的體育經紀人也不斷湧現。但由於高水平運動員的人數較少，運動員主要依靠參加國際比賽才能獲得獎金和出場費，因此這些項目的體育經紀人不能和足球相提並論。

正因為如此，體育經紀人開始尋求和拓展新的經營方式，開始參與組織商業比賽的領域。他們舉辦了各種名目的大獎賽及帶有強烈商業色彩的各類比賽，一方面把職業體育的經驗移植過來，代理這些項目的明星；另一方面直接代理甚至組織舉辦比賽。他們借助媒體發展給體育帶來的巨大商機，利用電視轉播和大筆的廣告費等商業贊助，在全球範圍內把各種體育商業比賽搞得轟轟烈烈、豐富多彩。在獲得巨大商業利益的同時，也為體育的社會化、國際化，為體育人才的培養和成長做出

了重要的貢獻。

3. 美國體育經紀人的發展

在體育商業氣氛濃厚、職業體育發展十分完善的美國，體育經紀活動已經十分普遍，體育經紀人十分活躍。20世紀六七十年代，美國著名的四大聯賽先後開始實行球員自由轉會制度，賦予運動員商定薪金數額的主動性和在俱樂部之間自由流動的權利。這些變化使得俱樂部之間對優秀球員的競爭變得更為激烈，體育經紀人有了更大的發揮空間，體育經紀人的領域迅速擴大。

20世紀80年代以來，體育經紀人又進入了拳擊、田徑、花樣滑冰等眾多職業體育領域，逐步形成了比較完善的體育經紀人制度、機制和法律保護體系，經紀人提供的服務不僅有利於保護運動員的利益，而且符合體育運動本身的發展，改善和保護職業運動自身的環境條件。經紀人會考慮減少運動員過度運動生涯而導致的運動傷病，會教育運動員在人格方面的責任感，從而提高其公眾形象，有利於其在職業運動方面的發展。經紀人在談判中保護了運動員和俱樂部雙方的利益，促進了平等合約的產生，減少了運動員罷工的機會，在整體上維護了職業運動員的形象。體育經紀人促進了美國職業體育的發展，對繁榮美國的體育產業起到了不可低估的作用。如今在美國，投身體育經紀活動的人越來越多，從事體育經紀活動的公司也在成倍地增長。1975年，全美國僅有幾十個體育經紀人，現在體育經紀人的人數已超過了2萬人。體育經紀人已成為美國最有影響力的一個群體。

經濟因素是促進美國體育經紀人發展的另一個原因。電視等多種媒體將體育比賽和明星們在第一時間送入千家萬戶，體育電視轉播權的收益在大幅上升，眾多公司、企業紛至沓來要求與體育「聯姻」，以體育比賽為載體做廣告，請知名運動員做產品和形象代言人，體育市場迅速擴大，為體育經紀人帶來了更多的商業機會，運動員的收入明顯增加，體育經紀人的收益也大大增加。1972年美國棒球職業聯盟運動員的平均年薪是3.4萬美元，1989年已上升到51萬美元，增長了15倍，而在此期間美國人的平均工資只增長了1.63倍。由於大多數體育經紀人都是按勞資談判確定的薪金比例提取佣金，這意味著體育經紀人的收益也大幅增長，因此吸引著越來越多的青年人加入到體育經紀人的行列。

目前美國全國有700餘家體育經紀公司或者賽事營銷公司，最著名的體育經紀公司有總部設在俄亥俄州的國際管理集團（IMG），還有後起之秀的奧克塔根體育經紀公司、普羅舍夫公司、D&F集團等。這些公司每年為3,000餘項大型體育賽事提

供體育經紀、管理和營銷的專業化服務。在宏觀上，這些公司在流通領域上促進了體育的生產和消費，加速了體育競技價值向商業價值的轉換及業餘體育向職業體育的發展，使得美國體育空前繁榮，體育產業興旺發達；在微觀上，這些公司以其特有的組織、協調、管理、控製等功能，為運動員、體育組織、賽事承辦者提供全方位的服務，使運動員在保持較高運動水平的同時獲得相當可觀的經濟收入，使體育組織的無形資產得到開發和利用，使賽事承辦者獲得充足的賽事經費，使體育運動花樣翻新，高潮不斷，最大限度地滿足了不同層次、不同愛好的體育消費者的需求。

4. 國外體育經紀的現狀

隨著商業的參與體育，體育產業的規模和市值越來越突出，在一些發達國家甚至排在該國十大產業之內，對國內生產總值的貢獻率達到 1%～3%。全球體育市場呈現出極大的潛力，市場體系不斷完善，交易內容不斷豐富，運作機制不斷成熟。其中，體育仲介市場包括諮詢評估機構、運動員代理、體育營銷和推廣、市場贊助和代理等，在溝通各個市場需求、促進各種資源結合、保證公平交易、維護市場秩序方面都起到了積極的作用。目前，國外體育經紀現狀大致有以下幾個特徵：

（1）資源比較豐富，市場活躍。國外體育資源極其豐富，體育市場空前繁榮，為體育經紀人的發展創造了難得的發展機會。同時，社會對體育經紀人的認可度和支持度較以前有了很大提高，表現在以下幾個方面：

①體育比賽類型增多，規模擴展。在世界各地隨時都在上演的體育比賽已深深滲透到人們的日常生活中，正在變成時尚和潮流，獲得了眾多媒體的青睞，成為最流行的話題，由此產生了眾多與體育比賽相關的服務和需求。這些都給體育仲介提供了機會。尤其隨著體育比賽擴大的趨勢，涉及的金額越來越大，需要協調的方面越來越多，環境的複雜性和高風險性增加了對體育競技人的數量需求，並提高了對其工作質量的需求。

②運動員收入猛增，受社會歡迎的程度空前增長。近幾十年來，由於商業對體育的促進，運動員的收入對社會一般職業而言呈幾何倍數增長，體育經紀公司為運動員提供的服務包括工作合同代理、財務諮詢、市場代理等，他們能從運動員的收入中提取 3%～20% 甚至更多。因此，運動員的收入越高，就意味著他們的提成越高，服務面也更為寬廣。

③企業的贊助和廣告的投放明顯偏向體育，企業獲得了贊助體育的高回報，從

而大大提高了資金的投放數量。以2000年全球贊助市場的情況來看，250億美元的市場有60%～70%的贊助流向體育，企業贊助體育的絕對金額和件數也在增加，廣告界也越來越偏重體育題材或邀請體育明星出演。《2015—2019年北美體育市場預測》指出，北美地區的體育贊助市場每年依然會以4.5%的速度增長，到2019年，其規模會由2014年的147億美元增長到183億美元。數據表明，2014年全球體育贊助市場增速為13.20%，遠高於地區生產總值的平均增速。而在亞太市場，體育贊助市場增速為15.40%，地區生產總值平均增速為4.10%。

④仲介市場的法制環境有所改善，秩序有所加強。有關的條例、規範在逐步完善，各國政府和組織對有關比賽都有自己的規定，國際奧委會對各項體育商業開發都有基本的原則，細則在不斷的修訂。如在美國，要代理大學生運動員，必須瞭解美國大學體育總會（NCAA）的一系列條款，包括最新的勞資協議、業餘運動員法、運動員代理人協會的章程和制度等。由於各種法律法規的約束，經濟運作更加規範，保證了各方的利益。因此，體育經紀人必須瞭解各種體育組織的規定以及各國政府範圍內的法律制度和國際慣例，才能更好地從事體育經紀人的活動。

（2）新技術的影響。隨著科學技術的日新月異，仲介市場進一步發展，體育經紀的傳統業務受到威脅，有的逐漸被新業務代替，有的在逐漸消失，與此同時，新內容革命性的增長，使之出現更為廣闊的利潤空間。

①從電視轉播到移動通信、互聯網。國際體育娛樂公司（ISL）曾經十分紅火，包攬了奧運會、世界杯以及很多熱門體育比賽的轉播權，但最終在互聯網的衝擊下遭到破產的命運。實際上，轉播機構正在直接找到體育組織或者統一組織內部的某個部門進行談判。這樣的事情越來越多，傳統的電視轉播仲介商失去了主打業務，尤其對專營電視轉播的營銷公司而言，是致命的打擊。

隨著科技的發展和網路時代的到來，人們已經不滿足從電視上獲得被動信息，而是主動尋求並隨時接入，如今移動技術和互聯網技術已經幫人們實現了這些夢想。因此，體育很快成為主打內容，再借助有影響力的賽事，如奧運會和世界杯，讓載有體育內容的移動通信和互聯網成為時下熱點，其巨大的利潤空間非常可觀。網路直播平臺的興起對體育事業產生巨大的影響。例如，2016年里約奧運會期間，在網路上觀看奧運會直播的觀眾超過電視轉播用戶，超過1/3的觀眾從社交平臺（微信、微博）和自媒體上獲取奧運資訊。

②運動員形象權的開發更加複雜，且出現新的領域。由於運動員形象權的開發在

不斷擴展，不可避免地引發了與俱樂部比賽組織之間的矛盾。因為俱樂部和比賽本身也在做推廣，他們的贊助商很可能與運動員自己的贊助商發生矛盾，尤其是同類競爭。因此，有很多俱樂部或比賽事先就對運動員提出了限制性條款，以防此類事情的發生。

開發運動員的形象權傳統上包括企業或產品的代言人，在卡片或者球衣上的簽名，參與公眾活動及影視拍攝等，總體上是面向社會。但現在，隨著明星作用的凸顯，運動員開始與俱樂部、賽事組織者和轉播商談判其形象權。隨著互聯網技術的成熟和擴展，運動員網上的形象權的開發又成為熱點，微博也受到廣大運動員的喜愛，運動員在網上發布其運動和生活的內容，銷售由其簽名的產品以及與體育迷通信和直接對話等。他們通過網路進行著一系列的形象權營銷，對體育經紀人來說，是開啟了一項新的業務領域。

③現代技術手段的運用創造了新的利潤點，高科技運用到體育領域已經不再是稀罕事，甚至成為各種高科技產品打出的全力擴展市場的一張牌。四年一屆的奧運會，為世人展示了各個階段信息和通信領域的各種高科技成果，因而吸引了更多國際品牌成為奧運會的忠實合作夥伴，激烈的競爭使得贊助價格一再攀升，電視轉播有了數字旋轉和虛擬廣告技術，改善了贊助的質量，增加了贊助商的數量；還有互聯網技術，不僅能夠提供實時傳播，還能進行相關信息的及時檢索，實現場內外互動，擺在體育競技人面前的業務領域更加寬廣。

(二) 中國體育經紀人的產生與發展

1. 改革開放造就了中國的體育經紀人

現代意義上的體育經紀人開始在中國出現是在 20 世紀 80 年代中期到 90 年代初，當時中國正處於改革開放初期，還沒有擁有執照的體育經紀人，更談不上體育經紀人制度，但從事體育經紀活動的個人卻已經開始出現。1985 年，著名的足球國腳古廣明在比賽中受傷，他的同鄉廣東人陳劍榮代理了他受傷後的治療和訓練安排，並在古廣明傷愈后介紹他到德國曼海姆俱樂部踢球，陳劍榮可以說是中國較早將運動員介紹到國外俱樂部的個體經紀人。

隨著中國社會主義市場經濟體制的建立，商業化運作的體育競賽市場開始形成，一些有眼光的商界人士開始聯繫國外有影響的球隊和運動員到中國來比賽，開拓國內商業化市場。1988 年，已經有多次通過拉廣告的方式贊助乒乓球、籃球和跳傘比賽經驗的個體廣告商人溫錦華成功地運作了依靠社會資金為主舉辦的「八國籃球邀請賽」，在國內體育界內引起了很大的反響。在這次成功的鼓舞下，敢作敢為的溫

錦華又把目光瞄準了市場潛力更大的足球比賽，在巴西朋友的幫助下，他於 1989 年克服了重重困難，把巴西著名球隊桑托斯隊和該隊紅極一時的球星蘇格拉底請到中國。桑托斯隊在中國的八個城市打了一次巡迴商業比賽，在國人和媒體中都引起了不小的轟動，溫錦華也被認為是利用商業手段成功運作足球賽事的最初嘗試者。

另一個具有歷史意義的商業性經紀活動是 1993 年 2 月 27 日在中國北京首都體育館舉辦的北京國際職業拳擊賽。這次賽事也在國內引起了巨大的轟動，使人們對體育經紀活動有了進一步的感性認識，這次活動的操辦者是當時年僅 30 歲的星華公司總裁李偉。為了這次賽事，星華公司總共投資了 700 萬美元，從 1991 年開始運作，歷時兩年。由於缺少經驗，星華公司走了不少彎路，儘管最終還是舉行了比賽，但邀請重量級的世界拳王福爾曼前來北京比賽的計劃還是未能如願。李偉和他的星華公司第一次把美國職業拳擊比賽移師到中國舉辦，既有成功的經驗，也留下了對體育經紀人來說算是十分寶貴的教訓。他們譜寫了中國體育經紀人的歷史。

1994 年，中國職業足球聯賽啓動，成為體育經紀人發展的新起點。各俱樂部需要眾多的國外球員轉會加盟，體育經紀人開始活躍在中國職業足球的臺前幕後，當時在莫斯科以經營飲食業為主的溫錦華占盡天時地利人和，又促成了不少俄羅斯和東歐國家的球員和教練到中國來參加中國職業足球聯賽，如上海申花隊的俄羅斯籍門將高佳。接下來的幾年中，溫錦華共介紹過 30 名外援來中國各俱樂部試訓，有 20 多人取得成功。

2. 多種體育經紀形式共存並舉

中國目前的體育經紀人，幾乎全部是近幾年通過國家和地方體育和工商行政管理部門培訓後獲得執業證書的，他們所接受的教育和事業背景寬泛而不專業，知識結構的缺陷問題也十分突出。個體經紀活動特別是運動員轉會的經紀、代理，目前雖已出現，但尚不規範，多數仍屬於幫忙聯繫的層次。

1999 年以來，由於國家體育總局的重視，一些省、市先後舉行了體育經紀人培訓班，培養了一批體育經紀人，一批體育經紀公司也相繼成立。目前國內的體育經紀活動多以各類公司的名義進行，主要集中在北京、上海等經濟比較發達、體育市場看好的大城市。公司法人是中國現有體育經紀人的主要組織形式，個體經紀人逐步增加並走向正規，經紀合夥的形式尚不多見。

（1）個體體育經紀人。在個體體育經紀人中，足球經紀人的管理比較規範，也得到了較快較好地發展。目前中國足球協會管理著一支 16 人的經紀人隊伍，他們都是在中國

足球協會註冊，成為中國足球協會認可的體育經紀人。他們在中國足球協會的組織下，通過研討會的方式交流經驗，提高業務水平和自律水平。中國足球協會規定，從2002年起，國內經紀人在運作外援轉會時必須持有雙方國家足球協會簽字的委託書。

（2）體育經紀公司。在從事體育經紀活動的公司中，更多的是以兼營體育經紀業務的形式從事活動。以體育經紀業務為主的公司也開始出現。原著名跳高運動員朱建華於1997年10月在上海成立的希望國際體育經紀有限公司，是中國第一家在工商行政管理部門註冊的國際體育經紀公司，還有此後不久成立的廣東鴻天體育經紀有限公司。他們的經紀活動包括運動員的經紀、代理、賽事推廣、商業開發等；他們都組織過各種高水平的體育賽事，取得了突出的成績；他們是中國體育競技活動的開拓者。

（3）國外體育經紀公司參與競爭。業績更佳也更為引人注目的是打入國內體育界的國外專業體育經紀組織，如足球甲A聯賽、籃球甲A聯賽的推廣商國際體育娛樂公司（ISL）等，他們有資金、有經驗、有專業人員，實力雄厚，大多數運動項目管理中心願意和他們合作。一些外國體育經紀人和小型公司也見縫插針，開始介入中國的運動員轉會市場。如擁有國際足聯許可證的韓國某體育經紀人，將國安運動員楊晨轉會到德國的曾任中國國家隊外籍教練施拉普納的公司等。

可以預見，隨著中國加入世界貿易組織，將會有更多的國外體育經紀人或體育經紀公司參與到中國巨大的體育賽事市場競爭中來，對此，我們應當早做準備，加速發展我們自己的體育經紀人隊伍和體育經紀行業，提高國際競爭力。與此同時，中國的體育經紀人也應當在提高自己實力和累積經驗的基礎上，勇敢地走出國門，參與到國際體育經紀人的競爭行列中去，把中國的體育市場和國際體育大市場聯繫起來，以尋求體育經紀人和中國體育事業更大更快地發展。

3. 體育經紀人開始步入良性發展軌道

隨著體育改革的不斷深化以及體育市場機制的不斷完善，體育經紀人開始引起國家體育管理部門的重視，國家體育總局在1999年召開的全國體育工作會議上要求「切實把場館、協會、俱樂部、基金會、各類健身俱樂部和體育仲介機構作為產業化的重點來抓」。這些都充分說明了體育仲介組織或經紀人在推動市場經濟發展中的重要作用，也充分體現了國家體育總局對進一步推動體育體制改革，包括對發展體育仲介和體育經紀人，加強法制建設的重視和決心。

在此之前，為在中國建立體育經紀人制度，國家體育總局政策法規司經過認真論

證，於 1998 年立項，由國家體育總局體育信息研究所成立課題組，對國內外體育經紀人管理體制和制度進行研究，特別是對在中國建立體育經紀人制度提出對策和建議。1999 年，中國體育競技人的規範化管理開始啟動，國家體育總局和國家工商行政管理總局經過多次廣泛徵求意見，開始制定《體育經紀人管理辦法》；北京市體育運動委員會與北京市工商行政管理局於 1999 年 8 月 25 日聯合發布了《關於加強我市體育經紀人管理的通知》，為北京市體育經紀人的進一步發展提供了管理規範。上海市體育運動委員會與上海市工商行政管理局於 2000 年 1 月 7 日聯合發布了《上海市體育經紀人管理試行辦法》，規範了體育經紀行為。2000 年 4 月，中國籃球協會也根據國內籃球運動員的轉會需求，發布了《籃球項目體育經紀人管理暫行辦法》和《籃球運動員涉外轉會管理暫行辦法》，進一步為中國籃球經紀人的發展和從業創造了良好的條件和法律環境。

1999 年以來，廣東省和上海市有關部門已先後舉行了體育經紀人培訓班，並頒發了地方性的「體育經紀人資格證書」。目前在上海已註冊的體育經紀公司有 14 家，173 人獲得體育經紀人資格，還有一些公司和個人在兼營體育經紀業務。1999 年 10 月和 2000 年年初，北京市體育運動委員會和北京市工商行政管理局聯合舉辦了兩次北京市體育經紀人培訓班，受到了社會各界的熱烈歡迎；北京市還於 2002 年春節期間，邀請美國、德國、荷蘭等國的著名體育經紀人來京參加體育經紀人研討會；山東省工商行政管理局和山東省體育局於 2000 年 8 月也舉行了體育經紀從業人員培訓和資格考核工作。中國體育經紀人的發展和隊伍建設邁出了實質性的一步。

2006 年，國家人力資源和社會保障部首次將體育經紀人納入新的國家職業分類體系。到 2010 年，《體育經紀人國家職業標準》《體育經紀人國家職業資格培訓教材》以及試題庫研製、培訓師培養儲備等職業資格認證的基礎準備工作就緒，並於當年進行了第一屆體育經紀人國家職業資格認證考試。截至 2014 年年底，累積獲證人數為 1,169 人。在中國，所有體育項目需要的經紀人可能達 7,000 人以上，經紀公司則有 500 家甚至更多，持證就業的 1,169 人顯然不足以滿足飛速擴張的商業賽事市場的需求。截至 2015 年年底，中國獲得體育經紀人職業資格證書的人數達到 1,500 人。

(三) 體育經紀人的發展趨勢

1. 體育經紀活動內容多元化

在實際工作過程中，運動員經紀並不完全是孤立的，它往往與體育產業的其他

方面緊密地聯繫在一起，運動員經紀活動過程經常性地孕育著其他商業機會。許多有影響的經紀人利用與運動員建立起來的良好關係，與體育組織合作，積極拓展新的業務領域，特別是體育賽事的推廣，並把運動員代理和賽事推廣結合起來。如荷蘭知名體育經紀人赫曼斯代理著30多名世界知名的田徑運動員。20世紀90年代初，他開始介入田徑賽事的推廣，他出面組織的亨格洛田徑大獎賽已成為世界著名賽事之一，吸引了大批高水平運動員的參加，連續多年創造新的世界紀錄。

20世紀80年代，網球雖然在美國發展較為迅速，但遠未達到商業化經營的程度。世界上規模最大的體育經紀公司國際管理集團於1988年推出男子職業網球巡迴賽，在隨後的5年中每年為該賽事創造了1億美元以上的收入。目前，男子職業網球巡迴賽已遍布五大洲40餘個國家和地區，成為美國職業運動中組織最完善、利潤最高的項目之一。現代體育經紀人在傳統運動員經紀的基礎上組織和推廣比賽，進一步擴大了體育經紀人在體育經紀活動中的地位和作用，對現代競技體育的發展產生了深遠的影響。國際奧委會出版的《體育內參》在評選1997年度最有影響的50名體育領導人時，著名的體育經紀人公司國際管理集團（IMG）和國際體育娛樂公司（ISL）的老板分別名列第7位和第23位。

在經紀運動員轉會、參賽和推廣體育比賽等的基礎上，今天的體育經紀人又開始把眼光放到更為順應時代潮流，更有社會效益和經濟效益的運動員、運動隊、俱樂部、體育組織等的無形資產開發上。例如：為運動員進行形象設計從而贏得宣傳媒介市場，獲得廣告效益；利用運動員的名氣與聲望，進行商業性的投資或進行投資諮詢等經濟活動，從中提取利潤；與媒體合作，包裝宣傳運動隊；與企業商談，為運動隊和俱樂部爭取社會贊助，同時又宣傳了企業。許多足球轉會經紀人在進行代理球員轉會業務時，還開始介入足球俱樂部的經營工作，協助俱樂部進行資產重組、資產評估等；有的體育經紀人還做起了體育保險、體育法律等方面的經紀活動。

運動員經紀活動範圍的擴大增強了體育經紀人在現代體育競技中的地位和作用，對現在競技體育的發展產生了深遠的影響。因此，可以說今天的體育經紀人已非傳統意義上的體育經紀人，在許多方面，已經成為經濟領域的經紀人。他們既拓展了體育經紀活動領域的空間，也對體育經紀人本身提出了更高的知識和素質方面的要求。

2. 體育經紀從業人員專業化

20世紀六七十年代，運動員經紀人都是個體經營，通常採用全面委託代理的方式為運動員服務，往往把委託人的訓練、比賽、商業財務、社會事務及法律諮詢等

一攬子全包下來。這種形式的優點是：目標明確，形式簡練，便於管理；利益高度一致，相互依存。其缺點是：委託人需要支付的費用十分龐大，而且一旦破裂，對雙方的打擊都很大。

進入20世紀80年代後，由於歐洲足球轉會市場的迅速發展，以足球轉會經紀人為主要特點的單項委託代理的形式逐漸增多。其特點是經紀人不再全面代理委託人的事務，而只接一兩項委託業務，如只代理委託人的勞資談判或只代理委託人的無形資產開發等。這種形式拓寬了經紀人的資格範圍，擴大了經紀人的隊伍，一方面一個經紀人可同時為數個甚至數十個委託人做同一項目代理；另一方面一名運動員可同時擁有多名經紀人，代理不同方面的事務。這種委託代理的優點是專業化和權威性，並相應降低了委託成本。

在單向代理、運動員經紀不斷走向專業化后的基礎上，又出現了運動員經紀人與經紀公司聯合經營，追求規模效益的發展趨勢，為運動員提供更加全面的服務。在高爾夫球員代理中居領先地位的國際管理集團（IMG）目前為世界50多名頂級高爾夫球手提供代理服務，公司有由不同領域的專業人員組成的經紀人隊伍，其向委託人提供包括比賽、保險、法律、投資、公共關係等高爾夫球手所需的全方位服務，專業化成為新的運動員經紀活動的發展方向。

3. 體育經紀活動範圍全球化

隨著體育交流範圍的擴大，電視轉播遍及全球，體育經紀人的業務範圍已絕不僅限於本國的體育市場，他們已將觸角伸及其他國家和地區，表現出顯著的國際化特點。無論是獨立行事的個體經紀人還是集團作業的經紀公司，無一不努力開拓國外業務，競相與國外優秀運動員、體育組織、賽事主辦者及著名生產企業聯繫訂約。他們有著豐富的實踐經驗和勇於開拓的精神，不斷開創海外市場。在他們的操作下，國際化的大流動、大循環使得體育產業充滿了生機和活力。

4. 從行業競爭向規範化管理發展

任何一個行業的可持續發展都離不開合理規範的管理制度。隨著體育職業化和商業化的發展，體育經紀人隊伍的壯大使得其間的競爭也日趨激烈，招攬更多的體育明星已成為絕大多數體育經紀人的目標，這其中既有靠優質服務取勝的，也有不擇手段的，美國職業拳擊界已屢現體育經紀人方面的爭端。因此，各體育組織都越來越重視體育經紀人的法制化和規範化管理，紛紛制定相應的法規，美國已形成了以有關法律法規為核心的體育經紀人管理監督體制，體育經紀人在這樣一種法制化

經營環境和公平合理的經濟秩序中,通過規範的經紀活動取得相應的利益。

5. 體育經紀活動網路化

20世紀90年代,國際互聯網超乎尋常的發展,使體育經紀活動更加全球化和網路化。目前美國最為突出的娛樂與體育節目電視網(ESPN)體育地帶和哥倫比亞廣播公司(CBS)體育在線兩大體育網站,每週分別有2萬人次的瀏覽量,網路對社會的方方面面產生著巨大的影響,包括體育經紀行業,越來越多的體育經紀人開始利用電子商務、利用互聯網和俱樂部、運動員開展經紀活動。例如,美國的E-sportventures公司針對美國的棒球市場,開發了包括所有美國棒球運動員的資料數據庫,面向全世界提供服務。

此外,體育經紀人或者經紀機構也可以通過網上諮詢幫助那些想成為體育經紀人的人們進入到這一領域,並指導他們的實踐。通過提供產品和服務,使客戶能從網上獲得大量的與體育經紀有關的信息以及專家級的指導和建議,為客戶的經紀實踐帶來機遇。

課后思考題

1. 如何對體育經紀人進行分類。
2. 體育經紀人的作用是什麼?
3. 體育經紀人的權利和義務包括哪些內容?
4. 闡述體育經紀人的發展趨勢。
5. 中國體育經紀人的發展面臨著怎樣的機遇與挑戰?

第二章
體育經紀人的職業素質和職業能力

第二章 體育經紀人的職業素質和職業能力

一名優秀的體育經紀人不僅需要有很高的職業素質，也需要各個方面的知識，最重要的是還要有極強的專業技能，所以說體育經紀人應該是一個全面發展的人。

第一節 體育經紀人的職業素質

一、道德素質

職業道德是指同人們的職業活動緊密聯繫的符合職業特點所要求的道德準則、道德情操與道德品質的總和。體育經紀活動首先是一種商業性質的活動，因此要注重經濟效益，但同時體育還是一項具有廣泛社會影響的社會活動，這就決定了體育經紀人在實踐過程中還要注重社會影響。因此，體育經紀人既要遵守商業道德，又要遵守社會道德。誠實從業、努力敬業、恪守信譽、保護名譽、公平經紀、遵紀守法應當是體育經紀人最基本的職業道德，是從事體育經紀過程中必須遵守的行為規範。體育經紀人的道德素質具體應該體現在以下幾個方面：

（1）熱心為委託雙方服務，待人熱情主動、禮貌文明、時刻為客戶著想，為客戶創造方便；既要周到服務，又要有理有節。

（2）對委託雙方一視同仁，如實介紹情況，在任何情況下，都不能欺騙委託人；既要重友情，又不偏袒某一方。

（3）對客戶要以誠相待，信守合同，嚴格履約，隨時注意維護商業信譽，保護行業、客戶和自己的名譽。

（4）正確處理好國家、客戶和自己三者間的關係，維護各方面的根本利益，依法從事經紀活動，照章納稅。

二、心理素質

在社會主義市場經濟的激烈競爭中，要求體育經紀人具備良好的心理素質，才能從容應對市場中千變萬化的情況，這是體育經紀人獲取成功的重要保證。體育經紀人良好的心理素質主要體現在信心、決心、雄心、良好的心境和心情、積極向上、心態平和等諸多方面。

（1）信心是成功之本。體育經紀人要自信，相信自己的實力和能力，堅定的信

心可以幫助體育經紀人勇於面對挑戰，克服任何困難。

（2）決心是指辦事果斷，雷厲風行。在遇到難題之際，敢於和善於下決心，有利於體育經紀人及時抓住機遇。

（3）雄心是指做好任何一項事業都必須有遠大抱負，做好體育經紀人也是如此。遠大的目標和宏偉的志向是人前進的動力，有雄心的人最終才會取得巨大的成功。

（4）良好的心態是指體育經紀人無論面對成功或失敗，都應當保持良好的精神面貌，成功不驕傲，失敗不氣餒。只有這樣，才能在成功面前保持平和的心態，取得進一步的成功，在失敗的時候不消沉，再接再厲，取得成功。

（5）積極向上是指體育經紀人要有對事業的追求，永不言退，要有飽滿的工作熱情。

三、技能素質

技能素質是體育經紀人應具有的從業能力。一個成功的體育經紀人應當具有良好的社會交往能力、敏銳的商業頭腦以及個人處理事務的能力。

（1）體育經紀人的職業特徵表現為廣泛的社會性。因此，社會交往是體育經紀人的最基本和必須具備的職業能力。良好的社會交往能力並不僅僅是一種技巧，更重要的是體現了「以誠待人、以誠待己、以誠待事」。體育經紀人必須能夠獲得委託人的絕對信任，同時也必須取得任何合作方的信任，否則將寸步難行。體育經紀人還應注意培養廣泛的社會活動網路和人際關係，使自己能夠經常性地、多渠道地獲取有關信息，時時處處得到各方面的幫助。

（2）敏銳的商業頭腦。敏銳的商業頭腦是指對市場行情具有充分的瞭解欲望以及在此基礎上，具有準確的市場判斷能力、靈活的市場應變能力、敏感的機遇捕捉能力和果斷決策的市場駕馭能力。正確判斷的基礎是掌握信息和對信息、環境、事物以及相關人事間複雜關係的正確理解；靈活的市場應變能力則是在不斷變化的環境下，仍能保持高度冷靜的頭腦，隨機應變，相機而動，而且應具有前瞻和預測的能力。敏銳的商業頭腦的落腳點就是最后能抓住機遇，要勇於抓住機遇，善於把握機遇，敢於創造機遇，具有了這一點，也就具有了駕馭市場的能力。

（3）獨立處理事務的能力。獨立處理事務的能力是指做好體育經紀業務具有的本領。它包括：信息收集和處理的能力，調查研究和掌握情況的能力，協調撮合和

說服鼓動的能力、口頭與文字的表達能力、談判能力與技巧、網路化信息的利用能力等。

第二節　體育經紀人的知識結構

體育經紀是一項要求綜合性知識和技能相結合的行業，它既需要一般經紀活動必備的經濟和法律方面的知識，也需要體育經紀人熟知體育知識，甚至最好有從事體育工作或活動的經歷和背景。這樣，有利於體育經紀人全面的、深層次的瞭解委託人和合作方的需求，掌握情況，尋找更多商機。

一、體育專業知識

體育經紀人應該掌握和瞭解的體育知識包括體育的普遍規則，體育運動項目（如足球、籃球、田徑等）各個項目的發展歷史、技術、規則、比賽方法以及該項目運動員的情況等。

要想成為一名成功的體育經紀人，需要掌握的不僅僅是某一項或幾項運動的專項知識，更需要深入地瞭解體育經紀項目的當前發展情況和市場情況，以及熟知有關體育組織及其法規規定。

例如，足球經紀項目，既要熟悉它的一般規則，也要熟悉它的聯賽和職業化情況。由於中國的足球聯賽是最近幾年才開始舉行的，運動員轉會規則、國外教練員、運動員引進所需的條件、俱樂部的經營管理、賽事規程、電視轉播權、贊助和廣告經營規則等都在不斷完善之中，這就需要經紀人不斷地學習，隨時掌握最新情況。只有這樣，工作起來才能駕輕就熟，遊刃有餘。

二、法律專業知識

體育經紀活動是一項法律觀念很強的業務活動。體育經紀人需要較好地掌握和運用法律法規，以便更好地開展經紀業務。同時，體育經紀人也要受到法律法規的約束，做到知法守法，在必要時，也可通過法律手段維護自己的合法權益。

體育經紀人需要掌握的法律法規除了有關經紀人方面的法律外，還應該包括國家頒布的其他有關法規和體育行業的有關法規。例如，我家頒布的有關法律法規主

要包括：《中華人民共和國民法通則》《中華人民共和國公司法》《中華人民共和國合同法》《中華人民共和國廣告法》《中華人民共和國商標法》《中華人民共和國保險法》《中華人民共和國仲裁法》《經紀人管理辦法》《中華人民共和國公司登記管理條例》《中華人民共和國企業法人登記管理條例》《中華人民共和國私營企業暫行條例》《城鄉個體工商戶管理暫行條例》以及所得稅、消費稅、增值稅等稅收條例及其實施細則等。

體育方面與經紀活動有關的法律法規包括國際和國內部分。國際上，不少國際體育組織，如國際足球聯合會、國際田徑聯合會、國際網球聯合會、國際拳擊聯合會等都出抬了有關項目體育經紀人管理的規定，以及賽事推廣、獲取贊助等方面的規定。中國國內的相關規章制度雖然不完善，但是也在逐步建設之中。國家體育總局頒布的有關規章制度有《運動員參加全國比賽代表資格註冊管理辦法》《全國運動員交流暫行規定》《全國綜合性運動會申辦辦法》《全國體育競賽招標管理辦法》《關於加強體育市場管理的通知》《關於進一步加強體育經營活動管理的通知》等。

在體育經紀人管理方面，國家工商行政管理總局和國家體育總局雖至今沒有出抬正式的、統一的體育經紀人管理國家法規，但國家體育總局運動項目管理中心或單項運動協會的管理辦法對從事體育經紀活動既有宏觀指導意義，也是具體操作指南，應當認真學習掌握。如中國足球協會出抬了《中國足球協會足球經紀人管理辦法》，規定依該辦法上崗的足球經紀人可以憑合法身分，在中國足球協會管轄範圍內從事足球經紀活動，同時也規定了國內足球經紀人資格考試、許可證的申報和頒發、註冊、職責等內容。還有中國籃球協會出抬的《籃球項目體育經紀人管理暫行辦法》，也為籃球經紀人的管理提供了依據。雖然這些還沒有具有完全的法律效力，但是隨著體育事業的發展，這些項目的法律法規都將完善，體育經紀人應該瞭解並遵守。

三、經濟管理專業知識

經濟管理專業知識是體育經紀人知識結構的重要組成部分，也是做好任何行業經紀人都必須掌握的基本知識。經紀活動本身與營銷、商貿、保險、稅務等領域有著千絲萬縷的聯繫，需要並涉及方方面面的知識。

經濟管理專業知識既包括基礎理論知識，如政治經濟學、西方經濟學、市場營銷理論、人力資源管理理論等，還包括實際應用知識，特別是市場營銷學的相關知

識，如市場觀念、市場調研分析、目標市場、市場策略、產品與價格（佣金）策略、促銷策略，以及更為實際的廣告營銷、電視轉播權營銷、贊助理論指導方法等。市場營銷學是研究市場規律的科學，體育經紀活動本身就是一種市場活動，所以從某種意義上說，體育經紀人的生存空間、活動場所、交易環境的統一舞臺就是體育市場，不理解體育市場，就無法活動。因此，研究體育市場環境、供求規律、競爭形勢、銷售策略和體育市場的變化趨勢對體育經紀人尤為重要。

隨著體育改革的深化，一些群眾喜聞樂見的運動項目，如足球、籃球、排球、乒乓球、圍棋等都走入了職業化，人才、競賽市場不斷拓展，經濟活動日益增多。由於這些領域的經濟活動尚不夠規範，如何在這種情況下運用好掌握的經濟管理專業知識，也是對體育經紀人專業知識和實際能力的一種檢驗。

四、其他方面的知識

體育經紀人應受過良好的教育，具有寬廣的知識面，除具有經紀人專業知識和體育專業知識外，還應比較精通經濟管理專業知識，以及管理學、市場學、心理學、電腦網路、公共關係學等方面的知識。

（一）管理學知識

體育經紀需要與人協作，並通過他人使經營活動完成，它需要體育經紀人有效地進行有關計劃、組織、領導和控製等方面的活動。管理學知識能調動各方面的積極性，讓體育經紀人團隊合理利用資源，降低經紀成本和資源利用率，提高協作效率，實現經營的最終目標。

（二）市場學知識

體育經紀業務從本質上講就是市場運作。市場運作的成功與否主要取決於商品、價格、經紀人信譽、環境等要素。因此，體育經紀人應掌握體育市場環境、體育營銷、體育市場競爭及交易過程等方面的知識。

（三）心理學知識

體育經紀人是與人打交道的職業，因此，體育經紀人必須具備心理學方面的知識，很好地瞭解和掌握委託人、對手、社會大眾的心理狀態和心理活動規律，以及體育心理學、談判心理學等方面的知識。良好的心理學知識有助於融洽各方的關係，增加談判成功的把握。

（四）電腦網路知識

在未來社會裡，不懂計算機將被視為現代社會的新「文盲」。對體育經紀人來說，具備一定的計算機知識是必不可少的。體育經紀機構，如經紀人事務所、經紀公司、諮詢公司等，均設有自己的信息處理系統，從信息採集到整理、分類以及日后的信息處理，均離不開計算機。利用計算機及網路可以把國內外相關信息收集起來，建立互聯網信息庫，並和國內外體育經紀機構建立永久關係，互通信息。

（五）公共關係學知識

各種經紀活動都是在與人打交道，許多經紀活動都需要社會調查，需要公眾的支持，需要接觸各行各業，良好的公關能力和社會關係能使經紀活動順利地進行。

從某種程度上講，一個體育經紀人需要的是「全才」，需要學習各個方面的知識。這些理論上的知識並不是學習的最終目的，學習這些知識是為了將這些理論應用於實踐當中去，用理論來指導實踐，在體育經紀活動中獲得更大的成功。

第三節　體育經紀人的職業能力

能力需要以知識基礎為支柱，無知即無能。許多能力只有在掌握知識的基礎上才能形成和發展。有了知識並不等於自然而然地就有了能力，還需要有目的地加以培養。許多知識只是一種載能體，只有轉化為能力才有直接可用性。對於體育經紀人，應知能並舉，成為具有知識和能力的複合型人才。體育經紀人應努力具備以下能力：

一、社交能力

對於體育經紀人來說，社交能力具有舉足輕重的作用。體育經紀人需要接觸運動員、運動隊、體育協會、政府組織、公司企業等各種各樣的人和組織，體育經紀人的人格魅力和親和力使其更容易被別人接受，敏銳的觀察力利於瞭解和挖掘有用的信息，熟練地運用社交技巧可以有效地溝通各方當事人，協調各方面的關係，提高談判的效率，達到事半功倍的效果。

（一）人格魅力

人格魅力是指體育經紀人用自己的人格力量去吸引對方的能力。較強的體育人

格魅力有利於體育經紀人搜集相關信息，擴大社交接觸面，減少交往阻力，增強對他人的影響力。在日常經紀活動中，具有人格魅力的體育經紀人可以使委託人對自己產生充分的信任。在完全取得了委託人的信任后，體育經紀人可以充分地告訴委託人應當如何去做；有了信任感，體育經紀人與委託人之間的溝通就會更加容易，工作效率就會大大提高。

（二）親和力

親和力是指體育經紀人易於接近別人，同時也易於被別人接受的能力。親和力是以學識、能力、品德、為人處世、辦事方法等贏得別人的尊重，在長期的合作共事中建立起相互間的理解和信任。親和力是通過真誠交往、相互理解、相互信任、相互依託，直至相互托付而逐步昇華建立起來的。具有親和力對於體育經紀人與人交往、獲得事業成功非常重要。只有當委託人或對手真正地感覺到經紀人是一位易於接近、真誠交往、值得信任甚至可以互相理解的人的時候，委託人才能將自己的業務托付給經紀人，對手也才會與經紀人真誠交往與合作。

（三）觀察理解力

觀察理解力是指體育經紀人能迅速而準確地通過各種途徑獲得委託人、對手以及社會大眾、新聞媒介的有關信息的能力。敏銳的觀察力能讓體育經紀人及時和快速地發現別人尚未發現的機會，掌握第一手材料。只有這樣，才能在與第三方的洽談中贏得主動權。理解能力是正確處理錯綜複雜的關係的基礎。體育經紀人隨時處於人、財、物的交叉、失衡、重新平衡的錯綜複雜的關係之中，沒有較強的理解能力是不能處理這些錯綜複雜的關係的。

（四）溝通能力

溝通能力包括：口頭溝通能力，即用口頭語言的方式快速正確地傳遞信息，並在最短的時間裡得到對方信息的能力；書面溝通能力，即用文字條理清楚、周密準確傳遞信息的能力；非語言溝通能力，即通過體態、手勢、語調、表情等準確傳遞信息的能力。

作為體育經紀人，一定要懂得社交中的各種不同的禮儀、習慣和風俗。對不同的人，在不同的場合，要採取不同的接待和應酬方式。

二、創造能力

創造能力是指綜合運用知識、經驗與體育實踐相結合，在已知中求突破，在未

知中求發現，解決體育經濟中出現的新問題，開創新局面。創造能力是體育經紀人處理業務的一種很重要的能力。在複雜多變的經濟環境下獨立分析問題和解決問題，包括解決特殊的問題，這就要求體育經紀人具有較強的創造能力和想像力、綜合分析問題能力。

三、判斷能力

競爭激烈的市場變幻莫測，真假信息令人難辨，體育經紀人敏銳的捕捉信息能力可以幫其佔有各種資料和信息，準確的判斷能力能使其對所有的信息進行綜合分析，從而作出正確的決定。對信息的敏感和準確的判斷又能讓體育經紀人及時地對市場變化作出反應，及時地修正自己的行為，對已經作出的決定採取有效的補救措施。判斷能力是體育經紀人不可或缺的一種能力。因為他們經常面對環境和形勢要作出冷靜的、客觀的、全面的分析判斷，進而作出明智的選擇。

四、運籌策劃能力

體育經紀特別是賽事經紀往往都具有較大的規模，而且運作的週期較長，這就需要體育經紀人必須有很強的運籌策劃能力。

要有周密的計劃，如對賽事市場的調查研究、如何進入這一市場的規劃、運作過程中的每一個步驟等，統籌兼顧才能把事情辦得更好，詳細的計劃才能讓組織者運籌帷幄。

要考慮周全，如從賽事有關方面看，有賽事組織者、承辦者、贊助商、媒體、觀眾、志願者等，從賽事的環境和條件看，有賽場條件、氣候條件、風俗習慣以及其他事件的衝突和影響等，這些方面都要處理得當，有時稍有不慎，就會因一事而影響全局，甚至功虧一簣。

例如，1992年中國體育經紀人的最初嘗試者李偉籌劃在國內舉行的首次職業拳擊賽時，將時間預定在北京氣候最宜人的季節10月。但當組委會對外正式宣布這一消息后不久，美方拳擊選手們正在準備訂購來華的機票時，中國有關方面明確要求舉辦單位重新確定這次職業拳擊賽的時間，理由是黨的第14屆全國人民代表大會將於10月在北京舉行。瞭解國情的人應知道，10月的北京是經常進行各類重要政治活動的時候，如果舉辦活動在時間上與此發生衝突，其他活動必須讓路。李偉不得不就這次職業拳擊賽的日期與美方重新商量。這無疑等於給了已經違約過的美國拳

擊經紀人威勒一次反攻倒算的機會，威勒很自然地提出了很多苛刻的條件，導致了這次活動的流產，並引發了李偉在美國的一場曠日持久的官司。

在市場經濟和體育商業化不斷發展的今天，體育經紀活動已經絕不僅僅是傳統意義上的個體仲介活動。體育經紀活動的範圍已經大大拓展，特別是對賽事和對球隊、體育明星的推廣與包裝等方面。體育賽事不僅需要媒體的介入和電視傳媒的運作，還需要贊助方的投入以及盡可能多的觀眾的參與，這些都為體育經紀人提供了多層次、多方位的介入和代理機會以及獲取賽事附加值的策劃領域。因此，現代體育經紀人必須不斷學習和提高自己的策劃、籌謀能力。策劃能力主要體現在對市場的瞭解、對市場價值的判斷和對市場機會的把握上。把對市場的瞭解與自己的智慧結合起來，就形成了策劃。現在很多事情都講究包裝，體育賽事也是如此。一個普通的賽事，不經過策劃，就很難拉到贊助，影響力就不會很大，效益也不會太高。但如果經過充分的策劃和包裝，如設置冠名權、聘請社會名流、策劃觀眾競猜、擴大媒體宣傳、電視轉播等，就會造成許多新的市場熱點，大大增加賽事的附加值，從而使賽事組織者、參與者和經紀人都能獲得更大的效益。

五、談判能力

談判是雙方或多方互換商品或服務，並試圖對他們的兌換比率達成協議的過程。體育經紀人在職業活動中常常都要談判，因此對於體育經紀人而言，談判能力是極為重要的。它是體育經紀活動的基本程序，每一個成功的經紀活動都需要多輪次的談判。談判是一門有許多技巧的藝術，只有掌握談判的規則和技巧，才能在談判中居於主動，使談判結果達到預期目的。

（一）談判能力首先表現為瞭解對手的能力

體育經紀人要充分掌握談判對手的興趣、愛好、性格、家庭以及對手想達到的目標等方面的信息，並對此認真分析，在充分瞭解對手的基礎上採取有效的談判策略與方式。

（二）以情動人的能力

談判過程是理性、情感錯綜複雜的過程。在這一過程中不僅要有理性，而且要重視以情動人，必須見機行事、以情動人。正如一位體育經紀人所講的，「你所談判的對手畢竟是凡人，希望自己體面、受歡迎，就跟我一樣。只要掌握這人性化的一面，我們可以平起平坐！」如果尋求委託人，一定要注意記住委託人的具體比賽

細節或生活中的細節，這些可以證明自己很關心他、瞭解他，這是取得委託人信任的非常重要的條件。在這種充滿友好的氣氛中談判，對於談判的成功是很有好處的。

（三）契合對方的能力

在談判的過程中一定要從事情的好處著手，要能夠雙方互惠，並讓對方充分地瞭解與感受到這點，即雙方目標契合，尋求本方與對方都能成功、都能更好地維護與獲得利益的方法的能力。

（四）體育經紀人需要有很好的文字表達能力

經紀中的業務文件一定要主題鮮明、層次清晰，用詞準確、恰當。談判中要注意口頭表達的感染力、口齒清楚、言簡意賅、有理有據、有人情味，創造友好的談判氛圍，尋求雙方共贏的契合點。

麥考梅克曾經說過：「從事體育事業，就是調節各方關係的一項工作。干這一行，可不像干其他行業那樣，只要捨得投入大筆資金就能坐享其成了。」

綜上所述，在新形勢下，體育經紀人只有具備了一定知識和能力才能有效地開展工作，推動中國體育事業的發展。

課后思考題

1. 體育經紀人應該具備哪些職業素質？
2. 體育經紀人應掌握哪些專業知識？
3. 體育經紀人應具備哪些職業能力？
4. 作為一名體育經紀人，如何提高自己的職業素質和職業能力？
5. 如何成為一名優秀的體育經紀人？

第三章
運動員經紀
DISANZHANG

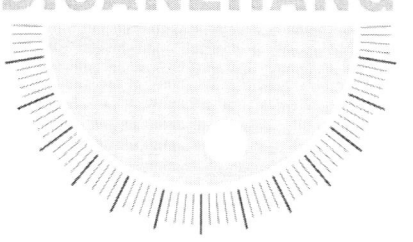

第一節　運動員經紀概述

　　圍繞運動員進行體育經紀活動是體育經紀活動最初的業務活動內容，儘管當前體育經紀活動的內容較之以前已經大為拓展，運動員經紀卻始終是體育經紀最重要的內容。隨著職業體育的全球化發展，每年要跨越國界，為不同國家的體育俱樂部或者球隊效力的運動員數不勝數，職業俱樂部或者球隊之間的轉會幾乎成為其常規工作，因此，運動員經紀一直擁有巨大的運作空間。

一、運動員經紀的概念

　　運動員經紀是指圍繞運動員進行的各種經紀活動。其內容主要包括：運動員轉會經紀（代理轉會簽約事務）；運動員參賽經紀（安排委託人的比賽和表演）；運動員無形資產開發經紀（運動員形象的商務開發）；運動員日常事務代理（為委託人提供全方位的個人服務）等。

　　運動員經紀是職業體育的伴生產品，其發展也與職業體育的發展息息相關。職業體育在19世紀末產生於歐美發達國家，球員經紀人於20世紀20年代產生，在20世紀70年代中期，隨著自由轉會制度和競爭性聯盟的興起，運動員經紀也得到了極大的發展。由於球員轉會事務的複雜性和專業性以及合同對運動員經濟收益的重要影響，運動員需要委託專業的體育經紀人幫助其追求最大的經濟收益。隨著球員轉會合約金額的不斷攀升，運動員經紀業務的利潤也在不斷增長。目前，西方各國基本上都採取了經紀人制度，許多著名運動員常年聘用固定的經紀人作為自己的全權代表，經紀人的職責不僅僅是球員的轉會，而且在球員的日常生活中，也發揮著不可替代的作用。實踐證明，這是一種比較成功的做法。

二、運動員經紀的主要內容

（一）代理運動員和俱樂部簽約談判

　　接受職業體育俱樂部雇用，出賣其勞動力以獲取勞動報酬是職業運動員特別是集體項目的職業運動員的根本特徵。因此，代理運動員和俱樂部簽約談判是運動員經紀的主要內容，此項業務的核心是為委託人爭取在可能條件下的最大利益。在運

動員和俱樂部簽訂的合同中需要明確包括各種收入在內的多項利益條款，不同的運動項目，其合同中的具體條款會有所差異。

（二）運動員市場營銷

相對於其他職業而言，運動員的職業生涯十分短暫。如何在有限的時間內充分把握每一次商務機遇、進行良好的市場營銷，最大限度地開發運動員的經濟價值，是運動員經紀活動的重要內容。

運動員市場營銷的基礎工作如下：

1. 運動員商務許可情況評估

這包括運動員希望許可什麼樣的產品，願意在什麼樣的場合登臺亮相，喜歡和不喜歡的產品，以及委託人自身的弱點和長處等。

2. 運動員無形資產的開發

這包括委託人的社會形象、聲譽、地域吸引力，運動員場內、場外的成就，獨特的技能、個性、公共場合的演講能力以及外表等方面。

3. 強化運動員形象，建立委託人商業許可合同網路

為了有助於增大商業開發的機會，經紀人還要著手建立一個委託人商業許可合同網路。這個網路既包括體育用品公司，也包括非體育用品公司。由於運動員形象的商務開發，從根本上講取決於運動員形象對廠商的吸引力，因此，目前在美國，許多經紀人已經開始為委託人請「體育媒體教練」，以強化運動員形象的吸引力。

4. 經紀人在代理運動員許可合同簽約時應把握的條款

經紀人在代理運動員許可合同簽約時應把握的條款主要如下：

（1）許可產品的界定。

（2）訂立合約的地區。

（3）期限。

（4）每年的基本補償、紅利補償、實物補償。

（5）簽名產品。

（6）公司方面應盡的推廣義務。

（7）運動員親自出場的約定。

（8）運動員對公司廣告的承認。

（9）運動員使用產品的規定。

（10）公司對運動員許可的保護。

(三) 為運動員提供個人服務

從保持和提高運動員人力資本的角度考慮，運動員的生活管理在運動員經紀活動中佔有十分重要的地位。運動員生活管理的主要任務包括：幫助運動員確定目標、認真對待運動員的合理需求、督促運動員遵守各項規章制度等。各種日常工作的目的是為了有效地保持運動員集中精力從事運動訓練，提高運動成績。

1. 幫助運動員確定目標

現代競技體育的發展需要不斷挖掘人體的運動潛能，需要運動員不斷地向人體的極限挑戰。運動訓練是一個艱苦的過程，需要運動員全身心地投入。體育運動員如果沒有遠大的理想和堅強的毅力，很難攀登體育高峰。體育經紀人在對運動員的指導過程中，必須要認真分析運動員對物質和精神的願望與理想，幫助確定其切實可行的目標。只有確定了運動員的可行性目標，他們才有可能產生巨大的內聚力，運動員才會自覺地為此而努力。這也是運動員取得優異運動成績的先決條件。

體育經紀人應該注意保證與運動員、教練員、管理人員間的有效溝通，一起進行學習、切磋。在確定了長遠目標之後，還要制定相應的階段性目標，以使運動員能夠產生和保持強大的驅動力，通過各種科學激勵手段，激發運動員的訓練熱情，使運動員保持較高的競技水平。運動員的競技水平直接影響到其公眾號召力以及委託雙方的商業利益。因此，幫助運動員確定切實可行的目標，使之自覺的為之努力，促進競技水平的提高是運動員日常生活管理的重要內容。

2. 認真對待運動員的合理需求

現代行為科學認為，需求是產生行為的動機。因此，解決運動員的需求是調動他們積極性的重要方法，也是思想工作的重要內容。在現實中，運動員的許多思想問題都與他們的實際需求交織在一起，在運動員的生活管理過程中，體育經紀人絕不能迴避運動員的合理需求。在管理工作中，經紀人對運動員的需求應認真分析，有針對性地採取不同對策，對運動員的合理需求，能夠解決的要通過各方面盡量努力解決，一時解決不了的，要創造條件盡早解決。體育經紀人在面對運動員的不合理需求時，要進行耐心教育和引導。

3. 督促運動員遵守各項規章制度

督促運動員遵守各項規章制度是運動員管理的重要措施保證。體育經紀人也可以為運動員提供法律方面的諮詢，代理運動員解決糾紛，處理與運動員日常生活和參加體育比賽有關的法律事務。

4. 做好與比賽相關的服務工作

在體育賽事的實際操作中，運動員參賽的經紀活動還包括許多具體的服務性工作。例如，為運動員預訂機票並及時送到運動員手中、聯繫接送運動員的交通工具、安排好運動員的訓練和食宿、參加與比賽有關的技術會議、向運動員解釋具體的比賽安排、為運動員領取出場費和獎金、為運動員辦理出國參賽手續等。體育經紀人只有做好這些與競賽高度相關的服務性工作，才能保證運動員可以專心訓練和比賽。

5. 日常及財務安排

運動員的生活管理是一個十分複雜的問題，它涉及眾多方面。從保持和提高運動員人力資本的角度上考慮，運動員的生活管理在體育經紀活動中佔有十分重要的地位。從經紀活動的角度進行分析和闡述，運動員生活管理的主要任務具體包括：為運動員進行財務管理、投資計劃、旅行安排等，甚至包括買車、購房、幫助照料運動員的家庭；安排運動員參加社會公益活動，從事公益事業；安排運動員的娛樂活動、醫療檢查和休假等工作。

如何幫助運動員進行退役後的職業生涯設計，甚至幫助運動員安排退役後的生活，並盡早幫助他們學習相應的職業技能，也是完善的運動員經紀服務所不可缺少的部分。一般情況下，經紀人要確定合同內容，做好財務規劃，保證運動員有一定數量的淨收入以維持退役後一定時間的生活。另外，幫助運動員做好職業運動生涯結束時的心理準備也很重要。

三、運動員經紀的要求

(一) 瞭解和熟悉體育運動業務

瞭解和熟悉體育運動業務是做好運動員經紀活動的必要條件。運動員經紀是一項專業性很強的經紀活動，從事這項業務的體育經紀人除了需要有一般經紀活動的知識外，還需要有比較豐富的體育知識，對委託人所從事項目的管理體制、管理制度、競賽規則、技術或戰術特點及各俱樂部的狀況和需求等情況要相當熟悉。如果經紀人本身有從事委託人項目的職業經歷是最理想不過的了，因為他會更能瞭解委託人的需要。例如，荷蘭著名的體育經紀人赫曼斯，自己就曾經是中長跑項目的世界級優秀運動員，他主要從事田徑運動員的代理業務，世界著名的田徑運動員，如克拉貝、普尼瓦洛娃、拉普塞拉希以及中國的著名田徑運動員黃志紅、李彤都曾由他代理。

（二）遵守有關規則

遵守有關規則是做好運動員經紀活動的重要條件。如中國足球經紀人應當遵守以下規則：遵守中國足球協會、亞洲足球聯合會以及國際足球聯合會的章程及規定；如實、及時地向當事人介紹有關情況，為當事人保守商業機密；足球經紀人接受委託管理運動員個人的財務，必須與自身的財務分帳管理，應定期將財務情況向運動員匯報，帳簿應如實填寫，原始憑證、業務記錄、帳簿和經紀合同須保存五年以上；收取佣金和費用應向當事人開具發票，並依法繳納稅費；接受中國足球協會、體育行政部門和工商行政管理部門對其日常經紀行為的監督檢查，提供檢查所需要的文件、憑證、帳簿及其他資料。

（三）提供及時足夠的市場資訊

及時提供市場行情與動態也是做好運動員經紀活動不可缺少的條件。體育經紀人一旦與俱樂部和運動員簽訂了代理合同，必須定期向委託方提供本國和世界各國該項目的市場行情和動態，以供參考研究，並與委託人共同作出決策。體育經紀人往往在收集相關資料上投入大量精力，擁有豐富而及時的相關資訊是好的體育經紀人的優勢所在。

（四）經紀人與運動員的關係

運動員經紀的主要發展趨勢包括單項委託代理的發展、經紀活動涉及範圍的擴大、經紀人之間的競爭加劇等。這些都是一些表層的現象，而更深層次的問題是：隨著職業體育市場的日益成熟，經紀人和運動員的關係應當具有怎樣的屬性？雇主、朋友，抑或其他？應當說，經紀人工作的角度、服務的角度對運動員在生活、專業乃至情感等各方面傾注了全方位的關注。兩者的職業生涯也在很大程度上存在著相互依存、雙方融洽而微妙的關係，應當在整個運動員經紀活動過程中精心的維繫和探索。

四、運動員經紀的主要業務

運動員經紀的主要業務包括：運動員轉會經紀、運動員參賽經紀、開發運動員無形資產、管理運動員的日常事務、代理運動員投資、運動員職業和素質培養等。

（一）運動員轉會經紀

體育經紀人代理運動員轉會的主要內容是介入運動員與俱樂部間的談判。試想在沒有經紀人的情況下，勞資談判通常會出現這樣的情形：一方面是血氣方剛、缺

乏經驗的20多歲的年輕人，另一方面卻是經驗豐富的50多歲的生意人。這些年輕的運動員們不瞭解勞資雙方的法律法規以及不熟悉要與之簽約的球隊的基本情況，甚至不知道各隊制定的工資標準。而俱樂部經理們掌握這些信息，在談判中他們會占據主動，其結果是運動員的收入通常會大大低於他們的實際價值。有時即使運動員對商業方面的事務比較熟悉，他們也往往礙於面子而不願自己出面與資方就這些問題進行談判。因為大多數的年輕運動員在首次涉足職業體育圈時，都希望得到雇主的認同和博得他們的好感，這種想法也往往妨礙了運動員最終得到一份公正的合同。通常的情況是，年輕的運動員對從事職業體育充滿了熱情，他們不去過多考慮後果和相應的待遇，很容易就接受了雇主方面的條件。因此，沒有第三方介入的運動員轉會談判對運動員是不利的。

通過體育經紀人介入談判，運動員可以更準確地表達自己的目的。體育經紀人還能在勞資談判中起到緩衝作用，幫助運動員表達自己不好意思表達的一些想法。經紀人對橫向情況瞭解比較多，通過對比其他運動員的薪金和對某球隊的全面調查，體育經紀人可以主動出擊，改變談判中的不平等現象。

保持談判雙方的平衡性不僅有利於運動員，而且有利於俱樂部，特別是當有些運動員提出過高的工資要求時，經紀人可以根據實際情況進行協調處理。在運動員對工資合同不滿意時，經紀人往往能夠消除運動員與資方之間出現的敵對狀態。有經驗的經紀人在駕馭談判時得心應手，使運動員和俱樂部雙方在談判中互相瞭解和理解，從而達成一致。因此，守信譽、講道理的經紀人也受到了球隊和俱樂部的歡迎。

轉會談判的重要內容是確定報酬，在此基礎上簽訂運動員轉會的工作合同。經紀人需深諳各俱樂部的需求以及各位明星球員和有潛質的后備球員的特點與情況，奔走於俱樂部和運動員之間，穿針引線、牽線搭橋，經過艱苦細緻的談判才能成功。長期代理的運動員還可能發生多次轉會。

經紀人在擬訂合同時應要求俱樂部在支付薪金方面盡量體現運動員的利益，如避免延期支付，要求有保障的年薪制，避免過多的稅賦等。

(二) 運動員參賽經紀

安排運動員參加比賽，包括選擇比賽、指定比賽日程、籌措資金、參賽服務等也是經紀人的重要服務領域。其中，合理地選擇和安排比賽最為重要，比賽時間、地點、比賽的級別和重要程度、與訓練的結合、獎金情況，甚至出席的對手（從勝

出概率、名譽角度等出發）等都是需要考慮的因素，做到既有利於運動員水平的提高，又能為運動員帶來更大的經濟效益。

為了共同的利益，即為了確保運動員贏得比賽，經紀人對比賽中的每一個細節都要考慮得非常仔細周到。如代理田徑運動員，甚至連分組、跑道安排等都要錙銖必較，為運動員贏得勝利的同時，也給自己帶來事業的成功、社會的認可和客觀的經濟收入。

（三）開發運動員無形資產

近年來，運動員形象開發、廣告製作等也已成為體育經紀人開拓的領域。他們通過各種媒介的宣傳，對運動員進行形象設計，上電視，上廣告，最大限度地提高運動員的知名度，贏得市場，再利用運動員的知名度做更大的文章，從而獲取更大的利益。

（四）管理運動員的日常事務

管理運動員的日常事務主要有：幫助運動員安排比賽巡迴間歇的訓練和生活，這不僅要同比賽的組織者打交道，而且要與有關體育組織和訓練基地搞好關係；管理運動員繁雜的日常事務，如管理賽事收入和財務收支、安排社會活動等。

（五）代理運動員投資

隨著體育的商業化，運動員一方面參加比賽，一方面利用自己的資本累積或社會地位和名氣，開始體育投資。這在國外已非常普遍，既有退役運動員，也有現役運動員。對運動員的投資給予諮詢甚至代為管理正在成為體育經紀人新的服務領域。

（六）運動員職業和素質培養

保護運動員的經濟利益只是體育經紀人職責的一個方面。體育經紀人另一個突出的作用在於向運動員提供個人生活和職業方面的建議，幫助他們作為社會成熟分子發揮自己的作用。體育經紀人要善於發現運動員的需求、目標、價值和個人情感，在確定合同時能充分包容其獨特的個性。與教練員不同，體育經紀人在提供個性化服務時，通常以非正式的方式與運動員接觸。他們與運動員一起旅行，長時間討論談判戰略，充分瞭解運動員的性格。因此，體育經紀人應能及時預測運動員可能陷入的各種困境，提醒他們可能會遇到的各種傷害，告訴他們如何預防和防止可能發生的各種困境和傷害，學會怎樣與俱樂部打交道等。體育經紀人還應要求運動員嚴肅地履行義務，維持良好的公眾形象，鼓勵他們涉足體育以外的領域，為運動生涯結束後的生活做準備。

此外，體育經紀人有時還需要幫助運動員解決糾紛等。近年來，一個出現得越來越多的現象是一些運動員因服用興奮劑遭到處罰或因經濟糾紛而引起的各類官司，這不僅需要律師的介入，也需要作為運動員代理的體育經紀人從中斡旋，以使運動員的名譽和經濟損失都降到最低程度。

五、中國運動員經紀的現狀

（一）市場巨大，但是起步較晚

運動員經紀是體育職業化和市場化的產物，於20世紀80年代在中國興起，而美國在19世紀末就已經出現了棒球經紀人。國際管理集團（IMG）開創了中國足球職業聯賽，這標誌著中國體育職業化進程的啟動。目前，中國職業聯賽的大部分市場份額都被國際經紀人公司所把持並且賺取豐厚的利潤。國外不少著名運動員的經紀人工作已覆蓋了球員生活和比賽的各個方面，如與俱樂部簽約、商談轉會事宜，安排球員的活動和社交應酬、洽談廣告、贊助、管理球員財務、幫助球員進行投資管理等。相對而言，中國的運動員經紀目前依然處於起步階段。這與體育市場的綜合發展程度是分不開的。因此，無論是體育經紀人的發展歷史還是綜合水平，中國和歐美國家相比都存在著非常大的差距。

（二）體制影響深遠，運動員經紀受到限制

由於中國現行的體育體制，有關部門對運動員和運動隊的控制使得運動員經紀的開展受到了很大的限制。國家體育管理部門實際上就是運動員們最大的經紀人，他們代理安排了運動員大部分的比賽和生活。在體制尋求變革的過程中，也發生了一些矛盾和衝突。這是中國特殊國情，也是中國的運動員經紀發展所必須正視的客觀現實。

當前體育管理部門的管理體制存在有其合理性，但是隨著職業化的不斷深入和市場的逐步開放，總體的趨勢是現行機制必將讓位於市場機制。中國體育經紀人，尤其是運動員經紀人的天地也必然會廣闊起來。但是其前提是要培育一個開放和發達的市場，而當前即使是規模已經相當大的足球和籃球產業，經紀人的市場運作空間仍然十分有限。另外，有關部門轉變觀念，採取市場經濟管理模式也是必不可少的，是未來體育經紀發展的大勢所趨。

第三章 運動員經紀

案例

雷·斯坦伯格的體育經紀人生涯

在美國，雷·斯坦伯格被譽為「體育經紀人之父」。20多年來，他先后經紀過150多名運動員，他為客戶簽訂的合同金額已突破2億美元。他是世界體育、影視及傳媒史上的一個傳奇。實際上，斯坦伯格不僅僅是體育經紀的代名詞，同時也是文化傳遞者的化身。

電話改變了「我」的命運

斯坦伯格的體育經紀人生涯，開始於一個電話。1975年，斯坦伯格就讀於加州大學伯克利（Berkeley）分校法學院，當時讀書的他便顯露出不凡的領導才能與獨特的個人魅力，並擔任了校學生會主席，也是學生公寓的法律顧問。

一天，好友史蒂夫·巴科夫斯基（Steve Bichaikovsky）打來電話，希望斯坦伯格作他的經紀人。當時巴科夫斯基剛剛入選國家橄欖球聯盟（NFL）亞特蘭大獵鷹隊，急需一個經紀人來幫他討價還價，從而獲得一份不錯的收入。斯坦伯格毫不猶豫地答應了，正應了「初生牛犢不怕虎」這句話。不知深淺的斯坦伯格一出手就拿下了一份4年60萬美元的合約。這個數字，創當時國家橄欖球聯盟新秀薪金的記錄。斯坦伯格立刻成了焦點人物，風頭甚至超出了巴科夫斯基。

斯坦伯格從小就喜歡運動，棒球、籃球，樣樣都玩，甚至還夢想能成為職業球員。隨著年齡的增長，他漸漸地意識到自己已經不可能成為一名職業球員了。為了離職業體育更近一些，他希望能用自己的法律知識，為需要幫助的職業球員做些事情。巴科夫斯基的這份合約，堅定了斯坦伯格作為一名體育經紀人的決心。

1984年，史蒂夫·楊大學畢業，當時的美國橄欖球聯盟（USFL）和國家橄欖球聯盟兩大職業橄欖球聯盟都對他垂涎欲滴，而楊更希望去美國橄欖球聯盟。於是，斯坦伯格和楊同洛杉磯快車隊的老板奧登伯格（Ortenberg）開始接觸。在奧登伯格位於舊金山的辦公室裡，斯坦伯格堅持要求對方作出按合同金額付錢的保證，這令奧登伯格頗為不悅。他把一大捆錢扔在了斯坦伯格與楊的面前，大聲喊叫著：「這就是你們要的保證！」奧登伯格要求和楊單獨談談，他用手指指著楊的胸脯威脅說：「如果你不接受這份合同，我將懷疑你是不是真會打球。」楊的火氣也不小，他毫不客氣地警告奧登伯格：「你要是敢再碰我一下，我立刻把你扔出窗外！」氣得奧登伯

格抄起了一把椅子。雙方劍拔弩張，互不相讓。凌晨3點鐘，斯坦伯格和楊被奧登伯格趕到了大街上。第二天，一份價值4,200萬美元的合同誕生了，創造了美國橄欖球聯盟的新紀錄。這是迄今為止，斯坦伯格進行的最富戲劇性的一次談判。

8年后，斯坦伯格為楊簽下了又一份破紀錄的合約，5年2,650萬美元。這時的楊，已經成為國家橄欖球聯盟最有價值的球員，國家橄欖球聯盟歷史上最著名的球員之一。

「我」不是一個拜金主義者

如果你認為頻頻創造天價合約的斯坦伯格是一個金錢至上的拜金主義者，那就大錯特錯了。斯坦伯格說：「我不僅要幫助球員獲得合約，還要幫助他們贏得社會的尊重和球迷的心。」

29年前，在簽下平生第一份合約后，斯坦伯格就想辦法說服了好友巴科夫斯基和獵鷹隊老板，讓他們從那份高額合約中拿出一部分錢來，從而降低了球隊比賽的門票價格。斯坦伯格認為，體育的未來掌握在未來的球迷手中，他們可能是暫時不具有購買職業比賽門票經濟能力的未成年人，也可能是無力支付高價球票的低收入家庭，職業體育不應當將他們拒之門外。

在斯坦伯格之前，體育經紀人只對錢感興趣，而斯坦伯格卻要求他的客戶必須和社會共享利益。因此，他堅持每一份合約都要拿出部分金錢，回報該體育明星的家鄉、學校，設立慈善基金或獎學金，從而為社會做出他們的貢獻，他認為這是每一個體育明星成長經歷中的重要過程。到20世紀90年代末，斯坦伯格手下的球員向慈善機構捐助的款項累計已經超過6,000萬美元，先後有幾十名運動員在各自畢業的高中和大學設立了獎學金。斯坦伯格用行動顛覆了業內的一貫準則，賺得了「現代羅賓漢」的美譽。

在拯救國家橄欖球聯盟和美國籃球職業聯盟兩大職業聯盟的過程中，斯坦伯格也扮演了重要的角色。

1992年，職業聯盟的「職業病」——勞資糾紛終於在國家橄欖球聯盟爆發。作為一名律師，斯坦伯格認為，聯盟應當設立最低工資標準，保證球員有固定的工資收入，然后就是通過出賣電視轉播權獲得更多的經濟收入，而不應在工資問題上同球員糾纏，這樣除了浪費高額的律師費外，一無所獲。他還提出，國家橄欖球聯盟應該實行自由經紀人體制，每個球員有權利選擇自己的經紀人，每支球隊也能夠有更多的機會去簽下自己中意的球員。為此，斯坦伯格跑遍了美國，向各隊老板與球

第三章　運動員經紀

員宣講他的自由經紀人體制將為他們每一個人帶來的好處。在斯坦伯格的努力下，勞資糾紛和平解決，採用「自由經紀人體制」的國家橄欖球聯盟從而成為一個流動的聯盟，健康地發展到今天。2002 年，國家橄欖球聯盟的收入高達 48 億美元，成為美國最成功的職業聯盟。

1998 年夏天，美國籃球職業聯盟再演勞資大戰，斯坦伯格心急如焚。他告誡勞資雙方：「如果你們繼續這樣討價還價下去，讓球迷整日面對著空空蕩蕩的球館，他們終將棄美國籃球職業聯盟遠去。面對著來自國家橄欖球聯盟、電視網（HBO）和迪士尼（The Walt Disney Company）等其他娛樂領域的競爭，美國籃球職業聯盟必須將眼光放長遠一些。」在斯坦伯格的斡旋下，勞資雙方最終達成了協議。

「我」也是個雙重角色的經紀人

斯坦伯格不僅為眾多的球員簽到了天價的合約，還和他們漸漸成為很好的朋友，這是其他體育經紀人很難做到的。

著名導演卡梅隆·克羅想拍一部以體育經紀人為題材的電影，他找到斯坦伯格，希望得到他的幫助。斯坦伯格同意了。為了這部電影，卡梅隆跟了斯坦伯格好幾年。從 1993 年的國家橄欖球聯盟選秀現場，到 1994 年的「超級碗」比賽，看他開會，看他談判，看他討價還價，看他簽合同，看他現場搞定德魯·布萊德索。

在拍攝過程中，「他們搬進了我的辦公室，我的家具、獎杯和照片都成了他們的道具，」斯坦伯格笑著說，「作為技術顧問，除了親自出演，我參與了拍攝的全過程。」為了讓飾演橄欖球運動員的小古巴·戈丁進入角色，斯坦伯格帶著他泡在「超級碗」中許多天，並鼓勵他說：「卡隆梅是個總能帶給人驚喜的編劇，你是個總能帶給人驚喜的演員，這是一個能夠獲得奧斯卡獎的角色。」說完兩人相視哈哈大笑。

1996 年年底，《甜心先生》公映後引起了轟動，獲得了奧斯卡最佳影片、最佳原著劇本兩項提名，小古巴·戈丁果真因為此片獲得了奧斯卡最佳男配角獎。儘管斯坦伯格的本事比「甜心先生」杰里·麥奎爾（Jerry Magulre）大得多，他的故事幾乎夠得上杰里·麥奎爾的兩倍，但是「斯坦伯格就是《甜心先生》中杰里·麥奎爾（Jerry Maguire）原型」的傳說還是不脛而走，斯坦伯格由此名聲大噪。

一部《甜心先生》，讓一心一意做體育經紀人的斯坦伯格對影視產生了興趣，其業務開始向福克斯電視網、華納兄弟公司、ABC 娛樂網和電視網（HBO）等娛樂影視業擴展。於是，有了在電視網（HBO）熱播的《搶錢阿里》（Arli $ $）。這是一部描寫體育經紀人工作和生活的連續劇。奧利弗·斯通也成了斯坦伯格的客戶，他拍的以

橄欖球為題材的電影《挑戰星期天》（Any Given Sunday），斯坦伯格擔綱專業指導。他還同娛樂與體育節目電視網體育頻道合作，率先革命性地推出了體育網站。

斯坦伯格成了體育與影視雙棲明星，報紙、電視、網路、雜誌封面，到處都有「甜心先生」斯坦伯格的身影。斯坦伯格也非常樂於人們喚他「甜心先生」並乘勝追擊，於1998年推出了名為《誠實制勝》（Winning With Integrity）的暢銷書，進行自我宣傳。

《甜心先生》和《搶錢阿里》，讓斯坦伯格成了曝光率最高的體育經紀人，也成了地球上最著名、最有權勢的體育經紀人。

雷·斯坦伯格的北京之行

姚明在美國籃球職業聯盟的成功是鼓舞他開發中國體育市場的動力。美國斯坦伯格投資諮詢（北京）有限公司，作為斯坦伯格在海外的第一家公司正式成立，緊接著，有了斯坦伯格的北京之行。

斯坦伯格認為，中國的體育產業還處在初級階段。首先，體育產業與電視傳媒是密切相關的，只有電視關注體育，體育才會發展。在中國，必須有電視傳媒的發展、資金的介入，體育產業才會逐漸發展起來。1976年，全美國只有三大電視網，現在已經有200多家，電視網路的發展速度、比例與運動、體育市場的發展是成正比的。其次，創造英雄才能吸引觀眾。只有體育愛好者和球迷是不夠的，還必須通過明星效應把大多數人吸引到電視機前來，英雄形象對市場的培育起著決定性的作用。中國目前的明星效應不是很好。當然，並不是運動成績好就可以成為英雄。一個運動員的價值首先是有沒有社會楷模的價值，是否為社會、所在城市、社區、學校、慈善機構做出過貢獻。人品過關才有機會成為英雄。

北京之行，斯坦伯格的收穫很大。他拿下了2008年奧運籃球希望之隊從聘請外教、獲得海外贊助到其他商業開發的一系列合作項目。他還準備在中國建設兩所青少年足球和籃球培訓學校，致力於挖掘和培養12～14歲的有天賦的年輕運動員，並希望以此為突破口，全面涉足中國體育產業。

錯失了姚明的斯坦伯格已經將巴特爾「收入」囊中。他說，如果中國再出一個姚明，他會毫不猶豫地與他簽約。

——資料來源於《經紀人》2005年第8期

第三章　運動員經紀

第二節　運動員轉會經紀

一、運動員轉會經紀的一般概念

（一）運動員的商品性與轉會概念

所謂運動員的商品性，通常是指在體育競賽市場，尤其是在資本參與的職業體育競賽市場中，在市場規律和價值規律的作用下，運動員如同其他商品一樣所具有的使用價值和價值的雙重屬性。

運動員，尤其是優秀運動員的商品性，在於其能夠在競賽市場及其關聯市場創造巨大的「票房價值」或市場轟動效應。在奧林匹克水平的競技體育對抗中，運動員被視為極具使用價值和價值的商品。其使用價值在於運動員卓越的運動技能和精神品質通過競技比賽或表演市場，為受眾帶來體育特有的視角衝擊、心理體驗和文化享受，並通過賽事現場和電視媒體為社會提供豐富而健康的體育大餐，從而體現其特有的使用價值；運動員的價值則體現在運動員通過職業化和商業化的體育競賽市場，尤其是現代體育賽事的市場營銷技術以提升運動員的市場價值，從而為運動員本人和所在的職業俱樂部等體育組織獲得豐厚的經濟匯報和資本聚集。

運動員因其具有商品性而必然具有流動性，開放的體育市場加劇了職業運動員的流動性，使運動員乃至整個運動隊從某個俱樂部流動到另一個俱樂部成為可能，甚至成為一種必然，從而出現了體育領域中特殊的人員流動現象，即運動員轉會現象。

運動員轉會，從商品所有者的角度看，是指其雇傭關係的變更，其轉會過程就是運動員的買賣過程，而左右運動員轉會及其轉會合同談判的關鍵還是運動員本身的價值和使用價值。

運動員轉會的經濟基礎是買方市場的存在。出售球員已經成為當今許多俱樂部維持經濟運轉的重要財源。在比較成熟的職業體育項目中，運動員轉會收入和電視轉播權的銷售、廣告贊助、門票收入和標誌產品的出售一起，被認為是現代職業體育的五大收入。

在運動員轉會市場，運動員的身價是以貨幣單位進行評估的，也就是轉出運動

員的俱樂部要向轉入運動員的俱樂部收取一定的轉會費。從經濟學角度分析，運動員的訓練和比賽在本質上也是一種勞務，雖然不直接生產物質產品，但卻產生精神形態的勞務。職業運動員的轉會費實際上體現了社會對運動員勞動成果、勞動能力和勞動價值的承認。發達國家多有專門的法規對運動員轉會進行規範，並有專門的計算方法來確定運動員的轉會費。

（二）運動員轉會經紀的概念

運動員轉會經紀是體育經紀人受運動員或俱樂部委託，為運動員在不同國家的協會間或同一國家的不同俱樂部間轉會提供的居間或代理服務。運動員被培養到一定程度，為誰效力，誰就出錢；反之，誰能付出相應的價錢，誰就有可能得到這些運動員。運動員轉會經紀活動就是要促成運動員的有價轉讓或市場交易，從中獲得相應的經濟利益。

二、運動員轉會經紀的產生

（一）職業體育的競爭性是運動員轉會的客觀要求

以競賽為核心的體育產業的發展推動了體育職業化的進程。職業體育的基本表現形式是體育競賽，競爭性是職業體育的本質特徵。各職業體育俱樂部需要在職業聯賽中爭取盡可能好的成績，以保持足夠的支持率和號召力，以保障自身的市場價值，而取得優異成績的首要條件是擁有優秀的運動員。職業體育自由轉會制度正是在這樣的客觀要求下產生的。運動員轉會為職業體育俱樂部和運動員提供了改變和選擇的權利，俱樂部可以根據自身情況打造最具競爭力的運動隊，運動員則可以根據經濟條件和運動能力的發揮需要選擇合適的位置，這對俱樂部和運動員都是有利的。

從20世紀60年代開始，歐美各職業體育俱樂部為吸引優秀運動員加盟，放寬政策，給予運動員更大的談判權利和更優厚的條件，促使運動員的轉會更加頻繁和複雜，球員轉會市場也越來越大，轉會的經紀活動開始向專門化的方向發展。隨著職業體育的全球化發展，每年都有為數眾多的運動員要跨越國界，為不同國家的體育俱樂部或者球隊效力，職業俱樂部或者球隊之間的轉會更是頻繁。從事轉會仲介活動的體育經紀人獲得了巨大的發展空間而逐漸興旺。

（二）職業體育的商業性是運動員轉會的經濟動因

職業體育的另一個本質屬性是商業性。俱樂部經營者的根本目的是追求商業的

利潤，購買運動員的目的除了填補場上的欠缺位置，促使本隊戰術水平的提高，實現球隊資源的最佳配置以外，還有利用入隊運動員的號召力，吸引更多的觀眾，擴大影響，提高球隊的盈利水平。對於轉讓運動員的俱樂部來說，其主要目的也在於盈利。運動員在轉會市場上有其自身的價值，出售球員可以成為許多俱樂部維持經濟運轉的重要財源。因此，運動員轉會也是俱樂部盈利的重要策略。

(三) 運動員轉會經濟活動的制度化

在所有體育項目中，足球項目的聯賽制度和轉會制度最為完善。1876年，蘇格蘭足球運動員詹姆斯·蘭轉會到英格蘭的俱樂部，是歷史上記載的最早的轉會。從20世紀60年代開始，以足球為代表的體育職業化達到了相當高的程度。許多體育發達國家都建立了完善的職業化足球體制，形成了完全以市場為依託的職業足球聯賽體系。以競賽為核心的足球產業規模迅速膨脹。

根據國際足球聯合會的規定，只有獲得國際足球聯合會許可證的足球經紀人才有資格從事球員間的國際轉會。從1991年開始，國際足球聯合會制定了專門的《足球經紀人管理條例》，並且對轉會經紀人進行了詳細規定。目前，經國際足球聯合會批准的有資格從事國際轉會經紀活動的轉會經紀人已達500多人，分佈在47個國家和地區。同時，針對本國國內球員轉會的經紀，一些國家的足球協會也制定了相應的足球經紀人管理規定，建立健全了國內轉會經紀人制度。1998年經英格蘭足球協會批准，有資格從事英格蘭各俱樂部之間球員轉會的足球經紀人有26人。

隨著中國體育體制改革的不斷發展，中國已經有多個體育項目走上了職業化和半職業化的道路，運動員的轉會市場正在建立和完善之中，足球和籃球等一些項目的轉會經紀活動日趨活躍起來。

三、運動員轉會經紀的流程與要務

(一) 轉會經紀流程

運動員轉會經紀主要有兩種情況：一種是經紀人接受運動員本人或運動員所在俱樂部的委託，為該運動員轉入新俱樂部提供仲介服務；另一種是經紀人接受某俱樂部的委託，為該俱樂部尋找新的內、外援提供仲介服務。運動員轉會經紀談判的核心內容是兩份合同，即運動員原屬俱樂部與轉入俱樂部的轉會合同和運動員與俱樂部（原屬、轉入）的工作合同。運動員的轉會經紀也緊緊圍繞著這兩份合同的洽談與簽訂而安排流程。

以經紀人為運動員轉入新俱樂部提供仲介服務為例，其轉會經紀流程大致如下：

(1) 獲得從事運動員轉會的經紀資格證書。

(2) 接受運動員本人或所在俱樂部的轉會意向。

(3) 簽訂轉會委託協議或合同（委託合同的核心內容有：完成期限和具體要求，雙方的權限範圍，佣金數額及支付方式，違約責任及糾紛解決方式）。

(4) 尋找可能接受該運動員轉會的新俱樂部。

(5) 洽談該運動員轉入新俱樂部的條件和要求。

(6) 起草該運動員的工作合同和轉會合同（工作合同是指該運動員與轉入俱樂部之間的合同，轉會合同是指運動員原屬俱樂部與轉入俱樂部之間的合同）。

(7) 簽訂該運動員的轉會合同和工作合同。

(8) 公證及相關的國際或國家管理機構備案。

如果經紀人從事的仲介業務是代理俱樂部尋找新的內、外援，則其轉會經紀的流程稍有變化，經紀人需要首先與俱樂部簽訂委託代理合同。轉會代理的主要內容將著重於：第一，尋找合適的擬轉入運動員；第二，與該運動員本人或運動員現屬俱樂部進行轉出合同談判。

(二) 轉會經紀要務

1. 先決條件和準備工作

在前面的章節中曾經提到過，由於工作的複雜性和專業性，運動員轉會經紀人首先必須全面地瞭解各方面的信息。除了要求轉會經紀人對體育項目有相當深入的瞭解，熟悉委託人從事運動項目的規則等，還要能夠準確地洞察和預測所代理的運動員的技術特點，能夠瞭解哪些俱樂部或者球隊需要這樣的運動員。從事轉會仲介的經紀人還要盡量瞭解一些俱樂部或球隊各方面的情況。掌握足夠的信息是促成球員轉會成功的先決條件。

2. 主要轉會合同

(1) 轉會經濟委託合同。委託合同是轉會經紀人接受委託人的委託，與委託人之間簽訂的以委託人的名義或以他個人的名義，為委託人辦理轉會事務，並按規定或約定收取報酬和其他費用的協議。該合同本質上是一種提供轉會經紀服務的經濟合同。轉會委託合同一般必須包括以下內容：委託人和經紀人的名稱與姓名、住所、轉會活動的有關事項、完成期限和具體要求，雙方的權限範圍，佣金的數額及支付的時間、方式、違約責任、糾紛解決方式等。

第三章 運動員經紀

在為委託人找到適合其發展的運動員或俱樂部后，轉會經紀人必須與各方面接觸，促成委託人與俱樂部或運動員達成轉會意向。然后，轉會經紀活動就必須圍繞以下三個相互聯繫的合同關係，確定運動員的轉會細節。這三個合同分別是運動員與原屬俱樂部的工作合同、運動員與接受俱樂部的工作合同以及原屬俱樂部與轉入俱樂部的轉會合同。

（2）運動員與（原屬、轉入）俱樂部間的工作合同。現代職業體育俱樂部或球隊完全按照企業的方式進行運作，運動員與俱樂部的合同關係實際上是雇傭勞動的關係。運動員加入俱樂部后，完成的工作即是向俱樂部提供勞動力；俱樂部根據運動員技能水平的高低及場上表現向運動員提供工資、獎金、津貼或其他福利待遇。運動員與俱樂部的工作合同屬於勞動合同。簽訂這類合同時，必須遵守勞動方面的法律。從事轉會仲介活動的體育經紀人要為自己的委託人制定這類合同。在實際操作中，如果委託人希望轉會，經紀人首先必須向所屬俱樂部確定該委託人的自由轉會的權利。無論運動員與所屬俱樂部的合同是否期滿，運動員都有轉會的權利，但在轉會費的計算方面會有所不同。「博斯曼事件」后，歐洲足球運動員在自由轉會方面享有更大的自由。

在確定委託人的工作合同時，經紀人還必須明確規定運動員的工資、出場費、獎金、津貼等報酬和其他福利的計算辦法與享有情況。一般情況下，還要明確運動員應該享有的休息時間（假期）、醫療保險等。例如，馬拉多納從阿根廷的博卡青年隊轉會到義大利的那不勒斯隊時，除了每年的100萬美元的年薪外，每參加一場比賽的出場費為18.5萬美元，每踢進一球又得1.8萬美元，工作合同還詳細規定了他的休假時間、保險金額等。同時也規定了他必須遵守該隊的有關規定。

（3）原屬俱樂部與轉入俱樂部間的轉會合同。根據職業體育的國際慣例，職業運動員與原屬俱樂部不論何種情況終止工作合同后，如需要加入新的俱樂部，均應由原屬俱樂部與接收俱樂部簽訂轉會合同。從法律性質看，轉會合同是一種民事合同。在進行運動員轉會的經紀活動時，重點就是要確定轉會合同中的具體細節。其中最重要的部分包括以下幾個方面：

第一，轉會費數額。一般情況下，接受運動員的俱樂部必須向運動員原屬俱樂部或培訓單位支付一定數量的轉會費。職業體育的管理機構大多對具體的計算方式有專門的規定，但也有一定的浮動幅度。在運動員轉會經紀中，體育經紀人的重要職責之一就是協調各方面的關係，確定各方都能接受的轉會費數額。如果轉會費數

額過高，就會妨礙運動員在各俱樂部之間的正常流動；如果轉會費數額過低，也會損害俱樂部對運動員進行培訓、提高其運動技能的積極性。

運動員轉會合同中的「轉會費」不同於運動員與俱樂部工作合同中的「報酬」。這是兩個完全不同的概念：轉會費體現的是運動員本身的商業價值，而報酬體現的是運動員提供勞務的價值，兩者之間有著本質的差異。如1987年世界最佳足球運動員古力特由荷蘭阿賈克斯俱樂部轉會到義大利的AC米蘭俱樂部時，其轉會費高達850萬美元，但古力特本人的年薪只有96萬美元。經紀人從運動員轉會經紀業務中獲得的佣金收入與轉會費基本上沒有確定的比例關係，但是與工作合同中約定的運動員收入高度相關。一般情況下，在國外競技體育發達國家，代理運動員進行勞資談判的經紀活動的佣金標準，大約是運動員年收入的0.5%～5%。

第二，雙方的權利和義務。

第三，轉會的具體生效日期。

第四，違約的責任。

受運動員的委託，轉會經紀人必須要圍繞這些合同的有關條款與轉讓俱樂部和轉入俱樂部進行談判，以確定各方面都能接受的合同細節。

四、運動員轉會經紀活動的收益

經紀人從事工作合同談判代理活動的目的在於獲得經濟效益。相對其他體育經紀活動而言，這種代理活動的佣金提取形式種類較多。最常見的方式是按比例收費，即代理人按事先確定的比例從運動員收入中提成。在美國的一些職業體育組織裡，由職業運動員工會負責確定這一比例。美國籃球職業聯盟（NBA）運動員工會確定的比例是佣金不超過4%，美國國家橄欖球聯盟（NFL）運動員工會確定的比例是佣金不超過5%，美國棒球聯盟沒有確定固定的佣金標準，但是要求經紀人必須每年公開其收費情況。另一種比較常見的方式是按時間收費。以這種方式收費的代理人大多是律師。在美國，這類代理人在代理工作談判時的收費標準為每小時150～350美元。

有些代理人採取固定收費的方式，由經紀人事先確定一個佣金數額，此後經紀人在代理活動時所花費的時間和談判所確定工資數額的多少與佣金無關。職業體育中的普通運動員一般採用這種計費方式。特別是當運動員和代理人覺得談判中工資

不太可能有較大增幅時，採用這種方式比較公平。固定收費的範圍一般在 500 ~ 2,000 美元。

綜合收費方式是一種新型的收費方式，代理人在收費時綜合考慮其花費的時間和精力以及達到的談判成果，結合以上三種收費方式，向運動員協商收費。採用這種收費方式的代理人一般有很強的經紀能力並且深得委託運動員的信任。

案例一

博斯曼事件

1995 年 12 月 15 日歐洲最高法院作出裁決，裁定歐洲足球聯合會現行的球員轉會制度與外援上場名額限制是非法的。至此，一場持續近 6 年的轉會官司以比利時球員博斯曼勝訴而宣告結束。

博斯曼生於 1964 年，10 歲加入了比利時著名的標準列日俱樂部。1986 年他正式與該俱樂部簽約，成為一名職業球員。1988 年 5 月，他以 10 萬美元的轉會費與 RFC 列日隊（Royal Tilleur FC Lige，以下簡稱 RFC 列日隊）簽約兩年，月薪為 2,500 美元。1990 年 4 月，合同即將到期，RFC 列日隊提出按比利時足球協會規定的最低工資標準每月 1,000 美元與博斯曼續約一年，對此博斯曼當然不同意，拒絕簽約，為此 RFC 列日隊將其列入轉會名單，后來該俱樂部同意他轉會到法國乙級隊敦刻爾克隊。

3 個月后，RFC 列日隊與敦刻爾克隊就博斯曼轉會問題達成協議，后者向 RFC 列日隊支付租借博斯曼一年的租金 4 萬美元。若一年后正式轉會，則需另支付 16 萬美元的轉會費。后來，RFC 列日隊自行更改條件，將轉會費提高到 100 萬美元，使該協議成為一紙空文。同年 7 月，仍然不肯與 RFC 列日隊簽約的博斯曼被該俱樂部按比利時足球協會的規定，處以「無薪及不得代表 RFC 列日隊以外任何球隊踢球」的處罰。這樣，博斯曼成了無家可歸的人，他不願再為 RFC 列日隊踢球，后者又不許他為別的球隊踢球。

博斯曼曾是比利時國家青年隊隊長，是一位很有前途的球員，加盟 RFC 列日隊后心情一直不愉快。在尋求轉會不成又面臨俱樂部封殺的情況下，博斯曼決定訴諸法律，捍衛自己的利益。

1990 年 8 月，博斯曼一紙訴狀將 RFC 列日隊、比利時足球協會和歐洲足球聯合

會一起告上了法庭，控訴轉會制的荒謬，使他永遠失去了球員的黃金時期，要求賠償他1,000萬美元。

在向法院起訴的同時，博斯曼積極與比利時之外的俱樂部聯繫，努力推銷自己。他后來找到了法國的另一支乙級隊聖康坦隊，對方的條件是博斯曼必須在這場官司中獲勝。然而，RFC列日隊暗地裡向聖康坦隊施加壓力，阻止他們收留博斯曼。

1990年11月，列日第一地方法院判博斯曼勝訴，博斯曼終於能夠從當年的12月到次年的5月在聖康坦隊踢球。可是，RFC列日隊不服輸，他們提出上訴，但列日高級法院裁定一審判決有效，並向歐洲法院提出要求，希望歐洲法院闡明歐洲聯盟內勞工可以自由流動的概念。

1991年6月，博斯曼合同期滿，沒有別的工作可做，只能領取救濟金，無奈之下又將RFC列日隊告上了列日第一地方法院，要求支付賠償金。列日第一地方法院根據《羅馬條約》裁定歐洲足球聯合會有關球員轉會制度不合法，結果RFC列日隊、比利時足球協會和歐洲足球聯合會三家聯合向比利時的最高法院提出上訴。

為了生存，博斯曼只好於1992年2月加盟法屬留尼旺島的聖丹尼斯隊，這是一支名不見經傳的球隊，但博斯曼別無選擇。

1992年6月，列日第一地方法院裁定RFC列日隊在博斯曼轉會敦刻爾克隊時進行了非法干涉。該法院表示，今后的審議屬於違反《羅馬條約》的範疇，因此特意委託總部設在盧森堡的歐洲法院進行。

1992年9月，博斯曼結束了在留尼旺島的踢球生涯，回到比利時。他既找不到新球隊接納他，又沒法領取救濟金，生活非常艱難。熬到1993年5月他才在比利時的丙級隊沙勒瓦奧林匹克隊找到一份差事，勉強糊口。他一邊踢球一邊打官司。

1994年5月，博斯曼轉會到丁級隊維斯隊。他已經顧不上什麼級別的球隊了，只要能糊口就行了。由於他一心想著打贏與RFC列日隊的官司，他的心思並沒有集中在踢球上，所以成績也不理想。就這樣他度日如年。

1995年3月，比利時最高法院裁定駁回歐洲足球聯合會、比利時足球協會和RFC列日隊的上訴。歐洲足球聯合會不服，採取了多管齊下的辦法，一方面向歐盟部長理事會施加壓力，希望他們能幫助歐洲足球聯合會維護對球員的管理權；另一方面，歐洲足球聯合會又向博斯曼表示和解誠意，提出以800萬法郎私了。

至此，經過媒體渲染，博斯曼成了全球矚目的新聞人物，他橫下一條心將這場官司進行到底。

第三章　運動員經紀

　　與此同時，歐洲法院受比利時列日第一地方法院的委託，正式受理了這起球員轉會導致的官司。博斯曼案再起波瀾。1995年6月歐洲法院聆聽了博斯曼對轉會過程的陳述。博斯曼除痛斥RFC列日隊自私、目無法紀之外，更痛斥歐洲足球聯合會轉會制度的不合理性。他正氣凜然，要向歐洲法院討個說法，討回公道。1995年9月，博斯曼的主律師、歐洲法院的總顧問卡·奧·倫茲向歐洲法院建議，裁定歐洲足壇現行的轉會制度以及外援上場名額限制是非法的。倫茲說：「歐洲共同體通過的法律規定，嚴禁限制人流動的自由。而限制球員轉會實際上是違反了這項法律，合同期滿的球員可以自己尋找新的俱樂部而不應該再付給原來的俱樂部任何賠償。」

　　倫茲在歐洲法律界極具權威，他的這番話引起了強烈反響。歐洲足球聯合會及各國足球協會官員都惶惶不可終日，著急地等待著歐洲法院的判決。

　　1995年11月初，歐洲足球聯合會為了向歐洲法院施壓，聯合了49個會員國的足球協會主席簽名，要求歐洲法院支持歐洲足球聯合會。因為一旦博斯曼勝訴，歐盟下屬的15個國家中的18個足球協會與世界上的其他所有足球協會將產生分歧，在組織辦法上將各行一套，不利於管理。

　　1995年12月13日，歐盟委員會競爭策略專員卡雷爾·範米耶特表示足球是一項經濟活動，理應受到歐盟內部市場規定的約束。歐盟是在歐洲共同體基礎上發展起來的具有統一貨幣、統一外交政策的歐洲國家聯合體。該聯合體採取三權分立，歐盟部長會議、歐盟委員會和歐洲法院分別為其立法、行政和司法機構。歐盟內部實行勞工流動自由化和農業保護政策。卡雷爾·範米耶特專員的這番講話實際上代表歐盟對「博斯曼事件」表了態。

　　1995年12月15日，歐洲法院作出了判決，裁定現行的轉會費制度與外援上場名額限制是非法的。此判決為最終裁決，不得上訴。此案再交回布魯塞爾法庭，由該法庭判決博斯曼應該獲得的賠償金額。

　　1995年12月15日成了世界足球史上具有重要歷史意義的一天，也成了歐洲足球史上具有里程碑的日子。一個名不見經傳的三流球員博斯曼以一己之力將勢力強大的RFC列日隊、比利時足球協會和歐洲足球聯合會都告倒了，實行了幾十年的外援上場名額限制和轉會費制度都被裁定為非法的。

　　歐洲足球聯合會與歐洲法律的較量以歐洲足球聯合會的失敗而告終。判決下達後，歐盟立即介入了此事。1995年12月22日歐盟委員會根據歐洲法院的判決，要求歐洲足球聯合會立即接受這項判決。歐洲足球聯合會還想做最後的抵抗，但歐盟

的政治家們不為其左右。1996年1月19日，歐盟委員會給歐洲足球聯合會下達了最后通牒：歐洲足球聯合會必須在6周內接受歐洲法院有關「博斯曼事件」的裁決。

1996年2月19日，歐洲足球聯合會決定接受歐盟的要求，廢除外援上場名額的限制及現行的轉會制度。這等於同意了歐盟關於「歐洲足球無權凌駕於歐盟法律之上」的觀點。在歐盟看來，「職業足球」是一項經濟活動，只有遵守歐盟的有關法規才能被視作合法的經濟活動。

有趣的是，國際足球聯合會在這件事情上一開始也曾聲援歐洲足球聯合會，但最終還是在歐洲法院的裁決面前低下了頭，體育與政治的較量始終是政治占上風。實際上對足球影響最大的是政治。

「博斯曼事件」給歐洲足壇帶來了許多不良的影響，有錢的俱樂部可以隨心所欲地買進世界級的球星，而財政拮据的俱樂部則只能以三流球員為主，貧富差距拉大，競爭越來越不公平。球員的雙重國籍、合同期等問題也越來越突出。歐洲各國足球協會相應做了調整，歐盟內部球員轉會不受此判決影響，對歐盟國家以外的外援上場的數量仍然做了限制，並沒出現外援占絕對多數的情況。另外，對球員轉會仍然收取轉會費。

在歐洲法院作出裁決的當日，博斯曼對記者說：「在宣判的當晚，我根本無法意識到這一判決將會給歐洲足球帶來什麼影響。」

——資料來源於 http://book.sjna.com.cn/longbook/1087529517 - 100 footballathlete/95.shtml

案例二

驟降1,400萬歐元！加總已成談判專家 巴神轉會再造經典

北京時間2013年1月30日凌晨，據義大利媒體消息稱，AC米蘭已同曼城方面達成一致協議，巴洛特利（又被球迷稱為「巴神」）重返義大利正式加盟紅黑軍團。據義大利媒體《米蘭體育報》透露，為成功引進「超級馬里奧」，米蘭只需向藍月亮支付2,000萬歐元的轉會費外加300萬歐元的浮動獎金。要知道，曼城當初把巴洛特利的身價定在3,700萬歐元！

事實上，從巴洛特利離開國際米蘭轉投曼城之後，有關他的轉會傳聞便從未間

第三章　運動員經紀

斷，其中AC米蘭便是「超級馬里奧」的追隨者之一。然而，儘管對巴洛特利垂涎已久，但由於俱樂部資金緊缺，紅黑軍團並未有所行動，直到把帕托送回巴西球會之後，加利亞尼才開始運作這筆交易，希望能以租借的方式得到曼城前鋒。不過，米蘭副總的如意算盤最終被藍月亮打破，曼城對巴洛特利的態度是只賣不租，且還向義大利人要價3,700萬歐元。很顯然，這個價格足以讓囊中羞澀的米蘭知難而退。但令人意外的是，加利亞尼動起了腦筋，他在接受媒體採訪時回應：「曼城始終堅持3,700萬歐元，我們只能再等等看，如果再過幾天還是這個價錢，巴洛特利會繼續留在曼城。如果價格會降下來的話，我會立即趕往曼徹斯特。」

加利亞尼此言一出，曼城方面迅速傳來消息，表示願意將價格降低，為巴洛特利要價2,800萬歐元。AC米蘭方面原本是希望以先租后買的方式拿下「超級馬里奧」，但眼看曼城態度堅決只賣不租，紅黑副總最終改變了策略，將報價壓低並向對方提出6年分期付款的條件。對於AC米蘭的這一要求，曼城起初也已點頭答應，但轉會費不能少於2,400萬歐元，而得知這一消息之後，加利亞尼立即通過媒體發表言論，稱「卡卡和德羅巴101%不可能加盟米蘭，而巴洛特利則是99.99%不可能加盟」。原以為巴神轉會紅黑軍團已就此宣告夭折，但令人意想不到的是，加利亞尼在同拉伊奧拉見面會談之後，讓后者向曼城送去了一份2,000萬歐元的報價，而經過再三探討之后，雙方俱樂部宣布協商一致，巴洛特利得以重返義大利。

其實，除了關於巴洛特利的這項交易之外，加利亞尼那獨到而精明的轉會運作比比皆是。從AC米蘭最近幾年在轉會市場的投入來看，紅黑副總所談妥的每一筆交易都極具針對性。2010年的夏季轉會中，米蘭幾乎在毫無徵兆的情況下上演了最后的瘋狂，借踢「甘伯杯」的機會，閃電般地引進了伊布拉西莫維奇。而在這兩筆交易中，加利亞尼將他的轉會才華發揮到了極致：以先租后買的方式拿下伊布拉西莫維奇，其中第一年屬於免費租借，米蘭只需向瑞典人支付薪水，賽季結束后正式將其買斷，費用為2,400萬歐元。需要指出的是，去年夏天，伊布拉西莫維奇轉投巴黎聖日耳曼時，AC米蘭從法甲豪門巴黎聖日耳曼拿到了2,400萬歐元的轉會費。

而在2011年1月的冬季轉會中，加利亞尼繼續施展著自己在轉會市場上的神奇手段。AC米蘭率先從國際米蘭手中搶下與桑普多利亞解約的卡薩諾，而且僅僅花費了不到200萬歐元的轉會費。由於卡薩諾的到來，羅納爾迪尼奧也徹底失去了空間，被送回巴西，米蘭也得以縮小了在年薪上的開支。此外範博梅爾自由加盟，埃馬努爾森170萬歐元的身價加盟，這樣幾乎「白菜」價格的引援，卻讓AC米蘭陣容得到了最

大化的補充。

作為貝盧斯科尼的親信和世界足壇最精明的經理人之一，加利亞尼對於 AC 米蘭的貢獻有目共睹。以最小的投入為 AC 米蘭帶來最優秀的新援，這是他最獨到的轉會運作方式。先租后買伊布拉西莫維奇，買斷博阿滕，租借阿奎拉尼，低價引進諾切里諾，免簽各路自由球員等，這都是他向世人呈現的一個個經典引援案例，如今又以如此令人咋舌的方式，為紅黑球迷帶來巴洛特利，不得不承認加利亞尼真是一個頂級的談判專家！

——資料來源於 http://sports.21cn.com/integrate/other/a/2013/0130/07/20311534.shtml

第三節　運動員參賽經紀

一、運動員參賽經紀的概念

運動員參賽經紀是指體育經紀人受運動員的委託，有選擇性地安排運動員參加體育比賽或表演，並且通過幫助運動員參加這些比賽或表演，在提高和保持運動員運動成績的基礎上，為運動員爭取相應的經濟收益的代理活動。

隨著社會經濟的發展和社會文明的進步，人們對體育賽事的觀賞需求，猶如對影視藝術的觀賞需求一樣，開始迅速膨脹。在體育和經濟發達國家，高水平體育賽事與其說是為人們提供了精彩刺激的觀賞產品，不如說是為人們提供了朝聖儀式似的狂歡場景。全球的體育競賽市場之大，已沒有任何一項社會文化活動可以與之相媲美。發達國家如此，發展中國家的市場前景更為看好。2008 年北京奧運會、2010 年廣州亞運會等賽事，預示著中國的高水平體育競賽市場將空前繁榮，2022 年北京冬奧會也值得我們期待。

由於各運動項目的特點不同，其職業體育的運作方式也有差異。田徑、網球、高爾夫球、自行車、拳擊等個人項目與以足球為代表的集體項目在職業化的經營方式上有著明顯的不同。一些個人項目運動員的收入來源於參加商業性比賽、活動出場費、獎金和其他商業機會。

二、運動員參賽經紀的產生

20世紀80年代以來，電視技術的發展極大地推動了體育商業化的進程，傳統的體育競賽運作方式已經不能適應現代體育的發展，一些體育組織順應體育商業化的潮流，嘗試進行競賽制度的變革。經過精心研究，許多體育組織都創立了既符合現代體育項目發展特點，又符合電視發展和市場營銷規律的技能觀賽制度和競賽規則。

國際足球聯合會（FIFA）、國際田徑聯合會（IAAF）、國際網球聯合會（ATP）等國際單項體育組織充分利用其擁有的頂尖賽事資源，不斷推出精品賽事，並在全球範圍發放經營許可證，將其賽事資源最大限度地投入市場經營與運作。如國際網球聯合會在澳大利亞網球公開賽、法國網球公開賽、溫布爾登網球公開賽和美國網球公開賽四大公開賽的基礎上，又於2004年推出了國際網球聯合會北京網球公開賽，並宣稱北京公開賽將與澳大利亞網球公開賽、法國網球公開賽、溫布爾登網球公開賽和美國網球公開賽一起成為國際網球聯合會五大全球公開賽。國際田徑聯合會在傳統的世界田徑錦標賽的基礎上，又推出了極具創意的國際田徑聯合會黃金聯賽。各洲和各國的體育組織也紛紛將其手中擁有的賽事資源充分市場化，高水平的職業賽事已經成為人們社會文化生活的重要組成部分。一些頂尖的職業俱樂部為了推廣其全球市場戰略，也頻頻組織一些商業性質的全球巡迴賽和表演賽。

高水平賽事由於其卓越的市場運作技術，為參賽的運動員或運動隊提供了豐厚的出場費和高額獎金。豐富的賽事資源為運動員選擇賽事提供了機會，但同時也提出了怎樣參加賽事及參加什麼賽事的問題。運動員參賽經紀較多地發生在單項運動競賽，如田徑、網球、拳擊等。運動隊參賽經紀則較多地發生在集體運動項目，如職業足球、籃球的參賽經紀活動近年來也日漸豐富。即便是運動員參賽經紀還剛剛開始的中國競賽市場，在經紀人和經紀公司的運作下，也迎來了諸如AC米蘭、皇家馬德里、曼聯、阿森納、弗拉門戈等國際著名足球俱樂部，以及諸如巴西、英格蘭等享譽全球的國家足球隊來華訪問比賽或進行商業性巡迴賽。

然而，由於職業運動員受訓練週期和運動傷病的困擾，使得他們只能選擇性地參加一些競技賽事或商業性賽事，更由於職業運動員與外界信息的不對稱，使得他們必須委託專門的經紀人全權代理他們選擇合適的賽事。職業運動員面臨的一個普遍問題是：在體育運動以外與其個人形象和品牌推廣相關信息的嚴重不對稱。職業運動員在其所走過的人生歷程中不可能知道什麼是媒體管理、公共關係、品牌塑造、

品牌營銷和體育營銷等所需要的信息和知識。這種嚴重的信息不對稱，必須有人幫助他們彌補，使他們的形象推廣和財富累積走上健康的軌道。儘管體育經紀人未必是唯一人選，但他們一定是最好的人選。因為，當今體育賽事，尤其是商業賽事的操作，涉及一些十分複雜的法律、財務、稅務、保險、技術等方面的業務談判以及一些十分具體的參賽條款談判。因此，經紀人代理運動員參賽經紀業務的出現與發展十分符合運動員參賽的實際需求，其經紀業務是市場需求之必然結果。

三、運動員參賽經紀流程與經紀要務

（一）運動員參賽經紀流程

運動員或運動隊參賽經紀大致有兩種類型：一種是代理運動員或運動隊選擇參加某項賽事，並全權代理有關參賽的合同談判；另一種是策劃某項賽事，邀請某運動員或運動隊參加該項賽事，並直接與運動員或運動隊當事人或他們的經紀人進行有關參加該項賽事的合同談判。

運動員參賽經紀的談判核心是參賽合同，其經紀服務內容也緊緊圍繞著這份合同的洽談與簽訂而安排流程。以經紀人代理運動員或運動隊選擇參加某項賽事，並全權代理有關賽事的合同談判為例，其參賽經紀流程大致如下：

（1）獲得從事體育賽事經紀的資格證書。
（2）選擇合適的賽事，並與賽事組織者協商參賽合同。
（3）與運動員和所屬體育組織洽談。
（4）向運動員或所屬體育組織遞交參賽策劃書。
（5）與運動員或所屬體育組織擬訂參賽合同。
（6）與運動員或所屬體育組織簽訂參賽合同。
（7）參與運動員參加該項賽事的過程管理與控制。
（8）提出運動員參賽經紀評估報告，並備案。

當經紀人策劃組織某項賽事，擬邀請某運動員或運動隊參加該項賽事時，應直接與運動員或運動隊當事人或他們的經紀人進行有關參加該項賽事的合同談判，其程序基本同上。

（二）運動員參賽經紀要務

運動員參賽經紀主要包括：科學、合理地選擇、安排運動員參賽；與比賽組織者進行談判；開發運動員參賽的商業機會；做好與比賽相關的服務工作；及時處理

比賽中出現的問題；發現新秀，為其成長創造條件等內容。

1. 科學、合理地選擇、安排運動員參賽

科學地安排和參加比賽是運動員提高運動水平的重要方面。無論是從獲得經濟收益還是保持運動水平方面來看，比賽是運動員必不可少的組成部分，也是運動員參賽經紀的動力來源。代理運動員參賽的首要原則是促進運動員保持和提高自己的運動技術水平和競技能力。理想的經紀結果是通過代理運動員參賽，既使運動員獲得相應的經濟收益，又可以保持和提高其技術水平與競技能力。這就要求從事運動員參賽經紀的體育經紀人對相關的賽事了如指掌，並能夠與所代理的運動員、其所在的俱樂部、國家運動項目協會共同協商和制定運動員的比賽安排，有目的地選擇供運動員參加的比賽。在有利於運動員整體訓練和安排的基礎上，可以適當參加那些有較大經濟收益和商業機會的賽事。

創立於20世紀90年代初的國際田徑大獎賽（現為國際田徑聯合會世界杯系列賽）每年都設若干站一級系列賽和二級系列賽，最后還要舉行總決賽，每項比賽的前八名均能得到豐厚的獎金。此外，每站比賽的組織者還根據運動員的不同知名度，分別給予幾千美元至幾萬美元不等的出場費。在此基礎上，還舉辦「黃金大獎賽」（系列賽），獲得五站比賽冠軍的運動員可以平分數量誘人的黃金。高水平的田徑運動員非常熱衷於參加這項系列賽，但對於一名優秀的田徑運動員來說，可供選擇的國內、國際比賽很多，系列賽也不可能每站比賽都參加，這就需要經紀人與其所代理的運動員以及俱樂部認真協商，制訂周密的參賽計劃，以最佳的競技狀態投入所選定的比賽中，爭取取得好名次。

2. 與比賽組織者進行談判

從事運動員參賽經紀活動的關鍵環節之一就是要與比賽組織者就運動員的參賽問題進行談判，以最大化地保障運動員的利益。談判內容主要包括參賽費用、參賽的詳細安排、出場費及獎金，甚至包括參賽對手等問題。由於談判內容涉及比賽主辦方的利益問題，這方面的談判常常相當困難和激烈。優秀的經紀人一般擁有強大的綜合影響力，能夠為所代理的運動員在談判中爭取到比較多的權益。

在國際田徑大獎賽上，田徑經紀人之間往往會為所代理的運動員選擇有利的跑道而相互爭執不休。職業拳擊比賽的經紀人為了確定有利於自己委託人的競賽時間、地點及獎金分配問題，往往要進行多輪的談判。1994年國際田徑經紀人集體與國際業餘田聯談判，要求世界田徑錦標賽向運動員頒發獎金，否則他們所代理的運動員

將抵制這項世界上最有影響的田徑賽事。經過艱苦的談判，國際業餘田聯終於作出讓步，決定向參加包括世界田徑錦標賽和世界室內田徑錦標賽賽等重大賽事的運動員提供獎金和獎品。

3. 開發運動員參賽的商業機會

現代體育競賽由於其廣泛的曝光率和影響力，已經成為商品營銷和企業宣傳的極好機會，而參賽運動員本身就是現代商業運作的最好載體。特別是一些優秀運動員由於深受觀眾和媒體的關注，在參賽過程中格外引人注目，更是贊助商和廣告商眼中運作的最好載體。因此，可以說在運動員身上存在著大量的商業契機，如何充分開發運動員的無形價值，使運動員得到經濟和社會影響力的雙重收益，也是從事運動員經紀的重要內容。

經紀人代表運動員與廣告商和贊助商洽談時所要明確的內容包括：廣告形式及廣告費；贊助的各項具體事宜，如所贊助錢物的數目、適用範圍、期限以及雙方各自應承擔的責任和義務等。運動員參賽的商業機會包括比賽所使用的運動服、運動鞋和運動器材的品牌、胸前和背後的廣告等，但前提是不能違反與體育組織和比賽組織機構的有關規定。如前著名網球選手倫德爾曾被其經紀人說服使用美津濃公司的網球拍，從面獲得該公司2,000萬美元的廣告費。又如在1992年巴塞羅那奧運會上，銳步運動服被指定為美國奧運代表團的正式領獎服，但是美國籃球「夢之隊」的美國籃球職業聯盟巨星們卻堅持要穿耐克服裝上臺領獎，因為他們個人的贊助商都是耐克公司，結果引起爭議。雖然經過各方面的協調，最終解決了這起爭端，但美國籃球職業聯盟巨星們的經紀人們從此對運動員參賽的廣告合同更加慎重。

4. 做好與比賽相關的服務工作

運動員參加比賽從籌備到結束是一個包含多個環節的過程。為了取得優異的成績，運動員需要在訓練和比賽中投入大量的精力，於是，許多具體性的服務工作就由經紀人來經手。包括：諸如為運動員訂取機票並及時送到運動員手中，聯繫接送運動員的交通工具和安排食宿，替運動員參加比賽的技術會議，向運動員解釋具體的比賽安排，為運動員辦理出國參賽手續等。這樣就能保證運動員專心訓練和比賽，為運動員解決后顧之憂。

5. 及時處理比賽中出現的問題

在比賽中可能會發生一些突發事件，如興奮劑、傷病等，通常情況下，這些事件都是由經紀人出面處理的。如美國著名田徑運動員雷諾茲在一次國際田徑比賽中

的藥檢呈陽性，為了減輕國際田徑聯合會對雷諾茲的處罰，其經紀人做了大量的工作，甚至不惜和國際田徑聯合會對簿公堂。

6. 發現新秀，為其成長創造條件

運動員經紀的市場資源存在眾多的影響因素，很多有遠見的經紀人除了盡量吸引現有的優秀運動員以外，也十分注意未來資源的開發。憑藉對某項運動項目的熟悉程度，很多時候，這些經紀人會扮演伯樂的角色，隨時注意挖掘新秀，並為其聘請合適的教練員，進行培訓，甚至出資來幫助運動員的訓練、生活和工作。這樣的投入是一種長期的可持續發展的策略，其收益往往非常可觀。

例如，埃塞俄比亞長跑明星蓋布雷塞拉西就是在其成績還很一般的時候，被荷蘭籍的經紀人郝曼斯發現並極力培養，最終在很短的時間內就成為多次打破世界紀錄和獲得世界冠軍的長跑巨星。英國的經紀人麥克科爾則與肯尼亞的中長跑運動員有著非常特殊的關係，1994 年，他就代理了 40 多名肯尼亞中長跑選手。麥克科爾十分熟悉肯尼亞國情，與該國田徑界的關係密切，從擅長中長跑的卡郎金人種中挑選人才，對他們進行精心培養。結果在以後的幾個賽季中他所代理的肯尼亞運動員在各類世界大賽中出盡風頭。著名的拳擊經紀人唐·金也是一個眼光獨到的拳擊天才發現者，他十分擅長在黑人平民中尋找未來的「拳王」。

四、運動員參賽經紀的注意事項

在代理運動員參賽過程中，體育經紀人應注意以下事項：

（1）熟悉和遵守有關體育項目國際體育組織和國家運動項目協會的章程與有關條例，並督促運動員遵守國際體育組織和國家運動項目協會關於參賽資格的有關規定。

（2）全面瞭解比賽信息，與運動員、教練員、俱樂部、國家運動項目協會共同商定運動員的競賽安排。

（3）保證受代理的運動員參加國際體育組織和國家運動項目協會指定的比賽，如地區錦標賽、世界錦標賽、世界盃賽和奧運會的比賽。

（4）代理參賽的原則是不影響運動員的訓練和參加重大比賽。

（5）在運動員授權的範圍內行使權利，讓運動員及時、全面地瞭解代理人以其名義所從事的商業活動和各項安排。

（6）一旦簽訂了參賽合同，應盡一切努力保證運動員履行比賽合同。

第四節　運動員無形資產的開發

一、運動員無形資產開發的概念

（一）運動員無形資產的基本概念

運動員的無形資產是指運動員的姓名權和肖像權以及由此衍生的名譽權利與財產權利。

法學界認為：名譽權是一個廣泛的人格權概念，其包括了姓名權和肖像權這些名譽權因素。《中華人民共和國民法通則》（以下簡稱《民法通則》）將自然人的名譽權與姓名權、肖像權並列，在分類上並不科學。僅就姓名權和肖像權包含的人格權的內涵而言，似乎沒有必要設定姓名權和肖像權，只有涉及姓名權和肖像權衍生的無形資產等非人格權的內涵時，才有姓名權和肖像權的獨立意義。

事實上，自然人的姓名權和肖像權越來越具有直接的財產權的內涵，大多現時的姓名權和肖像權侵權行為，本身就是以盈利為目的的商業行為。尤其是名人的姓名和肖像等具備知識產權特徵的無形資產，具有很高的商業價值。如果不在立法上像保護自然人的姓名權和肖像權那樣，那麼，在現有法律條件下，自然人的姓名權和肖像權是很容易受到侵害的，而且還得不到司法和行政救濟。因為在現實社會中，同名同姓、長相雷同、相似者眾，法律不可能像保護法人名稱權、商標權和發明專利權一樣去保護自然人的姓名權和肖像權，自然人的姓名和肖像也就不可能像法人的名稱、商標和發明專利一樣，由法律設定專用權和不被雷同、相似的權利。

運動員，尤其是明星運動員的姓名權、肖像權等雖然不具備實物形態，但它們具有很大的使用價值，是一種能帶來經濟價值的無形資源。運動員的無形資產，有些是可以估價的，有些則難以估價。美國籃球職業聯盟總裁大衛·斯特恩曾說：喬丹退出或重返美國籃球職業聯盟賽場，對美國籃球職業聯盟產業鏈的影響將以百億美元計，喬丹與美國籃球職業聯盟的產業關聯，我們可能找不到相應的經濟學模型，但美國籃球職業聯盟市場卻記錄下了喬丹所創造的商業奇跡，這種現象只能用無形資產加以詮釋。

（二）運動員無形資產開發的概念

對於經紀人來說，運動員無形資產的開發是指經紀人受運動員委託，代理運動

員開發其名義、肖像權等無形資產的經營活動；對於運動員來說，運動員無形資產的開發是指運動員借其本身知名度或個人成就，通過廣告的形式協助企業強化其商業銷售或產品品牌形象，以達到供需兩方雙贏的經營活動。

在1999年《福布斯》雜誌的體育明星收入排行榜上，排名前25位的運動員中有23位來自於美國，只有舒馬赫和羅曼兩人來自歐洲。美國體育明星的無形資產商業開發程度之大，可以從網球明星阿加西身上得到充分反映。阿加西1997年參加網球比賽，獎金收入只有10萬英鎊，但商業收入卻高達1,400萬美元。上述數據和事例表明，運動員特別是體育明星的無形資產商業開發的價值是很大的，而美國的體育經紀人可以說將這種價值發掘到了極致，因此，美國也有「超級體育經紀人故鄉」之稱。世界知名的體育經紀人利・斯坦伯格為其代理的運動員共贏得了20億美元的商業合同。類似的大牌體育經紀人還有特・阿克曼、史蒂夫・揚、德・布萊德索、考德爾・斯圖爾特和瓦倫・摩恩等。他們都是這個行業的佼佼者。

二、運動員無形資產開發的內容和載體

（一）運動員無形資產開發的內容

運動員無形資產開發的內容包括以下兩個方面：

（1）利用運動員的形象，通過媒體推廣企業的產品。

（2）運動員與企業聯姻，由企業向運動員提供金錢、實務或勞務支持，並獲得廣告、專利或者冠名等作為回報。

（二）運動員無形資產開發的載體

運動員無形資產的開發主要是以開拓體育明星的廣告市場進行的。體育明星廣告正是因為具有衝擊力強、創意新穎、趣味性強、信息鮮明、感染力強、效果顯著等特點，符合創意廣告作品標準和市場要求，因此深受企業的歡迎。一般商業廣告就像陌生人推銷商品，而體育明星代言人的方式則是人們熟悉、崇拜的名人提出他的見解、建議，較能令人信服和接受；同時，企業品牌形象的塑造，猶如百年樹人的工作，需要施加累積，而搭上名人形象的便車，則可減少其中的困難度。另外，體育明星廣受媒體注意，曝光機會多，其代言產品可以接觸廣大群眾，又能節省產品宣傳促銷費用。

體育明星的廣告載體非常廣泛，幾乎涵蓋了日常生活的各個方面，主要包括兩種類型：運動類產品廣告和非運動類產品廣告。前者是指運動員為其本身從事的運

動項目及所需使用的各種物品做廣告；后者是指運動員為其他與運動項目無關的產品、服務做廣告。體育明星廣告的形式多種多樣，包括採用肖像圖片、電視、報刊、因特網等多種媒體形式為企業開展產品宣傳、促銷等活動。

在美國，企業界真正開始瘋狂迷戀利用運動員做廣告，也是近十幾年的事情。根據《福布斯》雜誌1996年的調查結果，美國企業平均每年聘請做廣告的運動員多達2,000餘名，企業支付的酬金超過10億美元。超級球員喬丹被公認為是「最有價值」的產品代言人，僅1998年，他的代言酬金總數就高達4,500萬美元。1995年運動明星代言人的廣告量占所有電視廣告的11%，體育明星成為企業代言人的最佳人選。

隨著中國的社會主義市場經濟的逐步推進及體育產業化的迅速發展，中國體育明星廣告市場也初見端倪。由於體育明星的成才道路比文藝明星更加艱難，這種蘊含艱辛的「頂尖」概念提升了其附加值，使得體育明星更加受到企業的關注，並直接導致一些企業改變了廣告投資方向。郎平、蔡振華、聶衛平、田亮、熊倪、伏明霞等體育明星紛紛在電視廣告中亮相就充分說明了這一現象。體育明星的價值也開始得到社會的認可，如著名球星範志毅1997年由阿迪達斯提供的年贊助額達到8.5萬美元、拍攝廣告片獲13萬美元、每在國家隊以正選身分上場一次可獲600美元，三項總計達20餘萬美元。2004年第28屆雅典奧運會后，劉翔、姚明、邢慧娜等奧運明星的廣告代言作用更加突出。

三、運動員無形資產中可開發類別

（一）運動員形象

運動員形象是指與運動員運動表現相關的特徵，包括運動員的專業性，即個人成就和專項運動的各項技能；競技風格，即在比賽中體現出的特徵；運動員品質，即是否具有公平競爭等良好的競技觀念；對抗能力，即和對手的競爭關係。

（二）運動員的外在吸引力

運動員的外在吸引力是指運動員具有吸引力的外貌特徵，包括形體吸引力，即運動員在外貌上給人以愉悅的審美體驗的能力；標誌，即運動員吸引人的個人風格和標誌；運動員的身材，即在相同競技項目中運動員身材的好壞。

（三）有銷售潛力的生活習性

有銷售潛力的生活習性是指運動員在場外可銷售的特質，包括生活故事，即能

夠反映運動員人生價值觀的場外故事；運動員的個人形象樹立，即運動員值得社會學習的優秀品質；人際關係互動，即運動員在與觀眾、贊助商和媒體接觸時表現出的積極的態度。

四、運動員無形資產開發的特點

(一) 運動員無形資產開發的專業性

運動員無形資產的商業開發是與運動員轉會、勞資合同的制訂、與俱樂部或聯盟談判是完全不同的工作，具有很強的專業性。在單項委託日益興旺的今天，已經有許多體育經紀人或者團隊專門負責運動員無形資產的開發。如網球選手辛吉斯的后面就有一支五六人的隊伍為她從事商業開發服務。美國 SFX 體育集團擅長運動員的代理服務，而 OctoPn 公司的專長則是運動員的市場開發。目前這兩個公司已經聯合組成了 SFX 娛樂公司，兩者各取所長，使他們的商業機會和運動員經濟實力大增。

(二) 運動成績對運動員無形資產價值的決定性

從體育明星所具備無形資產的價值看，無形資產的產生和市場價值的大小，主要取決於本人的社會影響力和宣傳效應。而其社會影響力和宣傳效應主要是由運動員的運動成績決定的。一般來說，個人的運動成績越好，其擁有的無形資產的價值總量、市場開發的潛力以及交易的成功率也會越大。

(三) 運動員無形資產價值與現代傳媒的聯動性

運動員的聲譽及宣傳效應不能自發地起作用，必須通過大眾傳媒、與媒體聯動，才能實現其價值。在進行運動員的形象設計和開發時，電視、報紙、雜誌等媒體的炒作是必不可少的先決條件。離開了這些宣傳的媒體，開發運動員無形資產是難以想像的。通常，媒體越先進，影響面越廣，宣傳效應越強，體育與其聯動創造的無形資產的價值就會越高。故許多體育明星的經紀人都要定期為自己的委託人精心設計和製造與傳媒接觸的機會，以維持他們的明星效應。這也是運動員無形資產增值的有效方式。

(四) 運動員無形資產的利用與企業的高度相關性

運動員無形資產的生命力在於資產能否有效地應用於企業經營，給企業帶來良好的聲譽，提高企業的知名度，創造超額利潤，從而取得最佳的社會經濟效益。從事運動員無形資產的經紀活動必須是讓運動員與企業雙方以支持和回報交換為中心，

以支持換回報，以回報換支持，兩者進行等價交換。雙方必須是互惠互利、共同得利的關係。雙方只有平等合作，精誠團結，同舟共濟，才能實現雙贏。

（五）運動員無形資產開發的不確定性

運動員無形資產的潛在價值或理論價值可能很大，但是上市後其實際交易價格能否反映他的理論價值，則有很大的不確定性。在實際操作中，其開發利用和價值計算都存在一定難度，其價值實現彈性相當大。一方面，運動員無形資產價值的實現要受到項目水平、項目普及程度、項目商業價值和相應法規完善程度等一系列體育自身因素的影響；另一方面，運動員無形資產價值的實現取決於媒體的關注程度、大眾的參與程度、購買企業的形象定位及經濟的景氣程度等諸多因素的影響。在從事這類經紀活動時，要特別注意降低交易風險，盡可能實現其市場價值。

五、體育明星廣告的經濟運作

（一）體育明星廣告市場的仲介機構

體育明星廣告市場的仲介機構主要包括兩類：體育經紀人和廣告公司。體育經紀人主要從代理運動明星的角度進行廣告市場開發；而廣告公司多從代理企業客戶的角度實施廣告市場開發。目前，國際上運動員無形資產的開發已經高度發達，體育經紀人和廣告公司經常以合作的形式開展市場運作。

1. 體育經紀人（或經紀公司）在體育明星廣告市場開發中的作用

體育經紀人（或經紀公司）通過自身工作，能夠保護和提高運動員的無形資產量，通過媒體建立和強化運動員的公眾形象，促成體育明星與企業建立夥伴關係，使體育明星的社會經濟價值得到最充分的體現，並盡可能降低交易風險，化解不利因素。

2. 廣告公司的作用

廣告公司在開發體育明星廣告市場上的真正價值在於：有機地結合體育明星與廣告客戶品牌的實用性及獨特性，通過廣告創意，以具備深刻和持久的感染力的方式傳達給顧客，獲得顧客的認可。要做到這一點，廣告公司必須制定完整的市場開發策略，認真做好市場調研，搞好媒體組合，以提升體育明星廣告市場效益。

（二）體育明星廣告市場的運作規則

1. 運動員無形資產的權益分配

根據《民法通則》第九十九條和第一百條的規定：「公民享有姓名權，有權決

第三章　運動員經紀

定、使用和依照本規定改變自己的姓名，禁止他人干涉、盜用、假冒。」「公民享有肖像權，未經本人同意，不得以營利為目的使用公民的肖像。」肖像權、姓名權屬於運動員的無形資產。體育經紀人受運動員委託，對無形資產進行商業化運作，開發體育明星廣告，一方面可以使運動員專心訓練和比賽，有利於維持競技水平和公眾的影響力，保持無形資產的價值量；另一方面也可以通過專業的市場操作使得運動員的無形資產得到最大限度的開發。

在西方社會，體育明星的無形資產是自我投資形成的，這些體育無形資產商業開發所形成的收益完全歸運動員個人所有，並受法律保護。由於中國體育的舉國體制，培養運動員的各項費用主要由各級政府的財政支付，因此中國體育明星的肖像權、姓名權的廣告收益部分是屬於國家（如以體育基金會、協會、俱樂部、運動隊為代表）的；而優秀運動員成長過程的長期性和不確定性，決定了體育明星本人也開始在其廣告收益中參與分紅。

由於上述原因，中國體育明星的肖像權、姓名權的商業管理和市場運作是多種多樣的。例如，中國足球協會明文規定俱樂部擁有職業球員的肖像權，球員拍攝廣告的收入要按工作合同所規定的比例分成。市場管理規範尚未完全形成，在實際運作中會遇到許多難以解決的問題。目前最好的辦法是在簽訂廣告合同時，把體育明星的肖像權和分配事項寫清楚，以得到法律保護。

2. 體育明星廣告經營中的注意事項

（1）體育經紀人（或經紀公司）的注意事項如下：

第一，不能影響運動員的訓練和比賽。體育明星廣告市場的開發依賴於其無形資產量。從體育明星所具備無形資產的價值看，無形資產的產生和市場價值的大小，主要取決於本人的社會影響力和宣傳效應。而其社會影響力和宣傳效應主要是由運動員的運動成績決定的。因此，經紀人圍繞運動員進行的商業開發活動不能影響運動員的訓練和比賽。

第二，維護良好社會聲譽，建立和強化公眾形象。體育競爭所倡導的公平競爭精神、奧林匹克運動的宗旨和理想使體育運動贏得了良好的社會聲譽。如果運動員的聲譽受損，其無形資產的價值就會迅速貶值。所以，體育經紀人必須要求其所代理的運動員保持良好的體育道德作風，公平競爭，捍衛體育的純潔性。

第三，通過媒體建立和強化運動員的公眾形象。體育明星的形象等作為「無形資產」，也需要不斷宣傳，不斷使用，使之「有形化」，才能增值。因此，從事運動

員經紀活動時，要十分注意正確處理與媒體的關係。運動員和其經紀人都要認真學習與媒體打交道的辦法和技巧，充分利用媒體來樹立運動員的公眾形象。

第四，促成體育明星與企業建立夥伴關係。體育經紀人通過自己的服務和關係網路，使體育明星不遺餘力地或推銷企業產品，提高市場佔有率；或成為其品牌代言人，提高企業知名度。這是建立在雙贏基礎上的平等合作關係。

第五，降低交易風險，化解不利因素。儘管體育明星無形資產的潛在價值很大，但作為體育經紀人要通過「仲介、代理、承辦、服務、創意」，使體育明星的社會經濟價值得到最充分的體現，盡可能降低交易風險，化解不利因素。

除此之外，體育明星廣告市場的開發還涉及許多其他因素，如運動員本人的形象、性格、氣質、商業興趣和敏感度等，這都是經紀人必須考慮的因素。

（2）廣告公司的注意事項如下：

第一，創造性地實現體育明星和企業產品的有機結合。明星與產品的完美結合可以創造經典，穿越時空。如果僅以明星代替創意，讓明星在電視裡不厭其煩地硬性推銷一些連他們自己也不可能使用的產品，顯然只會令人反感。

第二，體育明星形象的選擇要符合目標群體的特徵。如果體育明星的形象符合產品消費群體的特徵，這在心理上就已經獲得了消費者的肯定。目標消費群體會覺得這種產品非常符合自己的身分，就可能提高產品的購買概率。如耐克推出喬丹的廣告策略。

第三，要注意過於耀眼的體育明星會覆蓋產品的光芒。體育明星的形象過於耀眼奪目，常會覆蓋產品自身的光芒，因此，在用體育明星做廣告時，千萬不能喧賓奪主。

第四，如果體育明星承接多個廣告，被宣傳產品會受干擾。一個體育明星做的廣告太多，產品之間經常會相互干擾，這對他所代言的任何一種產品都是不利的。

第五，同類產品都由體育明星做廣告，會造成品牌混淆。同類產品都由體育明星做廣告，如品牌之間形象區別不夠清晰，就很可能為競爭對手做了宣傳。

第六，在體育明星廣告市場中，產品要選擇體育明星，體育明星也要選擇產品。體育明星做廣告時，除了獲得廣告形象，還要不斷保持或提升自身的無形資產量，避免聲譽受損。

第三章　運動員經紀

六、運動員商業開發中的注意事項

（一）運動員形象權的控製與保護

目前，歐洲的許多足球俱樂部直接從運動員經紀人那裡購買運動員的形象權，使其成為整體合同的一部分。2001年，意甲聯賽羅馬隊的隊長托蒂與俱樂部的續約就是一個例子。因為帶有形象權的轉讓，俱樂部續簽托蒂的費用大幅增加。運動員形象權的轉讓意味著俱樂部將擁有運動員的無形資產，並將負責運動員的市場開發，而經紀人的作用將只是談判。運動員形象權打包在工資合同中一併出售，對經紀人來說究竟是利還是弊，還需視不同運動員的實際情況來確定。有利的方面是：經紀人的工作會更加容易，他們每年只需坐下來為客戶談判一兩次，而大部分紛繁複雜的開發工作就可以由俱樂部去處理了。不利的方面是：將運動員的形象開發權交給俱樂部，經紀人如果僅依靠開發合同的比例收取佣金，他們的收入肯定要減少。

這裡需要把握的是：事實上，形象權只是對那些真正有市場價值的運動員，即一流的體育明星運動員才有開發價值，而更多的職業運動員不可能獲得普遍的關注、成為贊助商追逐的形象代言人。按照奧塔根體育經紀公司運動員事務部負責人克利福德的觀點：企業還會像過去那樣願意花錢找運動員做形象代言人、拍廣告，但是這些錢是集中在最好的5%的運動員的身上，而另外95%的運動員對經紀人來說不是可開發的資產，甚至可以說是負擔。因此，對於經紀人來說，他們更願意把普通運動員的形象開發權賣給俱樂部，先把錢裝到口袋裡再說；而對於真正具有商業開發價值的體育明星，體育經紀人還是應當充分保護和行使自己的開發權，以實現盡可能大的利益回報。

（二）學會與企業打交道

隨著企業請體育明星做代言人越來越普及，企業對運動員的控製力日益加強。如耐克公司成立了專門的「體育經營」部門，為運動員提供「全套服務」，包括代言、職業指導和市場諮詢等，而其中很大部分本來是應由經紀人完成的。以美國籃球職業聯盟籃球明星莫寧為例，耐克公司依據合約安排了莫寧從頭管到腳，包括生活的方方面面，甚至是鄉間別墅的水龍頭。為了使這位身高6英尺10英吋（1英尺=0.305米，1英吋=0.025米）的巨人球員生活方便，耐克公司派專人將淋浴噴頭和洗漱臺調整到合適的高度。按照合約公司要求莫寧在個人生活用品上必須以公司為他挑選的為準，如他只能喝公司指定的飲用水，只能去公司指定的商店購買音

響設備等。當然，耐克公司也為此付出了很大的代價。據說，「耐克」在莫寧的合約中保證為他及他的經紀人大衛·福爾克提供5年1,500萬美元的保險金。

近年來，耐克公司已經在體育領域取得了毋庸置疑的地位，其名下的代言人曾有邁克爾·喬丹、吉姆·科立爾、安杰·阿加西、查爾斯·巴克利、因衛·羅賓遜和迪恩·桑德斯等一系列響亮的名字。「耐克」作為美國乃至全球最大的贊助商，在這方面的花費1991年就已突破2億美元。但是，耐克與其最偉大的球星代言人喬丹長達18年的合作，至少讓公司僅從籃球鞋這一項上就賺到5億美元，耐克——喬丹成了世界廣告模範搭檔，雖然名不正、言不順，但耐克公司似乎熱衷於「體育經紀活動」，與眾多的大牌體育明星簽訂了經營範圍極廣的代理協議。耐克公司負責運動員的媒體訓練、形象設計、財務諮詢以及代為尋求「耐克」以外公司的代言機會等。耐克及其他一些企業以體育競技人的身分代為運動員談判，這些做法已使一般的體育經紀人感到不安。同時，這也讓俱樂部和體育聯盟感到危機，是他們在合同談判中處在更加不利的地位。這是體育經紀領域近年來出現的一種新的情況，體育經紀人對此應當予以關注。

（三）把握好運動員形象開發的時機

有眼光的體育經紀人往往在運動員尚未成名時就開始將其收歸自己的麾下，並在最適當的時候將其推出，以獲取最大的市場開發價值。簡·霍爾姆斯是著名的SFX體育經紀公司的經紀人，該公司代理的運動員包括邁克爾·歐文、阿蘭·席勒和貝克漢等知名的足球明星。霍爾姆斯認為，運動員過早地參加商業活動會影響到他們的訓練和比賽，尤其是剛剛出道即成名的年輕球員，如歐文和席勒。他們不可能像萊因克爾那些老球員，有很多的時間參加商業性活動。對此，霍爾姆斯說，歐文顯然有非常好的前程，他的商業敏感度非常高，但在他當運動員期間，首要的任務仍然是訓練和比賽。萊因克爾在1986年世界杯上獲得金鞋獎時，霍爾姆斯並沒有急於把他推向商界，而是在其準備結束足球生涯時才開始對他進行形象商業開發。由於萊因克爾在長期的足球生涯中累積了巨大的無形資產，加上此前霍爾姆斯對他進行的定期訓練，教他怎樣與媒體打交道，因此萊因克爾的商業開發一舉成功。

（四）以娛樂為核心抓住媒體

娛樂業是運動員形象開發的最佳方式。歐美的很多體育經紀人都十分贊賞《娛樂經濟學》一書中的觀點：「娛樂業幾乎壟斷了所有的商業市場。」SFX體育經紀公司的經紀人霍爾姆斯在運動員形象推廣方面充分運用了這條法則，他讓足球明星席

勒在與麥當勞公司、萊因克爾和歐文在與 WakerCisp 公司的廣告合作中以幽默娛樂的方式出現，取得了非常好的電視廣告效果。

安德烈·米爾斯是大陸足球體育管理公司的經理，他也贊同這個觀點。經紀人在為運動員提供常規的職業建議、運動發展、談判簽約等服務的同時，要特別注意建立運動員的媒體形象。對運動員來說，媒體是座巨大的金礦，需要經紀人和運動員共同去挖掘。在這方面，要注意挑選的媒體和合作機構必須具有誠信，必須始終把運動員的利益放在首要位置。美國在體育市場營銷和運動員形象開發方面處於世界領先地位的原因就在於：美國的體育經紀人十分注重運動員的媒體關係和公共形象，讓運動員在職業生涯之初就開始注意累積媒體經驗，並通過媒體建立良好的公眾形象。

安德森足球經紀公司代理的運動員包括懷特、亞當斯和博格坎普等世界知名球員。該公司與電視臺、廣告機構都保持著良好的關係，曾經成功地把英格蘭著名球星懷特推到了體育商業的頂峰。懷特是位天才球員，個性也非常突出。安德森足球經紀公司精心設計，充分發掘了他的球星效應和商業價值，利用他的天才加個性使他在娛樂業幹得同樣出色，成為英國第一個進入電視圈的現役球員。懷特的廣告生涯從耐克開始，后來廣告和片約不斷，成了廣告明星和電影明星。

(五) 與運動員患難與共

運動員有時會因種種原因或偶然因素陷入困境，這時經紀人應勇於站出來對運動員加以保護。經紀人還必須提防媒體對運動員的意想不到的攻擊。著名經紀人安德烈·米爾斯曾經很形象的比喻：「運動員和經紀人之間就像是一種婚姻關係，無論是在生病的時候，還是在健康的時候，都要支持和保護他們。具備良好媒體形象的運動員能獲得實力雄厚的俱樂部的合同，有大筆的贊助交易和市場推廣機會。經紀人和運動員之間是一條雙向車道，運動員需要得到經紀人的幫助，經紀人也需要從運動員那裡得到幫助。」

英國著名板球運動員麥克阿瑟頓曾經被指控參與一場假球事件，結果陷入麻煩。他的經紀人霍爾姆斯幫助他妥善地處理了這件事情。當時霍爾姆斯正在休假，得到這個消息后，立即取消休假，與媒體協商，消除了惡劣影響。現在，霍爾姆斯所在的 SFX 公司有許多人在處理這方面的事務。

案例一

我們是這樣幫姚明賺錢的

如果沒有姚之隊，姚明會不會有今天的成功？這是一個被章明基試圖掩飾了很多次的問題，因為作為姚之隊的核心人物，他一定說，沒有姚明，他們什麼也干不成。事實上，正如章明基所言，中國還可以有更多的姚明。姚明今天的成功首先是商業上的巨大成功，無論是美國籃球職業聯盟造星機器使然，還是其個人的品牌價值累積。如果姚明的成功其中蘊涵著某種深刻的遊戲規則，那麼我們堅信章明基才是那個深諳遊戲規則的人。「白沙事件」已經留給世人太多的遺憾，誰都會忍不住想，如果劉翔的背後有一個章明基……

姚明不會和劉翔犯同樣的錯誤

《贏周刊》：在國內，劉翔和王治郅應該是可以拿來和姚明做比較的運動員。先說劉翔，就在很多人都堅信這個獲得110米跨欄奧運冠軍、舉世矚目的中國男孩在未來將擁有不可估量的商業價值的時候，劉翔遭遇了「白沙事件」。你認為問題到底出在什麼地方？中國運動員在自己的職業生涯上有沒有辦法走得更好，是不是沒有像姚之隊這樣的團隊站在他們的背後？

章明基：隨著社會的發展，中國體育明星會越來越多的出現，而這些體育人才都會面臨一個問題：在體育運動以外與其個人形象、品質和品牌有關的各方面存在著信息不對稱。比如說，劉翔在他現在的年齡段和所走過的人生歷程中是不可能知道什麼是媒體管理、公共關係、品牌塑造、品牌營銷、體育營銷等種種他所需要的信息和知識。這種非常嚴重的信息不對稱，必須有人幫助他完成這些工作，使他的形象和發展走上一個健康的軌道。當然，這個人不一定是個經紀人，有很多的組織和個人都可以做到這一點。但首先是劉翔和其他人員應該知道他本身有信息不對稱的問題，而這些不對稱是他個人所不能解決的。

所以當有些運動員出現問題時，我相信絕大部分是為他彌補這個信息不對稱方面的人出了問題。

《贏周刊》：當年的王治郅在國內聯賽的表現也非常出色，但目前王治郅在美國籃球職業聯盟的表現與姚明則有著很大的差距。很多人會說，王治郅當年為了在美國籃球職業聯盟打比賽而兩次拒絕回國訓練給他此後的職業發展帶來了很大的負面

影響，而姚明在這方面卻處理得還不錯。王治郅這樣的結果，是不是說完全可以由王治郅的經紀人進行規避？

章明基：首先每個人都有他的特長和能力，很顯然的是，姚明是一個比王治郅更優秀的籃球運動員。王治郅是不是應該做一些其他的事情，在決策上有沒有失誤，我想那不是我應該去評判的，但是我可以講，如果姚明碰到這種問題，我們會盡可能地幫助他。有很多事情是需要一個經紀人團隊非常有效地對我們球員有責任、而我們球員對它也直接有責任的組織進行溝通，在這種有效的溝通中，經紀人可以起到很大的作用。我不知道是不是王治郅的經紀人溝通不成功或者還有其他因素；但是現在我們只能看到最后的結果：王治郅的經紀人在這個位置上是有問題的，而姚明沒有碰到這個問題。

《贏周刊》：其實是姚明和你們更懂得遊戲規則嗎？

章明基：遊戲規則不是一個固定的而是一個在變的遊戲規則，姚明應該是非常清楚自己在這個遊戲規則之下可以做到什麼，做不到什麼，他怎麼去影響這個遊戲規則。當然，這裡面有我們提供資訊的功勞在裡面。

《贏周刊》：很多人熱衷於從商業價值的角度來把未來的姚明與喬丹做比較。無論是在球場還是商業上，喬丹的成績都令人刮目相看。您認為喬丹能夠在商業中取得這樣的成功，其經紀人在其間所起的作用重要嗎？他的成功是一種必然還是一種偶然？

章明基：也許可以這樣說，喬丹在品牌營銷方面其實是有很多失敗的例子，而這些例子在姚明身上不會出現。喬丹如果沒有這些失敗的例子他會做得更好。你有沒有看到喬丹做的其他廣告？內衣廣告、世界上最爛的熱狗的廣告……這些對他自身的品牌都有著負面的影響。從純營銷學的角度上來講，喬丹自身的品牌價值已經是很高很高，所以這些東西對他的打擊不是很大。而像泰格·伍茲也是有很多品牌不是很成功的，如和別克汽車的合作。他本身並不開別克汽車，有誰會相信泰格·伍茲會去開美國人都認為是老爺車的汽車。這對他品牌的可信度就是一種打擊，而這種打擊是會轉嫁到他其他的品牌代言當中的。我相信姚明就不會犯同樣的錯誤的。

我們幾乎沒有一個人是靠代理球員謀生的

《贏周刊》：既然你認為運動員與外界存在著信息不對稱的問題，那麼解決這種信息不對稱最佳的途徑是什麼？

章明基：就是對提供這些信息的人有職業道德的要求。你要如實地把問題跟運動員講：我在給你提供信息的時候，我有什麼條件，我做不到什麼。有一點要非常

注重，信息不對稱到了最後就是利益衝突、經紀人和每個球員都有這方面的經濟利益問題，很多經紀人都是收佣金的。從這個層面上講，他希望這個球員做的廣告越多、價值越高就越好，但這樣並不一定對球員有利。從去年到今年，兩年我們替姚明至少放棄了3,000萬美元。

《贏周刊》：如果說通過職業道德的要求來解決經紀人和球員之間的利益衝突，顯然不是個可操控的方式。那麼，這3,000萬美元到底是怎樣順利地被你們或者被姚明放棄的？姚之隊又是如何規避這些利益衝突的？

章明基：最簡單的方式是，我們組成一個團隊，而這個團隊的決策機制把這些因素都考慮進去。比方說，我可以一個人做姚明的經紀人，但是我不願意這樣做。我用了五六個人，包括姚明的美方經紀人芝加哥大學教授約翰·海遜格、美國籃球職業聯盟著名經紀人比爾·達菲、來自洛杉磯BBA體育經紀公司的小組市場總監比爾·桑德斯以及中方經紀人陸浩和中方律師王曉鵬。重大決策大家都有一票，闡述觀點後投票決定。每個人都會從不同的角度去考慮，比方說負責媒體公共關係的人就不會管這個商業合同到底帶來多少金錢，他不拿這個佣金，他會非常公正地以自己的專業角度來投這一票。每個人都必須拿出可以說服其他人的說法來徵得大家的一致性。如果大家無法一致同意，那麼最後就是由姚明決策，姚明有最後的一票。所以，基本上我們要求姚之隊給姚明的建議和諮詢必須先徵得內部一致同意，但是姚明還是有最後的否決權。

《贏周刊》：那麼你們的利益分配機制呢？就你上述所言，這樣的決策機制事實上還是由一個利益分配機制在背後起作用，也許利益分配機制才是你們最根本的因素？

章明基：這個與分配利益沒有任何關係。這個決策機制就是你怎麼為他提供信息，提供信息的過程是最重要的，而不是分配利益。簡單地說，就是說每作出一個決定都會有監督，沒有一個人在這裡面是獨大的。我在領導這個姚之隊代理小組的裡面，我比所有人都多出的是最終否決權。但我也不能說我不聽姚明的意見。

《贏周刊》：你和姚明真的像你以往在媒體上所說的那樣沒有金錢上的關係嗎？

章明基：姚之隊的利益分配我不能回答，有很多我是不參與的。其實，我不是不參與，最後的決策每一個都是要通過我的參與才能決策，但從利益分配的角度來講，對我並不是很大的一塊，或者說相對於其他的成員來講，他們在這裡面的利益可能更多一點。我覺得我們這個團隊有一個特徵是和其他運動員的經紀人不一樣的。

第三章　運動員經紀

你仔細看這裡面的人，除了比爾、桑德斯以外，沒有一個人是靠代理球員謀生的，這非常關鍵，因為這一點，與其他人相比，我們可以有很多運作方面的不同。所以我總在強調一個如何規避利益衝突的機制。

《贏周刊》：就目前的結果而言，姚之隊本身的運作是成功的，其重要因素除了決策機制，還有什麼是你們的特色？

章明基：科學的方式。我們是一個強大的組合——有專門負責公共關係和媒體管理的，從大學畢業以後就一直在公關公司；還有一直在做的籃球經紀人；有一個德高望重的教授，從整個決策的邏輯出發提供監督；有一直在中國體育界和政府部門溝通多年甚至就是從這個體系裡面成長的中方經紀人，負責中國事務的處理；在市場營銷方面，有一個長期做美國籃球職業聯盟球員營銷、體育營銷、娛樂營銷方面的人，同時我又是讀工商管理碩士的，在美國和中國的經營都有一定的經驗。另外，在文化方面我們也有很好的搭配，基本上是三個中國人四個美國人，從團隊的組成方面來講，這是一個非常合理和科學的組織。

《贏周刊》：那麼你的責任是什麼？

章明基：我是總負責，每一個決策我都要負責，基本上我最大的職責就是保證這個團隊正常運行，把每個人的潛力都挖掘出來，使每個人都對這個團隊有貢獻。從知識層面來講，在各個方面我都不能算是一個專家，但至少我都知道一點，我本科是讀的數學和經濟學，所以事實上我不缺乏任何需要管理姚明所需要的東西。

姚明代理的品牌不會超過10個

《贏周刊》：你曾經說過，姚明最終合作的品牌不會超過10個，我想知道，現在姚明已經簽約的品牌有哪幾個？對於品牌的選擇，姚之隊有著什麼樣的原則和篩選方式，以避免出現像劉翔那樣的錯誤？

章明基：蘋果計算機、百事佳得樂、麥當勞、銳步、中國搜狐、中國聯通，有兩個公益項目和一些小的品牌。我想我們的原則就是讓姚明整體品牌價值的最大化，然後使他所代言的每一個公司都能得到好處。我們在做姚明的品牌管理策略時採取的是科學性而非人為的方式，是非常先進的。

我不相信在做品牌評估的時候，會有其他團隊包括國際上像我們一樣為了一個運動員到另外一個國家做全國性的抽樣統計調查，而得到的結果又是用非常先進的數據模型進行分析。我相信很少有人會做到這點。人家說我們是一群書呆子可能也是這個原因。當然這裡面要有一個條件，姚明他跟得上我們這種意識，理解並且支

持，願意為此付出代價。

《贏周刊》：什麼代價？

章明基：比方說，在與各品牌合作之前他一分錢都沒有賺回來的時候，我就要在此之前做市場調查，這是要將十幾萬美元扔進去的，但他認為這個是值得的，因為他瞭解了這裡面給他帶來什麼樣的好處。

《贏周刊》：姚明和企業的商業合作已經有很多了，你們是否還會考慮一個問題：人們開始感覺到過度的商業化會削弱姚明本身的品牌價值？

章明基：到目前為止應該還沒有。事實上，明星的品牌管理很重要的一點就是可信度，而這個可信度來源於明星給予消費者的真實感。現在很多人都會懷疑劉翔代言白沙的可信度，因為劉翔應該是不抽菸的。奧運會以後，已經有很多品牌來和姚明聯繫，有些品牌已經開到了天價，一年的報酬超過500萬美元，但是姚明不做，他沒有辦法喜歡它的產品。我們不會讓姚明去代言一個他不喜歡的產品，不管企業付多少錢，總是會被人看穿的。可信度是維持品牌價值最重要的一點。有了這個作為基礎，然後你才可以說這個品牌與我匹不匹配，或者說能夠為我帶來升值。姚明曾經有過這樣的經歷，同時有兩個品牌供他選擇，廣告費用相差十倍，最後姚明選擇了費用少的那家公司——蘋果公司。后來我們的市場調查和評估表明，費用多的那家品牌只會對姚明產生負面的影響，而蘋果公司是一家非常優秀的公司，它對姚明的品牌形象會有非常高的提升，它的企業文化所代表的固有品牌價值如果可以轉移到姚明身上，那麼對姚明的價值會帶來巨大的升值。

《贏周刊》：當時是姚明的意見和你們一樣，還是你們說服了姚明？

章明基：姚明非常快的就理解了，有多少運動員會作出這樣的決定？很少。事實上，這個廣告以後，姚明的身價馬上就翻了一倍。從維護品牌價值的角度上講，我們是要做檢驗的。做了一個品牌以後要得到的價值回報是什麼，有金錢方面的因素，也有品牌提升方面的綜合指數。這一系列的工作裡面，我們會運用很多先進的理論和工具。我們作出一個決策，經常要回過頭去用市場調查的方式來驗證我們的理論是不是對的。

《贏周刊》：有沒有錯過？

章明基：有過兩次。根據我們調查的最後結果反饋，有兩個本來要簽約的公司因為這個原因最后都沒有簽，而簽了和它們競爭的品牌。這種科學的方式可以規避你很多風險，讓運動員在這方面得到很多正確的信息，然后讓他決策。

第三章　運動員經紀

《贏周刊》：之前你們在狀告可口可樂公司侵犯姚明肖像權的態度上感覺很強硬，而你們只是索要一元錢的賠償金額。面對這麼大的跨國企業可口可樂公司，你們為什麼對這件事情這麼執著？

章明基：首先是個原則性的問題。毫無疑問，可口可樂是一個非常優秀的公司，在所有飲料公司裡面他的品牌價值是世界上最高的，也為中國體育做出了很多的貢獻。但這並不等於說可口可樂在沒有授權的情況下就可以使用姚明的形象。如果我們不阻止的話，今天是可口可樂，明天是甲乙，后天又是丙丁，每個公司都會做同樣的東西，總會有一家公司會對姚明造成災難性的打擊。

中國應該有更多的姚明出現

《贏周刊》：您認為姚之隊的這種操作模式有普遍適用性嗎？

章明基：這取決於兩個因素：一個是運動員自己的思想素質怎麼樣；另一個是不是有一個好的遊戲規則，營造出經紀人互相競爭規範運作的大環境。具備了這兩個因素，我相信會有很多像我們這樣的團隊出現。

《贏周刊》：恐怕中國目前的情況離這種要求還有距離。

章明基：中國現在肯定不行。我個人認為，田徑協會說要自己管一個隊員是不合理的，甚至有可能是不合法的。目前對劉翔這樣的管理模式得到的結果是什麼呢？我就知道一家和我一直有聯繫絕對是超一流的國際公司，它現在對劉翔已經沒有興趣了，劉翔的品牌價值對它來講有非常大的風險。該公司的發言人說，我為什麼要簽劉翔，我準備在第二個「白沙事件」出現的時候沒事找事來做嗎？這個廣告的出現對劉翔本身的品牌價值是一個非常嚴重的打擊，而且是在很長一段時間裡的一個不可挽回的打擊。

《贏周刊》：但我們還是看到了姚明的出現。為什麼會在這個時候中國出現了姚明這樣的國際體育明星？目前中國的體育產業環境面臨著一個什麼樣的階段，它將為中國運動員帶來什麼樣的影響？

章明基：我應該反問，為什麼沒有更多的姚明出現？我覺得中國是可以有更多的姚明出現的。只有一個姚明，只有一個劉翔，在某種意義上，是現行的體制沒能夠幫助更多的人成材。現在我們講市場化，其實講的是產品市場——聯賽的市場。球員作為產品在這個市場上活躍，事實上，我們忽視了原料市場的建立，整個過程其實和工廠是一樣的。工廠有原料進來，工廠要把它加工製作，最后才有產品出去。原料市場的市場化建立不起來，中國是不可能有更多的姚明、劉翔出現的，至少不會大量湧現。

我覺得現在中國足球協會和中國籃協的問題都是因為沒有處理好原料市場的關係，隊員不能流通，就是隊員的市場建立不起來，就會有隊員管理的問題。教練員也不能流通，為什麼中國沒有好教練，中國沒有這個機制讓好教練成長起來，很多教練在中國籃球界基本上都是鐵飯碗，沒有這個市場的機制就不會有競爭，社會資源的配置實際上是失調了，所以俱樂部不會好好運作球探工作、隊員培養方面的事情。你想，一個足球俱樂部的經理他在想什麼，是不是在想把俱樂部運作得最好是對他最有利？不一定。

我不知道市場資源的稀缺性會被我們濫用到什麼程度，你有沒有聽說過很多球員說我不造這個俱樂部的假，他們會封殺我。俱樂部好像講封殺這句話是不用成本的。如果有一個市場機制的話，是不會有這種語言出現的。在中國，你看到的是資源的極其浪費，因為沒有人製造這些資源的稀缺性。

——資料來源於《每日商報》2004年12月3日

案例二

我們是這樣幫運動員賺錢的

著名的網球經紀人麥克斯·艾森巴德是莎拉波娃和李娜的經紀人，國際管理集團（IMG）的王牌經紀人之一。國際管理集團（IMG）是全球最出色的體育經紀人公司之一，公司旗下擁有費德勒、莎拉波娃等眾多國際一線體育明星。

除了尤里，艾森巴德是這個世界上對莎拉波娃影響最大的人，他領導的20多人的團隊負責安排她的行程並管理商業事宜。艾森巴德是個「背黑鍋」的人，在莎拉波娃成績不好時，他總是被指責給球員安排了太多的商業活動。實際上，沒有他，莎拉波娃的生活將一團糟。艾森巴德的團隊一年要推掉三四百家世界各地媒體的採訪要求，莎娃奪得大滿貫時還要翻倍。他精心挑選代言品牌，讓賽場上的莎娃成為活廣告牌——她新款的耐克球衣誰都可以買到、頒獎時佩戴豪雅手錶、出入場時要背 Cole Haan Maria 系列時裝女包、打電話時要使用索尼愛立信最新款的手機……在2004年，莎拉波娃奪得溫網冠軍一夜成名后，艾森巴德就為她贏得了2000多萬美元的代言費。根據「福布斯富豪榜」公布的數據，莎拉波娃在2009年共賺進2450萬美元，位列全球女運動員首位，其中只有100萬美元是比賽獎金和出場費。當然，如果她想要，還會更多。艾森巴德每兩年都會舉辦贊助商峰會，以避免贊助商隨意

地推出廣告宣傳活動。無論莎拉波娃處在世界第1還是第20位，每年只給贊助商14～16天的時間做宣傳，這還包括在四大滿貫賽事期間的宣傳時間。

在2009年，李娜從國家隊選擇「單飛」之後有簽約了國際管理集團（IMG），並由同時兼帶莎拉波娃的王牌經紀人麥克斯‧艾森巴德直接負責場外的商業運作。

李娜在法國網球公開賽奪冠後，不僅收穫了榮譽和獎金，她的商業影響力也呈幾何倍數增長，成為中國體育界商業代言的新貴。法網奪冠後不到兩周，李娜就成為擔任梅賽德斯－奔馳全球品牌使者的第一位中國人。奔馳給出3年價值大約450萬美元的合同，回報是在李娜球衣右側的一小塊位置放置奔馳的標誌。算上李娜此前簽約的贊助商耐克、勞力士、哈根達斯等世界品牌，2011年李娜的代言費已經超過2億元，在商業世界掀起一股熱潮。

李娜法網奪冠之後，麥克斯‧艾森巴德為李娜選擇了國際化的品牌代言路線，為李娜的品牌代言設置了相當高的門檻，使她成為國際品牌的中國化形象代表。艾森巴德說：我一直在努力做到自己的最好，但對球員進行商業開發，這需要多重條件，好的球技、好的經紀人、好的時機……無論是在今年澳網之前還是之後，作為經紀人，我都為李娜盡了全力，我已經做到了最好的狀態。

——資料來源於 http://blog.sina.com.cn/s/blog_6fdc32650100xhng.html

第五節　運動員日常事務的代理

一、運動員日常事務的代理

早期的體育經紀人主要為體育組織和運動員提供仲介服務，服務內容主要是運動員轉會經紀、參賽經紀和運動員代言商業企業或參與商業活動的經紀業務。現實的體育經紀人則在原有的基礎上，新增了運動員日常事務代理的經紀業務，這項業務通常被俗稱為運動員的「保姆」。

二、經紀人代理業務的發展情況

在歐美競技體育發達國家，體育經紀人對運動員，特別是明星運動員的經紀業務，已經開始了被稱為「全天候保姆式服務」的運動員日常事務代理活動。所謂運

動員日常事務代理，其主要業務內容包括：運動技能的保持與增強計劃、文化素養的學習與完善方案、個人形象和風格設計、無形資產的商業開發、法律經濟問題諮詢、投資理財的財務管理等。

在中國，經紀人對優秀運動員的經紀業務基本上還局限於轉會經紀、參賽經紀和商業活動經紀，運動員的日常事務代理還幾乎沒有經紀人的介入。中國田徑協會現在號稱要做劉翔的「管家」，意思就是要做劉翔的日常事務代理。然而，中國田徑協會的代理身分和資格都是有問題的。在中國，各級體育俱樂部、運動項目管理中心實行的只是對運動員的日常事務管理，而管理和代理是完全不同的兩個概念。即便是管理，我們也普遍缺乏服務意識，管理一定程度上變成了管制。中國的職業體育體制下培養的運動員，缺乏正常的教育，其人文素養和倫理規範缺乏修煉等。解決這些問題，除了加強運動員自身的學習和修養外，特別需要體育經紀人為他們提供日常事務代理。

三、職業要求

體育經紀人在承擔運動員日常事務代理活動時，必須認真分析所代理運動員的個性特徵、個人形象、運動氣質和發展潛力，在開發其社會價值和商業價值的同時，不斷提升其公眾形象和品牌形象。因此，經紀人代理運動員日常事務的主要目的就是使運動員得以擺脫日常社會、經濟和法律問題的思考和應對，專注於運動技術水平的提高和人格的全面發展。

案例

丁俊暉背後的操盤隱者

陸浩20年前是一名籃球運動員，用他自己的話說，「成績很一般」，也沒什麼名氣。現在他是眾輝國際體育管理有限公司（以下簡稱眾輝）的總經理，除了圈子裡的人，知道他的人也不多。但是他和他所在的眾輝旗下的運動員，隨便出現在中國的哪一個角落，都會掀起一陣轟動。

陸浩是姚明的中方經紀人，也就是姚明的經紀人團隊「姚之隊」的成員之一；「臺球神童」丁俊暉也是眾輝的簽約運動員；這個成立不到3年的公司，還是中國國家田徑隊的商務推廣機構，而國家田徑隊最有名氣的運動員非劉翔莫屬。可以這

第三章 運動員經紀

樣說，在中國體育經紀這一行業剛剛起步的時候，陸浩和他的眾輝公司已經把中國最有價值的職業運動員全部納入旗下。

姚明、丁俊暉、劉翔這些明星運動員無疑比陸浩那一代運動員幸運得多。畢業於上海體院籃球系的陸浩打過幾年籃球聯賽，但是那時別說見到經紀人，就是聽都沒聽說過。陸浩身高只有1.70米左右，籃球場上司職后衛，儘管他對籃球無比熱衷，但並非一流球員。從球隊退役以后，他在廈門大學做過幾年體育教師，在信託公司做過信貸，也經營過貿易公司，后來迴歸體育行業成為廈門遠華足球俱樂部的副總經理。

2002年，隨著中國足球職業聯賽的發展，陸浩認定經紀人會成為未來中國體育產業的重要一環。當年他通過中國經紀人資格認證考試，成為中國第一批12個體育經紀人之一。「我之前的職業經歷並非刻意規劃出來的，但是卻為后來做經紀人奠定了基礎」陸浩說。

體育產業對經紀人的要求是很高的，首先必須對運動行業比較熟悉，然后要瞭解市場，還要懂得經濟方面的規律。運動員生涯讓他很容易就瞭解運動員的想法，金融、貿易行業都是很實在的商業運作，足球俱樂部管理工作也讓他瞭解球員所在球隊的需求是什麼。

「經紀公司就是服務行業，如何為簽約運動員的每個方面都做出合適的安排，這就是我們每天都在想的事。」2002年6月11日，到上海出差的陸浩專門抽出時間去與丁俊暉見了一面，這是丁俊暉進入上海交通大學讀書的第四天。

為球員全面服務　從讀書到理財都要管

為丁俊暉在上海交通大學上第一節課的當然不是臺球教師，也不是普通的文化課老師，而是專門為工商管理碩士、高級管理人員工商管理碩士上課的上海交通大學安泰管理學院院長王方華。因為對臺球的酷愛，丁俊暉初中還沒讀完就輟學練球，這讓他不到20歲就成為臺球頂尖高手的同時，也留下了文化知識的欠缺。

王方華專門為丁俊暉準備的課程是：「管理學的過去、今天和明天。」因為他認為球員在運動場上的交手、場下對比賽的準備，與傳統商業競爭同樣需要管理學來作為決策的基礎。但是王方華的傳授手段卻並不難懂：「我給他講了三個故事，『三個和尚沒水喝』、『小明剪褲子』還有『龜兔賽跑』。『三個和尚沒水喝』的故事其實講的就是管理學中統籌安排；『小明剪褲子』說的是一個小孩子分別讓奶奶、阿姨和姐姐幫忙剪短一寸褲子，結果他第二天醒來，每個人都幫他剪短一寸，好端端

的長褲變成了短褲，這裡面也透出了管理學的很多道理，比如說如何安排人力資源等；『龜兔賽跑』除了簡單的誰勝誰負的關係，實際上也可以演化成雙贏，比如雙方聯盟一起奔赴終點。」

丁俊暉對這些課程並不排斥，甚至還表示「聽得懂」「很有意思」，這讓陸浩放心了很多。「丁俊暉在自己的成長過程中也獲得過各種各樣的知識，但是作為一個系統的教育，課堂教學自然有它的好處，作為一個優秀的運動員也需要一個相對完整的知識體系。」從兩年前與丁俊暉簽下經紀合約的時候，陸浩就在考慮為才20歲的丁俊暉補充學校教學的知識，進入上海交通大學來學習也正是眾輝推動的結果。

陸浩也表示，丁俊暉在眾輝旗下運動員中也相對屬於特例，年紀比較小，小時候中斷過正常的學業，未來的職業道路還很長，所以作為經紀公司對讀書這件事就很重視。對於其他運動員，儘管讀書的事經紀公司不需要操心，但是也有更多的事情需要經紀公司來操作。

「經紀公司最重要的任務，就是為運動員提供各種各樣的服務和保障，這些服務你很難去界定一個範圍，說什麼服務歸經紀公司來做，什麼服務經紀公司不管。」陸浩說，「職業球員一定要把最重要的精力放在訓練和比賽中，因為那是他的價值所在，但是運動員不是律師、不是市場專家，不懂得怎樣來做談判、處理自己的公共關係，這個時候球員就可以放心地把賽場之外的事情交給我們這個團隊來處理。」

眾輝公司的中國團隊不過十幾個人，但是配置卻很齊全，除了必備的經紀人、律師以外，甚至還專門設立了理財師來為簽約運動員打理個人資產。

以球員「形象數據」論證　吸引商家捧金贊助

儘管眾輝旗下有近10名球星代理經紀，但陸浩仍然強調，體育經紀的管理是一件很複雜的事，如果處理不好，會直接影響運動員的狀態，也會影響直接的商業價值。「大的方面比如今年的比賽怎麼安排啊，這個比賽要不要參加，參加或者不參加有什麼講究啊；小的方面比如有一些商業活動，人家準備了一大筆錢請你，你要決定去或者不去；平時要隨時注意有沒有什麼意外發生啊，某一件事對他形象的影響是好還是不好。」

「比如丁俊暉的臺球項目，怎樣調整狀態最好，生活、訓練都得幫他考慮，重要比賽之前也會做一些針對自己和競爭對手的調查報告，包括技術層面的，也包括心理層面的。」陸浩說，前一段時間丁俊暉成績不好，心理也有些波動，就安排他參加了幾場國內比賽，目的就是恢復信心、恢復狀態，而不是讓他在這個時候再去

第三章 運動員經紀

打一些壓力比較大的比賽。

在選擇商業合作夥伴方面,眾輝也格外慎重,到現在為止丁俊暉正式代言的商家只有三家。「我們替丁俊暉擋掉了很多代言合同,因為我們對他的商業開發有一個長期的計劃,他的形象定位是健康勤奮、積極向上。在品牌選擇上,最重要的是與他的個人特點以及運動特點相符合,要健康、有美譽度。」

所以丁俊暉在與運動員簽訂經紀代理合同的時候,從來不承諾會幫運動員賺多少錢。「我們的定位是,讓運動員的人生最精彩,最完美。因為運動生涯是短暫的,你可能短期賺了很多錢,但是生活迷失方向以後,錢也很快就會花光的,所以即使經紀公司承諾他可以賺多少錢依然是沒有保障的。但是如果經紀公司可以讓你對待人生、對待金錢、對待家庭這些方面的能力都有所提升,可能對你的后半生都會有幫助。」

為球員選擇商業合作夥伴,也並非簡單地以代言費用來衡量。陸浩說,經紀公司首先要為自己的球員做大量的調研工作,比如針對不同人群,考察球員的社會形象、被關注的程度等,進而得出球員形象與商家形象是否一致。對於眾輝來說,有了這些調研報告,就不會出現劉翔代言白沙菸的爭議。

從商家那裡拿出來幾百萬元、上千萬元的費用,自然也不是輕鬆的事。「我們要把球員近幾年的『數據』拿出來,不只是球場上的,他在球場之外的性格特徵、受關注的力度,非常多的細節都要展示出來。根據這些以前的數據為商業客戶分析代言后的走勢和效益。」陸浩認為,品牌代言不是比名氣,商家也不是說看你比較有名氣、拿了個冠軍就來贊助了,「這個行業一樣是靠數字說話」。

從商業操作的角度,運動員最大的價值取決於他在運動場上的表現,這種表現引起的大眾對他的關注進而影響他的商業價值。所以在運動員取得不錯的成績同時,如何經營明星運動員與支持者之間的關係,也是經紀公司要做的事。

「運動員需要跟球迷做一些溝通,通過媒體讓球迷瞭解你的最新信息是一種基本的溝通,球迷到現場看球也是溝通,同時我們也會做一些官方網站、博客,還會組織一些球迷見面會。」以丁俊暉為例,每年會有一兩次與球迷的直接互動,「次數太多就會影響他的正常訓練,太少的話球迷也會對你不滿,覺得你太高高在上」。

相比可以在更衣室與美國記者侃侃而談的姚明,丁俊暉對陌生人更多的時候是保持沉默,還帶著孩子氣的他並不會圓滑地與人寒暄,說些場面話。陸浩並不覺得這會影響球迷對他的喜歡,只是在細節上讓他做一些改變:「很多球迷喜歡他,就

是因為他說話比較直，這是他個人的一種表達方式，沒有必要人為破壞它。但有時候他不高興，對球迷、媒體冷淡，這樣的禮貌問題我們會提醒他。」

眾輝也在為丁俊暉尋找著合適的公益代言，「姚明代言中華骨髓庫、愛滋病防治，讓他賽場外的影響力深遠而立體，這對球員個人和公益項目本身都是很好的一件事，丁俊暉本人也很願意來做」陸浩表示。

——資料來源於 http://finance.sina.com.cn/leadership/mglgs/20070724/17033815647.shtml

課后思考題

1. 運動員經紀的主要業務有哪些？
2. 運動員轉會經紀的主要流程是什麼？
3. 運動員參賽經紀的主要流程是什麼？
4. 運動員參賽經紀的注意事項有哪些？
5. 運動員無形資產開發的特點是什麼？

第四章 體育賽事經紀

第四章　體育賽事經紀

體育賽事作為商品，為賽事經紀提供了可能的商機，體育賽事經紀活動的興起和繁榮，與賽事本身的商業價值開發和賽事營銷技術密切相關。賽事價值的提升離不開賽事經紀人的策劃與推廣，賽事經紀業的活躍又極大地促進了體育賽事市場的繁榮與發展。同樣的奧運會，可能成為聚寶盆，也可能成為滑鐵盧。當今國際體壇，職業聯賽、黃金聯賽、大師賽、爭霸賽、名人賽、巡迴賽等一系列耳熟能詳的國際、國內體育賽事成就了無數「賽事推廣商」，也鍛煉了一大批「品牌賽事」。然而，成功的體育賽事都離不開賽事策劃、賽事管理和賽事營銷。

第一節　體育賽事概述

一、體育賽事的相關概念和分類

（一）體育賽事的概念

體育賽事是指在裁判員的主持下，依據一定的規則而組織與實施的運動個體或者團隊之間的競技活動。體育賽事除通常所指的體育比賽外，也包括商業性的體育表演。體育賽事的構成因素主要包括：參與競賽活動的人群（組織領導者、參賽者、裁判員、管理服務人員及觀眾）、競賽活動的物質條件（競賽場所、設備、器材、組織用品等）和賽事活動的組織管理（比賽規則、比賽規程、組織編排、組織進行）。

體育賽事活動具有多方面的價值，如競技價值、健身價值、觀賞價值、商品價值、宣傳價值等。

（二）賽事作為體育產業的核心內容

賽事是體育產業的核心內容，優質賽事是永不完結的超級影視劇，是目前資本關注最為密切的細分領域。對比影視劇，體育賽事具有更強的持續性、穩定性和衍生能力。

一方面，作為直接面向受眾的環節，優質賽事極度稀缺，成為資本爭奪的主戰場；另一方面，專業化的賽事營運機構對賽事進行持續的培育、開發與改進，推動賽事價值持續提升。

（三）體育比賽的利用價值和非利用價值

所謂利用價值，是指任何同體育賽事活動直接或間接參與相聯繫的價值。按照

人們對體育賽事的參與情況，可以將其進一步分為直接利用價值和間接利用價值。

（1）直接利用價值也被稱為可提取利用價值、消費性利用價值或結構性利用價值，是指體育賽事活動提供的可直接消費的產品和服務，如為現場觀眾提供的精彩比賽、紀念品，為贊助商提供的現場廣告和推介的機會，為媒體提供的賽事轉播機會等。

（2）間接利用價值也被稱為不可提取的利用價值或功能性價值以及來自於體育賽事的功能而產生的價值，主要指體育賽事對舉辦城市相關產業帶動的價值、對城市宣傳的價值、對比賽電視觀眾的價值、對提升賽事組織者和志願者素質而產生的價值等。體育賽事的這些功能都是有價值的，但通常這些價值很難被測量，因為在多數場合，這些價值根本就沒有進入市場。

非利用價值是指同是否參與體育賽事不相關的價值，包括能夠滿足人類精神文化和道德需求的價值。體育賽事的非利用價值主要包括賽事舉辦城市居民自豪感的價值以及對沒有觀看比賽的居民的教育、文化等方面的價值等。與利用價值形成鮮明對照的是，非利用價值並不涉及對體育賽事的任何參與，無論是直接利用還是間接利用。非利用價值是最難估量的一類價值，因為在大多數情況下，它們在本質上就沒有從人們的行為中得到反映，因此完全無法觀察，甚至難以琢磨。但是，體育賽事的非利用價值對整個社會的影響是巨大的，決策者在制定政策時必須考慮到這些價值。

（四）體育賽事的分類

（1）依據比賽參加者的年齡分類，可分為兒童賽、青少年賽、成年賽和老年人賽。

（2）依據參賽者的行業分類，可分為職工運動會、農民運動會、軍隊運動會和學生運動會。

（3）依據比賽所包含的項目數量分類，可分為綜合性比賽和單項比賽。

（4）依據比賽的組織方式分類，可分為集中組織的比賽和分散組織的比賽。

（5）依據比賽規模分類，可分為基層單位比賽、地區性比賽、全國性比賽、國際比賽、洲際比賽、世界大賽。

（6）依據比賽的形式、任務分類，可分為運動會、冠軍賽或錦標賽、對抗賽（雙邊或多邊對抗）、擂臺賽、邀請賽、選拔賽、等級賽、友誼賽、表演賽、達標賽、積分賽、大獎賽、巡迴賽等。

(7) 依據比賽的性質分類，可分為職業性比賽（如職業聯賽）、商業性比賽、業餘比賽等。

二、體育賽事的主辦機構

不同的賽事由不同的組織機構主辦或承辦。

（一）國內賽事

1. 綜合性全國賽事

綜合性全國賽事主要包括每四年舉行一次的全國運動會、全國城市運動會、全國體育大會等，由國家體育總局主辦。

2. 一般綜合性全國賽事

一般綜合性全國賽事主要有全國工人運動會、全國農民運動會、全國大學生運動會、全國少數民族運動會、傷殘人運動會等，由全國總工會、農業部、教育部、國家民委、中國殘聯會同國家體育總局共同舉辦。

3. 全國單項比賽

全國單項比賽主要是各運動項目的單項全國比賽以及近年來發展的職業聯賽，如足球、籃球、排球、乒乓球、圍棋全國聯賽等。這些比賽由國家體育總局授權各全國性單項運動協會主辦。

4. 群眾性體育比賽

群眾性體育比賽種類繁多，分別由社會體育指導中心、各單項協會、各地方體委、體總、社團、學校、社區、街道等舉辦。

（二）國際賽事

（1）在國際賽事中，奧運會由國際奧委會主辦；世界大學生運動會由世界大學生體育聯合會主辦；各單項世界盃、世界錦標賽分別由各國際單項體育組織主辦；洲際綜合性運動會由各洲的體育聯合會或理事會主辦，如亞洲運動會由亞洲體育理事會主辦；各單項洲際盃賽、洲際錦標賽分別由各洲的單項體育組織主辦。

（2）在中國境內舉辦的重要國際賽事或納入國際體育組織管理的國際邀請賽等，主要由相關的國際體育組織主辦，由中國的有關單項運動協會和有關部門承辦或協辦。這類比賽要向國際體育組織交納一定的管理費。

（3）在中國境內舉辦的未納入國際體育組織管理的一般國際邀請賽，主要由地方政府（體育部門和外事部門聯合）舉辦。

(三) 中國參加國際賽事的管理

(1) 中國參加的大部分國際綜合賽事（如奧運會等）均由中國奧委會派出隊伍，只有世界軍人運動會為全軍體育指導委員會派出隊伍參賽。

(2) 中國參加的國際常規單項比賽由單項運動協會派出隊伍參賽。

(3) 中國參加的臨時性國家間的邀請賽，可由相應體育主管部門（世界、亞洲、國家、地方單項體育協會、俱樂部等單項體育組織）派隊參賽。

可以看出，在中國舉辦的賽事種類較多，但並不是所有的賽事都具有經紀的價值。追求利潤（或短期、或長期）是體育經紀活動的目標，因此體育經紀人應廣泛、深入地瞭解各種體育賽事，從中選擇有市場價值的賽事開展經紀活動。

三、體育賽事市場化

近年來，隨著社會主義市場經濟的發展，體育比賽與其他社會公共產品一樣，從過去單純地由政府或民間組織向社會提供無償或公益性服務，逐步轉變成為以商品的形式進入市場，即體育比賽的舉辦者通過向公眾提供競技表演這一特定服務，在滿足人們的觀賞需要的同時，實現產品交換，從而得到各種形式的利益回報。體育比賽已經走上了市場發展的道路。

(一) 體育賽事市場化的形式

目前體育賽事市場化主要有兩種形式：

1. 商業性比賽

商業性比賽，即賽事舉辦者以盈利為目的、滿足社會競技體育觀賞需求而舉辦的比賽，如各種職業聯賽、各種商業比賽、大獎賽、巡迴賽等。這方面，歐美經濟發達國家的職業體育比賽首開先河，並在20世紀70年代形成比較成熟的市場運作方式，逐步擴展到其他各種類型的比賽。

2. 競技性比賽

競技性比賽是以提高運動技術水平、發展體育文化為目的，但採用市場運作方式進行的比賽，如奧運會、亞運會、全運會和各種杯賽、錦標賽等。這些比賽的舉辦者為彌補競賽資金的不足，提高競賽的活力，逐漸採用前一類比賽的運作方式和手段，走上了市場化的道路。1984年第23屆奧運會在美國洛杉磯舉行，在奧運會的歷史上首次採用了商業化運作方式，獲得了巨大的成功，也取得了豐厚的社會效益和經濟效益，對後來各屆奧運會的舉辦以及各種大型國際體育比賽都產生了重大

的影響。

20世紀80年代以來，中國體育發生了巨大變化，體育產業的興起是一個顯著的特徵。體育比賽的市場化以及體育競技表演業的興起是體育產業發展的主要內容之一。體育經紀人瞭解中國體育賽事活動的市場化發展道路，對其開展賽事經紀活動具有重要的作用。

(二) 體育賽事市場化的本質

體育賽事的市場化是一個商品交換的過程。在這個商品交換過程中，觀眾、企業及其他社會組織是購買體育比賽產品的消費者，運動會的組織者則是商品的生產者。作為商品生產過程，舉辦體育賽事是組織運動員進行高水平競技體育表演、為觀眾提供審美享受服務的過程，從公眾角度看，就是體育賽事的觀賞價值。

由於體育賽事能夠為社會提供一種具有觀賞價值的服務產品，能夠聚集大量觀眾觀賞，所以它還具有形成大規模公眾場合的功能。體育賽事的籌備和舉辦涉及社會生活的諸多方面，必然引起社會的普遍關注和重視，成為大範圍內人們關注的焦點。因此，體育賽事擁有了巨大的無形資產，具有極高的商業媒介價值。

實現體育賽事的商業媒介價值的主要渠道包括：門票，出售比賽電視轉播權，徵收賽場內、外各種形式的廣告費，徵收賽場界定區域從事經營活動的場所租讓費和由於賽事而增加利潤的專利費，出售比賽冠名權，指定比賽器材、用品的特許費，各種保險的利潤分成，發行體育彩票，發行具有捐資面值的紀念郵票和紀念幣，徵收印有運動會名稱、會徽、吉祥物、標誌商品的專利費，接受財團、企業、個人的捐贈與贊助等。

綜上所述，體育賽事市場化的實質就是運動會組織者通過採用各種手段，對體育比賽的體育服務產品和無形資產進行開發和營銷活動，實現體育賽事的商業價值的過程。

(三) 體育賽事市場化的基本特徵

1. 市場價值源自觀賞價值，市場表現決定觀賞價值

體育賽事的觀賞價值與市場價值是相互聯繫的。其中，觀賞價值是基礎，它決定了體育賽事的市場價值能否實現和實現程度的高低。越是競技水平高、比賽精彩激烈的比賽，其觀賞性越強，市場價值越高。同時，體育賽事的觀賞價值如何又是由市場決定的，賽事的市場化也會促使賽事的組織者盡可能提供高質量的「產品」，以滿足市場的需求。

2. 體育賽事具有過程不可複製的唯一性

作為服務形態的產品，體育競技表演的生產和消費不像其他服務產品（如文藝演出等）那樣具有可重複性；相反，體育比賽具有不可重複性、甚至是一次性消費的特點。正是這種唯一性，使得每一場體育賽事都是一個獨特的「產品」，因而不會產生其他消費品給人帶來的「滿足」感，會使人「常看常新」，即每一次體育比賽都是一個全新的「生產過程」，「生產者」必須盡全力生產出合格的「產品」，盡可能全面開發利用其商業價值，以期收回成本或盈利。

3. 體育賽事具有極強的時效性

體育賽事服務產品具有生產與消費同時性、即逝性的特點。體育賽事的無形資產如競賽冠名權、廣告發布權、各類標誌的特許權等一般也都有特定的時限，一旦超過這個時限，其商業價值就不復存在。這就要求體育賽事的經營開發者必須及早對體育賽事的開發進行策劃和準備，最大限度地挖掘體育賽事的商業價值。

4. 產品價格的不確定性

體育賽事的主要產品是服務產品和無形資產，其「價格」往往因時、因地、因規模等受到種種因素的影響，具有較大的不確定性。因此，賽事組織者和經紀人必須對體育賽事的商業價值具有清晰的認識，以避免盲目操作，這是開發和實現體育賽事商業價值的重要前提。

四、中國體育賽事市場化的發展歷程

社會主義市場經濟體制的建立與國際體育賽事的商業化發展，為中國體育比賽走向市場提供了內部和外部的基本條件；改革開放使人們的思想觀念發生了深刻的變化，人民生活水平迅速提高，群眾的文化體育娛樂需求快速增長，這些都為中國體育賽事的市場化提供了寬鬆的社會環境和經濟條件。隨著中國加入世界貿易組織，中國改革開放的進程將進一步加快，體育賽事市場也將面臨更好的前景。

從總體上講，中國體育比賽的市場化經歷了兩個階段：

（一）商品經濟條件下的萌芽階段

改革開放之初，發展經濟成為中國各級政府的主要任務。體育比賽具有聯繫範圍廣、參與人數多、社會影響大的特點，再加上體育自身社會化發展的需要，體育賽事活動成為地方各級政府發展經濟的重要載體。他們借舉辦體育比賽之機，開展各種經濟貿易活動，如商品交易會、投資洽談會、產品展示會等。這一階段大部分

體育賽事基本上仍按照計劃經濟體制下體育比賽的模式運作，但由於經貿活動帶來的不可避免的市場因素的影響，體育比賽也開始注入某些商業因素。

20世紀80年代，國家體委（1998年改為國家體育總局）在制訂「六五」計劃時確立了體育工作社會化與體育投資多元化的改革目標，體育競賽開始招標，並被分為計劃內與輔助性兩大類。對部分競賽開始實行差額撥款，或出售承辦權，由舉辦單位自籌經費，為體育比賽的商業性運作提供了政策支持。

1980年10月，在廣州第一次舉行了由國外職業運動員參加的「萬寶路廣州網球精英大賽」，可以說是中國體育賽事市場化的初次嘗試。此次比賽由境外仲介公司協助，賽場內第一次擺放了國外贊助商的廣告。20世紀80年代中期，中國舉辦了第一屆北京國際馬拉松賽，由中國自己的仲介機構——中國體育服務公司運作並取得成功。1988年，中國武術協會在杭州舉辦了「國際武術節」，集資額達3,000萬元人民幣；此后，河南舉辦了「少林武術節」，商貿洽談成交額達20億元人民幣。1985—1994年，中國汽車聯合會舉辦的第七屆國際汽車拉力賽和越野賽，為國家創匯3,000萬美元，參與組織的有關部門總收入都超過100萬美元。綜合性體育運動會也開始嘗試商業開發。1987年第六屆全運會首次對綜合性運動會進行了商業性操作，會徽、吉祥物、紀念冊、場地邊的廣告等都「賣出」了高價。此后的1990年北京亞運會更是利用其規模和影響，成功地進行了市場運作，收到了良好的經濟效益和社會效益。

（二）職業體育賽事的形成和體育賽事市場化

1992年，中國確立了社會主義市場經濟體制的改革目標。體育產業化作為體育改革的重要內容逐步得到政府和社會各界的認同。1994年，足球率先以全國甲級聯賽為突破口開始了職業化改革。籃球、排球、乒乓球、圍棋等項目緊隨其後。職業化體育比賽的出現，意味著體育賽事市場化進入了一個全新的、趨於穩定的階段。仲介組織和體育界以外的企業參與運作商業性比賽的現象也日益增多，其他各種比賽甚至業餘比賽也都開始了市場化的發展道路。全國綜合性運動會進行了系統的頗顯規模的市場化開發；非奧運項目減少了國家的投入，被「逼」上了市場。原來由國家舉辦的比賽，包括錦標賽、選拔賽、青少年比賽等，幾乎無不以贊助、廣告、門票等作為比賽經費的重要來源。這一階段的顯著特點是：體育賽事活動的市場化觀念深入人心，運作方式逐漸規範、系統，國內外體育仲介機構介入體育賽事活動，體育賽事市場化開始走上了全面發展的軌道。

當前，涉及政府與社會資本合作的 PPP 模式中，鼓勵推進政府購買服務，有關政府部門要積極為各類賽事活動舉辦提供服務，以購買服務等方式予以支持。同時，相關政策文件提出，取消商業性和群眾性體育賽事活動審批；放寬賽事轉播權限制，除奧運會、亞運會、世界杯足球賽外的其他國內外各類體育賽事，各電視臺可直接購買或轉讓轉播權。這些相關政策的出抬為中國體育賽事發展開啟了新的篇章。

五、中國體育賽事市場的現狀及制約因素

（一）中國體育賽事市場的現狀

1. 全國性體育賽事市場化形式分類

目前，中國各類體育賽事都在引進商業開發手段，走市場化發展的道路。從總體上說，全國性體育賽事的市場化形式可分為四類：一是帶有職業性質的比賽，目前已有足球、籃球、排球、乒乓球等；二是以全運會為代表的全國綜合性運動會；三是全國性的單項錦標賽、杯賽、選拔賽；四是以商業方式運作的比賽（如各種大獎賽、巡迴賽、明星賽等）。

2. 體育賽事的市場化程度差異

不同項目的市場化程度存在差異是個普遍現象。即使在西方發達國家，也僅有少數項目市場火爆。中國開展的運動項目按照進入市場的程度可分為三種：

（1）足球、籃球、排球、乒乓球等少數項目，已逐步形成市場規模，有相對穩定的觀眾和球迷群體，其職業聯賽或超級聯賽由於主客場制的實行和外援的進入，比賽的精彩激烈吸引了越來越多的觀眾，同時也被新聞媒體和企業界所看好。

（2）約有 1/3 的社會影響大或群眾參與程度高的項目，逐步形成了傳統賽事和市場雛形。

（3）約有一半以上的項目雖然有少量的市場操作，但由於受其商業價值、群體基礎或包裝造勢的影響，市場前景仍然不樂觀。中國有些奧運優勢項目雖然為國爭了光，其競賽項目卻無市場。

（二）中國體育賽事市場的制約因素

1. 體育產業消費觀念低

由於體育產業在我們眾多消費品中屬於專項消費對象，因此人們對體育產品的認識和瞭解較為有限。雖然中國市場經濟不斷發展，但是人們受到傳統思想觀念的束縛，對體育產品的消費還停留在低層次的觀念上，人們對體育產業消費意識低，

導致體育產業市場化發展觀念不能深入人心。

2. 相關領域內，存在一定程度上的政府過度干擾市場問題

國家體育委員會是中國體育賽事的主要包辦單位，但是隨著中國改革的不斷深入，中國將部分體育管理事物由政府承辦轉向為由企業單位承辦，這樣不僅體現了中國體育產業市場化的特點，而且通過體育部門與企業之間的聯辦，可以帶動中國企業的發展，從而帶動中國經濟的發展。但是，在聯辦過程中，有的企業不能發揮主動權，影響了企業對體育的投資積極性，從而導致體育產業市場化發展停滯。

3. 監管機制不健全

體育產業作為一項商業性質的經濟體系，對其進行管理和監督是必不可少的環節。由於中國現行的體育產業大多是由退役的運動員或一些非體育界人士來管理和經營，這就導致中國體育產業市場化監管機制不完善，不能發揮管理者的監管作用。在體育產業中，要求管理者既要瞭解體育，同時也要善於管理，明確監督目標。

4. 體育產業結構混亂

體育產業的好壞直接影響著中國體育經濟的發展，由於中國社會經濟的發展是多樣性的，因此中國體育產業的結構也是多層次、多類型的。體育產業具體包括體育核心產業、仲介產業、外圍產業三個層次。但是，中國目前的體育產業結構混亂，對仲介產業不重視、對核心產業調整倉促，導致中國體育產業結構不明確，對此亟須進行調整和重新規劃。

5. 賽事組織者的觀念和自身素質

體育賽事組織者的觀念和自身素質也是影響體育賽事市場化的重要因素。一方面，不少體育賽事的組織者思想觀念仍停留在依靠上級撥款辦比賽的老觀念上，缺乏市場觀念，其知識結構和自身素質也與體育賽事市場化的趨勢不相適應；另一方面，由於長期受計劃經濟的影響，中國體育賽事組織者往往沒有明確的法律地位和資格，舉辦體育比賽缺少資質要求，一旦出現問題又無人負責。這種狀況若不改變，必然會影響中國體育賽事的市場化水平。

6. 仲介因素

尋求具有雄厚實力和豐富經驗的體育仲介組織合作是提高體育賽事市場開發效益的重要途徑。目前，在中國體育賽事市場化中，體育仲介機構的作用還非常薄弱，同時國際體育仲介機構在幾大職業聯賽中處於壟斷地位。沒有一定規模和較高層次的體育媒介市場，不可能形成完備的體育競賽市場。

六、中國體育賽事市場的發展趨勢

21世紀是中國經濟進一步改革和發展的世紀。市場經濟體制的完善、對外開放程度的提高、群眾體育文化娛樂需求的增長將為新世紀中國體育的發展鋪平道路，中國體育產業化的進程將進一步加快。展望未來，體育賽事將出現如下趨勢：

（一）競技表演業將成為體育產業的主要形式之一

體育產業的核心是健身娛樂業和競技表演業。體育賽事作為競技表演業的主要形式在未來將進一步加大市場化的發展力度，現有的職業比賽將形成較為固定的市場體系，大型綜合性運動會的商業開發效益將進一步得到提高。為滿足人們的各種欣賞需求，新的比賽形式和新興比賽項目將越來越多。特別是具有中國傳統特色或體現現代化生活的體育項目的比賽將隨著社會化的發展受到人們的廣泛重視，如武術、中國式摔跤、龍舟、舞龍舞獅、汽車運動等。國際著名體育明星會越來越多地進入中國體育賽事市場，2001年11月在中國舉辦的國際高爾夫球巨星伍茲表演賽就是一個典型的例證。

（二）體育賽事市場化的運作方式將更為規範

目前，中國體育賽事市場化在運作方面還不夠成熟和規範，隨意性和偶然性較大。隨著中國加入世界貿易組織，體育賽事市場化的參與者包括主辦者、仲介機構、企業和其他組織將進一步明確自己的責任、權利和義務，體育競技表演市場的規範化程度將大大提高。

（三）體育賽事將進入資本市場

隨著經濟的發展和中國金融體制改革步伐的加快，國際資本和其他社會資本介入體育賽事將成為必然。其進入的方式和時間將取決於項目發展的水平和比賽的規範程度。中國將出現足球、籃球職業俱樂部的上市公司或職業聯賽的組織結構以公司的形式上市。其他類型的商業比賽也有可能利用社會資本聯營運作。

（四）國家將通過法律法規調控體育賽事市場

受傳統的影響，體育較少受到法律的干預，而往往受到體育行業內部各種章程、規則的制約。隨著體育賽事市場化的發展，國家將加大對體育競賽市場的調控力度，特別是依靠法律調整體育比賽各個主體之間、比賽的組織者與觀眾（消費者）之間的權利義務關係，使體育賽事的市場化進入法制化的軌道。

第二節　體育賽事經紀

一、體育賽事經紀概述

因為體育賽事市場化的成功運作，體育賽事在滿足人們精神需求的同時可以獲取較高的商業價值，體育賽事產業逐漸發展成為體育產業的舉足輕重的組成部分。體育賽事市場的不斷深化和拓展，使得體育賽事經紀也成了體育經紀活動的一個主要領域，是體育市場開發中經常遇到的經營活動。

（一）體育賽事經紀的定義

體育賽事經紀是指體育比賽和體育表演的策劃包裝、推廣融資、組織實施等的經營活動。它主要包括居間體育賽事、行紀體育賽事和代理體育賽事三種形式。

1. 居間體育賽事

居間體育賽事是指體育經紀人以自己的名義為體育組織和贊助廣告商、電視臺等提供合作機會或促成他們的合作。其活動形式主要是以提供信息、牽線搭橋為主。這是較為傳統的賽事經紀活動。這種形式多是與體育組織、贊助商、電視臺有密切關係的經紀人的經紀活動。

2. 行紀體育賽事

行紀體育賽事是指體育經紀人受體育組織委託，以體育經紀人的名義與贊助商或電視臺等機構進行談判交易，並直接承擔交易過程中相應的法律責任。

3. 代理體育賽事

代理體育賽事是指體育經紀人受體育組織委託，以體育組織的名義與電視臺、贊助廣告商等機構進行交易，交易過程中出現的法律責任問題由體育組織直接承擔。

（二）體育賽事經紀的結構

體育賽事經紀的主要結構包括體育組織（或者授權賽事組織者）、媒體機構、贊助商、體育經紀人等。另外，在經紀活動中還要涉及保險公司、網路公司、器材供應商等其他的活動要素。體育經紀人的工作創造出了各方面合作的機遇，使得整個體育賽事得以運作。換言之，體育賽事經紀人的工作就是為體育運動隊、俱樂部和相關部門提供信息，協助其解決有關的問題，創造簽約的機會以及進行商業方面

的開發工作等。

（三）體育賽事經紀活動的分類

以舉辦目的來區分，目前進行市場化運作的體育賽事可以分為商業性比賽和非商業性的正式比賽，相應的經紀活動也可以分為正式體育比賽的賽事經紀和商業性體育比賽的賽事經紀。

1. 正式體育比賽的賽事經紀

從目前來看，中國涉及的正式體育比賽主要有國際體育比賽，一般是由國際單項體育聯合會組織的國際性比賽，此類賽事一般是由國際單項體育聯合會和國家體育總局共同主辦。另一種正式比賽就是由國家體育總局某個項目管理中心或者部門組織的全國性比賽，此類賽事的經營權以及所有事務處理權益一般都由各項目中心所有。目前成功地在中國國內體育賽事中充當賽事經紀的體育經紀人或者體育仲介機構大多數是國外的體育經紀公司，如國際管理集團（IMG）曾成功地取得了「全國足球甲級聯賽」和「全國籃球甲級聯賽」等多項賽事的經紀權，並成功地開啓了中國體育產業化的進程。

2. 商業性體育比賽的賽事經紀

商業性體育賽事是指以盈利為目的而組織的各種體育賽事。這類賽事是由體育經紀人創造的賽事，一般不列入有關體育組織的競賽計劃，其全部經營權也歸體育經紀人所有。目前，在中國商業性體育賽事已經興起，同時也培養和造就了中國第一代體育賽事市場的體育賽事經紀人即體育經紀公司。他們每年在國內各大城市操作舉辦的商業性體育賽事越來越多，其範圍也不局限在國內。國際化的體育交流也相當頻繁，如「老虎杯」上海—廣州足球挑戰賽，「皇馬」中國行等。

二、賽事經紀的基本程序

由於比賽性質的不同，正式體育比賽和商業性體育比賽的賽事經紀程序也存在一定的差異。

（一）正式體育比賽的賽事經紀程序

1. 取得代理權

正式體育比賽的經營權及相關權利為體育組織和管理部門所持有，體育經紀人在代理比賽之前，首先要主動與有關體育組織接洽，表明承辦意向，得到管理與舉辦賽事有關組織的首肯，獲得代理權以後才可以進行各種具體事宜的談判和磋商。

需要明確的內容包括：比賽需要的經費來源、物質保障、總經費支出、電視轉播權、現場廣告、比賽組織等。在協商談判的基礎上，將有關體育比賽的事宜、雙方的權利與義務、責任與權益以合同的方式規定下來。對於國內的正式體育比賽，體育經紀人必須向國家體育總局某個項目管理中心提出承辦意向。對於國外的正式體育比賽，則除了要向國際單向組織聯合會取得代理權之外，還要向國家體育總局支付承辦費。

2. 賽前策劃

賽前周密的策劃是體育賽事成功舉辦的前提。經紀人需要統管全局，仔細研究比賽的內外條件，分析各種可能出現的問題，制訂明確詳細的工作方案，負責比賽場地的現場設計以及確定電視轉播及其他資源，如媒體報導、比賽場地、比賽器材、比賽服裝等，並根據賽事的項目、規模以及影響，徵召合適的企業作為贊助單位；與參賽運動員、運動隊或者俱樂部聯繫，商談比賽的交通、食宿、出場費、獎金等事宜，也是經紀人在賽前策劃階段的工作內容。為了提高賽事知名度，擴大賽事的影響，召開新聞發布會，向社會發布有關比賽的日期、地點、比賽的參加者、賽制、出場費、獲勝者的獎金等相關信息也是必要的舉措。

3. 比賽實施

這一步驟是體育賽事經紀活動的重中之重，之前所做的一切努力都是為了比賽的順利舉行。在此期間，經紀人需要關注的工作有接待工作的組織、門票的銷售情況、比賽現場秩序的控製、電視轉播安排、媒體廣告和報導的協調與監督，以及根據代理權的協議具體負責標準產品的生產銷售等。

4. 賽后處理

比賽結束以後，體育經紀人的工作並沒有結束。賽后處理的工作主要包括：對比賽的全過程進行全面評估，對比賽的經費收支進行認真核算，整理各種帳目，將比賽有關的各種文件、資料分類歸檔，便於總結經驗以及接受審計。至此，一套完整的正式體育賽事經紀程序方告一段落。

(二) 商業性體育比賽的賽事經紀程序

1. 內容的確定

體育比賽內容的吸引力和影響力將直接決定和影響商業性體育比賽經紀活動的成功與否。要通過體育市場調研，瞭解體育消費特別是觀賞性體育消費的消費需求情況，選擇合適的體育比賽內容是經紀一場商業性體育比賽的首要任務，同時也是

至關重要的第一步。

2. 決定體育比賽的地點

作為商業性體育比賽，其目的是為了盈利。要取得盈利就要能找到贊助商，而贊助商只對有廣告效應的賽事及比賽地點感興趣，只願意對理想中或者規劃中的目標市場投入更多的資金。

與正式比賽相比，商業性體育比賽為了爭取到贊助商的經濟支持，並達到盈利的目的，其地點的選擇導向更趨向於贊助商的目標市場。成為體育比賽地點的條件包括以下幾點：

（1）經濟發展迅速，具備巨大的市場潛力。

（2）該項運動普及程度高，能吸引觀眾，保證票房收入和廣告效應。

（3）經濟發展水平高，體育設施及相關條件完善。

（4）當地體育管理部門的積極配合。

（5）交通便利、氣候適宜，與當地風俗習慣不衝突。

3. 確定比賽的時間

商業性體育比賽時間的安排也要以取得贊助商最大化的廣告效應為導向，時間的選擇除了應該適合該體育項目的比賽要求外，需要注意的因素還有：

（1）避開國際大賽或者有利害衝突的體育比賽時間。例如，把商業性體育比賽的時間安排在舉辦奧運會的8月份，這時全世界的優秀運動員都要參加奧運會，就不會接受該商業性體育比賽的邀請，而且商業性體育比賽也難以同奧運會爭取觀眾，這顯然是不合適的。

（2）考慮觀眾因素和電視轉播效應。商業性體育比賽追求盈利和廣告效應，所有來源正是票房收入和電視收視率，所以應當安排最佳的娛樂和直播時間。

4. 確定參賽運動員

商業性體育比賽就如同一部電影，其「主演明星」的號召力對於票房和贊助商的投入有直接的影響，因此，應當盡量邀請知名度高的高水平運動員，以吸引大量的觀眾關注，也可以提高賽事的精彩程度。

5. 體育經紀人向主管部門支付主辦費，取得賽事的廣告經營權

這裡面有許多經營與公關的內容，其中最重要的就是向主管部門報價，在認為有利可圖的情況下達成協議，這是必須履行的一道程序。因為體育經紀人所承辦的任何商業性體育比賽只有得到了有關職能部門的批准以后才能舉辦。

6. 尋找贊助商

能否找到並爭取足夠多的贊助資金是商業性體育比賽能否成功舉辦的關鍵。贊助商的投資是體育賽事最重要的資金來源，也是體育經紀人或者體經紀公司利潤的直接來源之一。對贊助商而言，商業性體育比賽實質上是一次投資的機遇，能否得到足夠的回報是其考慮的首要因素，因此，成功爭取贊助的第一要素是能夠為企業提供有吸引力的回報方案。另外，體育經紀人的談判技巧和公關能力是能否尋找到贊助商的關鍵所在。尋找商業性體育比賽的贊助商的辦法很多，必須針對不同的商業性體育比賽來制定不同的尋找方法。

7. 前期宣傳工作

為了盡可能地吸引觀眾和媒體的關注，體育賽事的前期宣傳工作是必不可少的步驟，其內容主要包括舉行新聞發布會，發放宣傳畫、紀念冊等。為了留給新聞媒體宣傳推廣的時間，新聞發布會一般在賽前一個月舉行。另外，宣傳畫和紀念冊的設計製作也是體育經紀人的一項重要任務。宣傳畫的大範圍張貼所產生的廣告效應不容小覷，這是吸引體育消費者的一種必不可少的手段，而印製紀念冊（秩序冊）則是廣告宣傳的需要。

8. 競賽過程中的具體工作

這一部分的工作與正式比賽相類似，經紀人需要關注的工作還包括接待工作的組織，門票的銷售事宜、比賽現場秩序的控製、電視轉播安排、媒體廣告和報導的協調與監督，以及根據代理權的協議具體負責標準產品的生產、銷售等。所不同的是商業性體育比賽對於贊助方的利益考慮更加周到。體育經紀人和體育經紀公司會盡力把握所有機會，以創造最大化的廣告效應。場地布置、電視轉播方案、頒獎儀式以及賽后的新聞發布會都是極好的廣告平臺。

9. 賽后評估

商業性體育比賽的賽后評估比正式體育比賽更偏重於經濟方面，贊助商所收穫的宣傳效應將是賽后評估的最主要內容。全面評估后，需將有關文件、資料分類歸檔。

以上就是體育經紀人或體育經紀公司經紀一次商業性體育比賽所需完成的主要工作。體育經紀人經紀活動的效益則取決於商業性體育比賽成本與收入的比率。

商業性體育比賽的成本主要包括：支付的主辦費、新聞發布會費用、宣傳畫和紀念冊的製作費、運動員（隊）的出場費與獎金、競賽組織費用以及其他各項公關

交際費用等。

商業性體育比賽的收入主要是：贊助商的廣告贊助收入、觀眾門票收入以及電視轉播費用等。

收入與成本的差即為體育經紀人的利潤。由於每場商業性體育比賽成本的差異一般不會太大，因此，對於一場商業性體育比賽來說，贊助商越多，觀眾越多，體育經紀人的收益也就越大；反之，贊助商越少，觀眾也不感興趣，那麼這場商業性體育比賽就可能虧本。

三、體育賽事的選擇和策劃

中國每年舉行的近千種體育賽事中，並非所有的賽事都具有商業價值和經紀機會。要開展體育賽事經紀活動，首先需要對賽事的市場價值進行基本判斷和商機選擇。判斷體育賽事的市場價值取決於賽事的基本情況，包括比賽項目、比賽地點、賽事目的、參賽者、傳播範圍、比賽的對抗程度、比賽結果的不確定程度、社會心理寄託、關注程度等多方面的因素。這些因素的不同狀態，決定了賽事市場價值的不同。

（一）選擇體育賽事

1. 選擇項目前應準備的條件

一方面，策劃人要有敏銳的商業頭腦，能夠找到項目的賣點，並通過文字加工轉化為商家樂於接受的文件，能夠在投資論證中予以討論。另一方面，體育經紀人本身要瞭解經濟和法律等方面的知識，熟知體育知識，講誠信、有耐心。

2. 選擇體育賽事的依據

選擇體育賽事通常是在計劃內賽事中進行選擇的。體育主管部門制訂賽事計劃主要基於兩個目的：一個是促進項目發展，如比賽按年齡分為少年組、青年組、聯賽、選拔賽等，選拔賽促進梯隊的形成和高水平隊伍的產生。另一個是豐富社會文化生活和籌集社會資金，如贊助等。

3. 體育賽事的品牌定位

賽事品牌定位決定了市場開發的受眾和目標消費群，明確品牌內涵並準確定位是市場開發的前提和基礎。例如，奧運會和青奧會同屬於奧林匹克大家族成員，都是國際性的綜合體育競技盛會。相較於奧運會，青奧會參賽群體為 14~18 周歲的青少年，青奧會既是頂級體育賽事又是青少年文化交流的盛會，其文化教育內涵更為

豐富。這決定了賽事市場開發需要更多地考慮到年輕化和文藝性的因素。在綜合體育賽事中，夏季奧運會和冬奧會是等級最高、受眾最廣的體育賽事，奧運五環也是全球唯一一個超過95%的人都認識的標示。亞運會及全運會也是優質的綜合性體育賽事，其規模、關注度等依然比普通的體育賽事高出很多。在單項體育賽事中，足球無疑是世界第一運動，世界盃在影響力和關注度上是唯一能和奧運會比肩的單項賽事，即便是洲際賽事（如歐洲盃、亞洲盃）和地區聯賽（如歐冠、英超、德甲、中超），也受到廣大球迷的熱愛和追捧。籃球、游泳、網球、羽毛球、馬拉松、F1（世界一級方程式錦標賽）、斯諾克等賽事，要麼擁有良好的群眾基礎，要麼擁有極高的觀賞性，同樣屬於熱門賽事。

（二）策劃設計體育賽事

除計劃內賽事項目之外，還有一些計劃外項目，主要是由仲介組織（經紀公司或經紀人）、贊助商或媒體策劃形成的賽事。此類賽事只要經過一定的報批手續，由相關的管理部門批准即可。這些賽事往往是經過了專門的商業策劃且有較高商業價值的比賽，如中央電視臺策劃的乒乓球擂臺賽等。

選擇或策劃體育賽事的動因主要有兩種：一種是追求即時獲利；另一種是追求長遠效益（以長遠目標進行賽事推廣）。如果追求即時獲利，可根據賽事的基本特點，從計劃內賽事中選擇項目市場化程度高、參賽選手知名度高、社會關注度大、傳播面廣的賽事進行經紀；或是根據贊助商、電視臺的需求自行策劃計劃外賽事進行經紀。如果是追求長遠利益，則可根據世界及國內項目發展狀況，選擇一些稚嫩的項目進行長期經紀，這些項目常因當前市場開發不足而成本較低，但其未來前景的利潤十分可觀。此類項目主要有國外已經很流行但國內尚有待開發的項目，如高爾夫球、網球、橄欖球、跆拳道等。還有一些獵奇類項目，如蹦極、滑翔、熱氣球等。這些項目因能迎合人們的獵奇心而備受關注，並形成市場。隨著「全民健身計劃」的實施，許多群眾性體育競賽活動引起了一些電視臺、贊助商的關注，也會形成新的具有經紀機會的賽事活動。

（三）選擇、策劃體育賽事的前期準備

選擇、策劃體育賽事需要做好以下幾個方面的賽前調研準備：

（1）有目的地搜集不同項目賽事、電視媒體和贊助企業的信息。在及時利用這些信息的同時還應建立數據庫長期保存，以備隨時參考。

（2）對信息進行分析研究，並進行有針對性的市場需求調研。

（3）根據具體情況，進行市場定位。如選擇居間、行紀還是代理服務以及選擇單環節、多環節還是全面經紀服務。策劃賽事的關鍵在於「賽事有故事」，有好的傳播手段，符合企業樹立形象、促銷產品的市場需要。

（四）談判簽約

有了一定賽事選擇意向后，賽事經紀人應到相關體育管理部門瞭解申辦賽事的條件和有關事項，與賽事主辦者或其授權賽事組委會進行協商、談判，以獲得該項賽事的居間、行紀或代理資格，簽訂相關經紀合同。

（五）洽談媒體參與方式

媒體的作用主要體現在宣傳報導和市場開發上。各種媒體因其宗旨、對象、內容、定位不同而具有不同的市場狀況。體育賽事宣傳往往是組合各種媒體，採用多維和立體的方式進行傳播。為了取得更佳的宣傳效果，應公益性宣傳和市場化有償宣傳並舉。

1. 電視媒體

電視媒體的選擇有兩種：一種是選擇主播臺；另一種是選擇轉播臺。

（1）選擇主播臺。對賽事實施面向全國的電視轉播前，首先需要電視臺對賽時進行節目錄製、編輯和衛星信號發送，這項工作往往由賽事所在地方的電視臺承擔，但有時也由中央電視臺或鄰近地方臺派出轉播車進行。承擔此項工作的電視臺往往成為主播臺。經紀體育賽事時，應對進行賽事電視節目製作、衛星信號發送的主播臺進行選擇和談判。主播臺的工作常常是有一定成本支出的，經紀人應考慮成本的投入因素。賽事的電視轉播權，或以廣告時段置換，或以付費的方式獲取。

（2）選擇轉播臺。轉播臺主要承擔接受空中信號，實施本臺電視播放的任務。經紀體育賽事時，最好選擇能夠面向全國轉播、覆蓋面廣的中央電視臺、中國教育電視臺、全國有線電視體育轉播委員會和地方衛視頻道。選擇轉播臺的另一個重要依據是該電視機構製作要轉播項目電視節目的歷史和預期「節目收視率」。該收視率展示了體育節目的轉播範圍和收視人群，這是贊助商、廣告商關注的重要因素。目前，中央電視臺在節目收視率調查方面下了許多功夫，「央視調查」遍布全國，數據可靠且有說服力。

總之，與賽事主播臺和轉播臺的合作，可採用共同策劃、收益共享、免費轉播、電視臺支付轉播費或廣告時段置換等多種方式進行。

沒有電視轉播的比賽，其市場價值將大打折扣。體育賽事的價值通過電視轉播

能夠得以充分體現，因此爭取電視臺的合作至關重要。

2. 報刊媒體

如果說電視媒體通過給人以強烈的視覺刺激而吸引人們關注體育賽事並達到廣泛傳播的效果，那麼報刊媒體則以對賽事的深度分析和可重複閱讀見長。在經紀活動中，應根據經紀活動的內容、目標客戶群的情況、報刊發行量等來確定準備與之合作的報刊媒體。

報刊媒體的宣傳方式主要有三種：第一，公益性、免費的新聞報導；第二，公益性、免費的深度專題報導；第三，報刊廣告。賽事經紀活動的組織者應廣泛組合各種報刊媒體，善於挖掘和應用公益性報導方式，以達到最佳、最有效的傳播效果。

3. 關注網路媒體

因特網技術以其獨特的魅力在全世界得到了飛速的發展，這也引起了國際體育界的重視。2000年年末，國際奧委會專門就此問題召開會議，討論互聯網對世界體育及賽事電視轉播帶來的影響。國際奧委會決定從2002年美國鹽湖城奧運會開始向網路記者發放記者證，以利於體育賽事的網上宣傳報導。

中國目前已有7億多互聯網用戶，構成了體育賽事的又一個新的重要媒體傳播渠道，同時也形成了新的賽事廣告載體。網路公司可以從信息發布中獲得廣告效應，甚至因體育賽事而增加網路用戶，電話網、電視網、互聯網「三網合一」技術的實現，則可加速網路用戶的增加。互聯網技術的獨特魅力將進一步強化其媒體地位，使其獲得更大的廣告市場份額。對此，賽事經紀人應引起充分重視，早做準備。

四、體育賽事的包裝與融資

在確定了賽事，談妥了製作與轉播臺后，應立即著手尋求贊助商、廣告商、銷售賽事冠名權、廣告權，包括場地廣告、電視廣告、賽事標誌產品廣告（如服裝、器材、飲品）等。這些都是賽事主辦者的無形資產，體育經紀人對這些資產應在談判中明確其歸屬。對它的開發、銷售要遵循市場法則，開展市場營銷。

（一）體育賽事廣告與贊助

1. 廣告

（1）廣告的定義。廣告是指廣告客戶以公開付費的方式，通過各種媒體傳遞商品或勞務信息，進而影響消費行為，促進銷售，獲得利益的活動。體育賽事因可負載並廣泛傳播商品或勞務信息而成為一種「特殊」載體，因此在體育賽事中做廣告

極為普遍。

（2）廣告的效用。即使在互聯網和移動通信高度發達的今天，通過電視轉播收看體育比賽依然是觀眾的主流選擇。購買主轉播商或持權轉播商的電視轉播廣告套餐是贊助商進行宣傳推廣的常規方式。為了更好地與比賽結合起來，贊助商通常會適時地推出與賽事有關的創意廣告。例如，2010年世界盃期間，百事可樂、耐克等就針對足球比賽推出了一系列創意廣告，讓觀眾在足球比賽中場休息的間隙能放鬆一下的同時，更加接受和喜愛贊助商的品牌。如今，邀請明星擔任代言人已經成為企業推廣品牌普遍使用的營銷手段，而對於大型體育賽事的贊助商來說，如果能邀請即將參賽的運動員作為代言人並製作相應的廣告，在電視轉播間隙播放，會取得很好的宣傳效果。因為習慣觀看體育節目的觀眾大多是體育愛好者，他們熱衷於某項體育運動或者有某個喜愛的體育運動員。贊助商在贊助時和運動項目緊密結合或邀請運動員作為代言人，正是利用了觀眾的情感傾向，選擇了觀眾更易接受的方式進行宣傳，由觀眾對某項運動或某個運動員的認可，從而轉向對該贊助商品牌的認可。如果作為品牌代言人的運動員獲得冠軍或者金牌，那麼宣傳效果就會成倍疊加。購買電視轉播的廣告套餐的資費通常不菲。

2. 贊助

（1）贊助的定義。贊助可以理解成商業組織為達到商業目的而為某項活動提供資金或其他種類的贊助。在某種程度上，贊助也可以看成是變相的廣告。

體育贊助是以體育賽事、運動隊或運動員為對象的贊助行為。賽事組織者或運動隊從企業得到物質或資金支持，而企業則通過贊助使其產品和品牌的知名度與美譽度得以提升，促進其產品的銷售。體育贊助的本質是一種等價交換。贊助方基於一定的商業目的，向被贊助方投入一定的資金、實物或人力支持，不是僅僅為了做好事，而且為了獲取冠名權、標誌使用權等相應的權利回報。

（2）體育贊助的優點。體育賽事贊助是當前體育贊助的一大熱點。贊助賽事有如下優點：一是賽事影響範圍廣、受眾多、媒體關注程度高；二是賽事能產生規模效應和轟動效應、見效快；三是贊助賽事回報多、創意的回旋餘地大；四是賽事層次多、涉及面廣。因為這些優點，賽事贊助成了企業開展體育贊助的首選對象之一，特別是像奧運會、世界盃足球賽之類的世界頂級賽事，更是一些大型跨國公司的必爭之地。

（3）體育贊助合作者的商業類型。根據企業進行體育贊助的經驗可以將進行體

育營銷的企業劃分為以下三類，即初長型贊助企業、成長型贊助企業和成熟型贊助企業。在這種分類中的企業並不以企業的規模或企業的資本為劃分依據，只是以體育贊助經驗進行劃分。

①初長型贊助企業。初長型贊助企業指首次嘗試體育營銷，或者體育贊助的經驗並不豐富的企業。最常見的初長型贊助企業贊助發生在當企業或某種產品剛剛進入市場，急需借助某一平臺迅速提高知名度，僅僅為了吸引顧客的眼球，如果賽事選擇得當、執行較好，會快速提高產品知名度，而且在短期內會對銷售產生一定積極影響。但是，在中國，成功的案例屈指可數。由於中國企業體育贊助起步較晚，直到成功申辦2008年北京奧運會時，國內體育贊助才進入了「青春期」，大量國內企業面對奧運會這一營銷盛事動了淺嘗體育贊助之心，其中不乏國家電網、中國銀行這樣的大型國有企業，也有恒源祥、夢娜襪業這樣的地方性民營企業。但是在試圖借奧運之機進行體育營銷之后，這些企業往往止步於這個階段，雖然短期內成功，但是大都在取得眼前利益后忽視長遠利益，沒有相應的營銷跟進措施，由此導致的營銷效果不理想的案例不在少數。

②成長型贊助企業。一般處在這個階段的企業，基本上是已經具備了一定規模的資本，或者是國家知名品牌，或者已經成為上市公司。在體育賽事贊助中有所作為的國內企業，往往都要累積一段時間的體育賽事相關贊助積澱下的寶貴經驗，具有一定的品牌知名度。體育賽事贊助要付出高昂的體育贊助費用，並將近三倍於前者的額外費用投入到賽場外的營銷之中。所以說，這筆「學費」不是任何企業都可以負擔得起的。當企業品牌已經具備一定的知名度，在競爭異常激烈的情況下，單純依靠產品質量、成本優勢已經很難制勝時，或者當企業發展到較大規模，需要借助某一平臺進入更大的競爭市場時，常常會想到借助體育賽事提升品牌價值，打造差異化形象。這種策略需要企業動用一定量的資金，在一定時期和階段內將體育營銷作為一種主要的營銷方式，尋找體育與企業文化的契合點，挖掘體育的精神內涵，並轉移到企業品牌上。目前，市場上有一部分贊助活動開展得較為成功的企業屬於這種類型。

③成熟型贊助企業。這一類企業真正領悟到了體育贊助的精髓是深度挖掘體育資源，將體育營銷作為企業核心戰略，並整合所有資源為這一戰略服務，十分強調消費者體驗，長期系統地贊助體育賽事，培養出一批忠誠度很高的顧客。這使得企業文化與體育精神交相輝映，這一層次的企業往往都已打造出了世界頂級品牌，如

可口可樂、耐克、飛利浦等。在中國，目前可以歸為這一類型的贊助企業有中國體育贊助的領軍品牌李寧、安踏和走國際路線的運動品牌匹克集團。值得注意的是，這三個企業都是中國一線體育用品生產商。由此可見，中國的企業贊助體育賽事還有很長一段路要走。

（4）贊助的效用。通過贊助體育比賽實現品牌宣傳已成為世界潮流。1985—1992年，世界範圍的體育贊助投放量遠遠大於電視廣告、室外廣告和印刷品廣告的投放量，且效果極佳。如贊助法國世界杯足球賽，可口可樂三個月銷售額增長25%，富士膠卷三個月銷售額增長12%。據權威機構調查結果表明：在世界範圍內，人們對體育贊助廣告持接受態度，不像其他類廣告那樣容易引起反感。

企業贊助體育賽事的優勢主要表現為：贊助體育賽事比傳統廣告形式多、回報高；比電視和印刷廣告成本低；在激烈的市場競爭中獨闢蹊徑，效果獨特；繞過政府的某些政策，通過電視做廣告；通過體育運動可以建立消費者對產品的信賴和忠實；創造機會，加深消費者的印象，使產品形象進一步穩固；製造出獨特的企業親和環境；加強企業內部職工的自豪感。

現代企業贊助體育賽事的動機主要是使產品帶上體育賽事的指定標誌，增加產品的吸引力，展示產品的高品位，提高產品的價位，突出產品的特點，提高企業及其品牌知名度，強化品牌形象證明贊助商在該工業領域中的領導地位，獲得投資回報。

此外，企業贊助體育賽事的動機還有：個人興趣，稅收上的減免，與受眾建立直接銷售聯繫，只是為了捐贈，為了參加有關的交流活動（如排行榜、新聞發布會、廣告），受名人、重要人物的影響等原因。經紀人在爭取贊助時，應具體問題具體分析，其關鍵在於對贊助企業各類信息的瞭解和把握上。

（二）體育賽事的包裝

為了爭取更多的體育賽事廣告、贊助，體育經紀人還應對比賽進行精心的「商業包裝」，以最大限度地實現賽事的價值。體育經紀人應立即整理此類賽事的歷史資料（尤其是社會關注度，如電視收視率），組織分析賽事的焦點、熱點所在，並盡快研究、撰寫賽事策劃方案，挖掘賽事商機。賽事策劃方案主要包括廣告方案和融資方案。

1. 廣告方案

廣告觀念認為，一個廣告要想有效地刺激消費者，至少要有12次以上的有效刺

激，這個廣告才能潛移默化到一個消費者的意識中去。借用這個說法，廣告方案應是多層面的組合。廣告方案主要包括以下內容：

（1）為什麼舉辦？要簡述賽事的特點，含熱點、焦點等內容，滿足企業的需求，強調賽事賣點。

（2）是什麼樣的賽事？要敘述參賽人的特點（明星或是一般群眾）、比賽地點、比賽時間、舉辦賽事需要及仲介代理費等。

（3）回報條件如何？即企業參與賽事活動能得到什麼樣的宣傳機會，可通過冠名權、組合媒體宣傳、場地、服裝廣告等加以說明。

（4）宣傳優勢何在？企業贊助賽事活動的宣傳比較優勢，要與普通媒體的宣傳價格進行比較。

（5）如何保證企業獲得合法權益？要闡明合作各方的合同關係、實施與監督措施等。

2. 融資方案

融資方案主要包括以下內容：

（1）活動背景介紹，活動的來由以及主辦方、協辦方、承辦機構簡介。

（2）運動項目市場分析，該運動項目的發展現狀及其市場狀況。

（3）具體運作方案，詳細描述運動操作過程中的具體實施步驟。

（4）財務計劃，包括資金需求、資金使用計劃（如出場費、申請費、裁判費、人員差旅費等）、預計收入（如電視轉播權、贊助、廣告、冠名權、門票、特許商品銷售權等各項收入）、收入分配計劃等。

（5）風險分析，包括經營風險、市場風險、政策風險、投資風險等。

賽事策劃方案的精彩與否，將直接影響融資效果的成敗。因此，撰寫好賽事策劃方案後，可組織召開相應的研討會及工作會議，召開新聞發布會，進一步尋找、創造新聞熱點，進行賽前預測，開展賽前媒體宣傳，以吸引社會的廣泛關注。

（三）開發賽事標誌產品

賽事標誌產品主要是指賽事的相關稱號、標誌和專利等特許權及相關的無形資產，如賽事指定器材、服裝、飲料等。這些標誌產品的開發也極具潛力，其權利主要歸賽事主辦者或其授權機構。體育經紀人應對其標誌產品進行市場分析，在與賽事主辦機構或其授權機構（如組委會）進行賽事經紀談判時，應考慮到此方面的因素。

中國體育賽事標誌產品的開發已開展多年，市場潛力極大。國家體育總局主辦或組織參賽的體育賽事標誌產品的市場開發效果就十分明顯。1995年7月，國家體委（即現在的國家體育總局）將「中國體育代表團」無形資產開發工作統一歸國家體育總局裝備中心管理，遵循「規範化、公開化、程序化、市場化、法制化」的原則，取得了突破性進展。以1998年的第13屆亞運會為例，國家體育總局共獲得了「中國體育代表團」專用標誌和稱號的特許使用權、贊助款、物總額達3,800多萬元，其中資金2,300多萬元。格威特公司以900萬元（資金680萬元）奪得了「唯一指定領獎裝備」稱號。這充分證明了體育標誌產品無形資產的價值。

五、賽事過程中的客戶服務

賽事過程中的客戶服務包括消除有可能產生的組委會與贊助商間的隔閡，為組委會提供資金保證、監督、保障實施客戶的宣傳或促銷目標。

（一）賽時監督

針對賽事贊助和被贊助的雙方需求，體育經紀人在賽事過程中要充分保障合同條款的實現，通過積極的運作和監督，保證使賽事達到最充分的推廣、最佳的娛樂效果和最廣泛的宣傳。

（1）監督賽事是否按計劃進行。監督賽事是否按計劃進行，包括比賽是否如期進行、出席者（包括運動明星、裁判、貴賓等）是否按計劃到來、接待是否令人滿意、電視是否如期轉播等。

（2）監督各合作方的利益是否得到充分體現。監督各合作方的利益是否得到充分體現，包括資金是否到位，企業廣告或標誌牌是否安排恰當，運動員服裝及其品牌、廣告是否符合贊助商的要求，電視節目的各種攝制、編排效果是否最佳，廣告轉播時段是否足夠，以及各種場合的人員出席及其排位是否恰當等。

（3）保護好贊助企業的權益。強化賽事廣告規則、規定的實施，保證所有圖文清晰可見，就運動員的品牌廣告等商業應用向體育組織提出建議。一般來說，贊助商往往希望與該賽事的愛好者維持穩定的關係，這樣做，有助於贊助商的一攬子贊助計劃。

（4）收集各種為活動實施宣傳的證明材料，或者組織同期宣傳效果調查等。

（二）賽時服務

1. 媒體服務

賽事期間，賽事經紀人應做好電視、廣播、因特網等媒體服務，幫助有現場電

視轉播權的單位安排好轉播設備（含屏幕）、轉播時間、工作人員的工作和生活條件等；與承辦單位的廣播電視臺和體育組織的電視代表進行聯絡和協調。

2. 新聞宣傳

準備好賽事宣傳材料和出版物，組織好新聞發布會、資料發送、產品展示等活動，預先要製作海報並廣泛張貼，做好賽前、賽後的廣告發布。競賽期間要在體育館和其他區域裝飾宣傳賽事的有關標誌。如友好合作的標誌，新聞區域的廣告標誌，新聞界、運動員下榻賓館的綜合性招牌，活動慶典以及新聞發布會處的標誌。密切關注新技術在廣告業中的應用，及時引入體育賽事經紀市場，如異地發布電視廣告等。

3. 現場促銷活動

要協助贊助商在賽事現場開展一系列的產品促銷活動，如招待企業的貴賓、贈送企業產品，在新聞中發布信息，舉行合同簽字儀式，設立產品銷售攤位，設立廣告牌，製作電視廣告，製作熱氣球廣告等。

4. 交通、食宿、門票

這雖然是有關合作人員的接送、食宿、門票等安排和接送工作，但往往體現出對贊助企業的尊重，對進一步的合作至關重要。

總之，高度重視賽時服務工作對賽事有效地運作非常重要，事關方方面面工作的協調及執行。

（三）媒體報導評價

贊助商的贊助目的不僅是提高產品銷售量，更多的是著眼於贊助活動能否給企業帶來聲譽和形象的提高以及廣告支出的下降。因此，對贊助活動媒體報導程度進行評價十分重要。對媒體報導程度主要從三個方面評價：

（1）有哪些媒體形式（電臺、電視臺、網站、報紙和雜誌等）直接或間接地報導了贊助企業。

（2）各媒體形式報導的量，即報導次數的多少、時間的長短及版面的大小等。

（3）依據當時的市場價格計算贊助商採用相同的媒體形式購買相同量的廣告時段需要花費的資金總量，從而測算出贊助商因贊助活動所獲得的企業廣告費的下降幅度。

總之，高度重視贊助效果的評價工作，對尋求贊助的體育組織和尋求最優宣傳媒體的贊助商來說都至關重要，應有專人或聘請專門機構來負責此項工作。

六、賽事贊助活動的總結

（一）撰寫贊助評估報告

贊助評估報告應重點論述本次活動的贊助效益。贊助效益應採用定量和定性相結合的表述方式。定量描述應包括資金贊助的總額、實物贊助的數量和質量，以及服務贊助的內容、人次、時間和質量；定性描述應著重對贊助活動的社會效益進行分析和評價。對贊助效益的分析關鍵是看是否達到了贊助計劃中確立的目標，並對此作出實事求是的評價。

（二）建立本次贊助活動的專項檔案

贊助活動結束後，應指定專門人員負責收集、整理與贊助活動相關的一切資料，包括各類文件、電話記錄、傳真資料和信函，以及一切能證明贊助效益的圖片、報紙、雜誌、錄像帶和光盤等。建立專項檔案不僅是總結的一個部分，而且對以後體育贊助的運作有著十分重要的價值。

（三）召開總結會

總結會除了體育組織內部從策劃到執行，包括贊助計劃、贊助提案、人員配置、經費管理和后勤保障乃至主要經驗等各方面進行全面、系統的總結外，還應邀請贊助商共同探討、總結本次贊助活動，並徵詢對未來繼續合作的意向和可能性。

（四）感謝活動

感謝活動是總結的最后一項工作。感謝活動除了要向贊助商致有最高行政官員親筆簽名的感謝函外，還可以採取贈匾、贈旗或贈紀念品的方式。如果是大型的贊助活動，還應該舉行答謝宴會，借此感謝有關人員，並進一步與贊助商溝通感情，建立長久的合作關係。

第三節　體育賽事營銷

一、體育賽事營銷的概念

（一）市場營銷

「現代營銷之父」菲利普·科特勒認為：市場營銷是指個人和集體通過創造，

並同別人交換產品和價值以獲得其所需、所欲之物的一種社會過程。此定義雖然產生於物質生產部門和實物經營領域，但同樣適用於體育營銷，尤其是體育賽事營銷。

(二) 體育賽事營銷

體育賽事營銷，即一種將體育賽事作為產品的市場營銷活動。體育經紀人和經紀機構通過對體育賽事的策劃、包裝和市場化經營，以提升賽事的商業價值，從而使賽事的組織者、經營者和贊助商共同獲得利潤。

因此，體育經紀人和經紀機構在體育賽事產業鏈中的主要作用體現在：

(1) 增值性，即通過經紀人的運作，使賽事產品更受消費者的歡迎，進而帶動賽事產品的增值。

(2) 實現各方利益共享，即通過經紀人的運作，使賽事營銷鏈上的各合作環節得到利潤，各合作方都獲得經濟效益。

(3) 實現價值最大化，即通過經紀人的運作，使賽事資源得到更合理的優化配置，提高整體競爭優勢，實現價值最大化。

此外，體育賽事還兼具有提供精神產品和欣賞服務的功能，這是一切精神文化類非物質產品市場營銷的特殊功能。

二、體育賽事營銷的對象

體育賽事營銷就其營銷對象而言，主要包括以下幾個方面：

(一) 營銷體育賽事本身

這是傳統意義上的體育賽事營銷，即體育賽事的組織者和經營者通過一系列經濟活動和商業行為，將體育賽事本身作為產品和服務進行相應的商業包裝、設計和策劃，以提升賽事本身的觀賞價值和市場價值，進而推向市場進行市場化運作。其目的是獲取相應的社會營銷和經濟回報。營銷體育賽事本身就是體育賽事這一產品擁有者最重要的營銷活動。

(二) 營銷企業及產品

這是現代體育賽事營銷的概念，即企業通過贊助、冠名體育賽事等策略，借助所贊助的體育賽事樹立企業及產品在公眾中的品牌形象。借助體育賽事營銷企業及其產品不同於商業企業的傳統營銷及媒體廣告等市場手段，是一種極具親和力的市場營銷策略。將體育賽事與商業企業的品牌推廣緊密結合屬於「軟性推銷」。其最大特點是功利性潛藏在公益性之下，容易獲得社會和市場的認同，從而達到品牌推

廣和市場營銷的目的。

(三) 營銷促進城市發展

這是當今體育賽事營銷最具抽象概念、最具社會價值和最具開發潛力的營銷技術。通過體育賽事營銷，尤其是品牌體育賽事營銷能夠促進城市發展，這已經得到普遍認可，並受到了政府和社會的高度關注。「奧運經濟」「世界盃經濟」已充分展示了這類大型賽事對舉辦城市所帶來的巨大社會效益和經濟效益，並無一例外地推動了這些城市的超常規發展。

體育賽事營銷最重要的策略就是充分利用和挖掘體育賽事的品牌資源，並通過市場機制實現資源的優化配置，達到社會效益和經濟效益的最大化。在奧運會、世界盃足球賽、美國籃球職業聯盟聯賽等一大批國際的或區域的體育賽事發展成為當今最具影響力的品牌賽事的市場營銷過程中，也造就了耐克、阿迪達斯、三星等一大批國際最著名的商業企業和品牌產品，並通過舉辦這些體育賽事，使巴塞羅那、亞特蘭大、墨西哥城等一大批城市一舉跨進國際大都市的行列，大型品牌賽事所留下的寶貴遺產使他們迅速成為著名的國際旅遊勝地。

三、體育賽事營銷的分類

(一) 傳統賽事營銷

1. 傳統體育賽事的類型

傳統體育賽事有兩大類：競技體育傳統賽事和大眾體育傳統賽事。

(1) 競技體育傳統賽事是指那些屬於國際體育組織或國家和地方體育組織按照計劃定期主辦的，以奧運會項目為主要內容的，以職業或專業運動員為主要參加者的綜合性運動會和各運動項目的聯賽、盃賽、錦標賽等。這類賽事大多已經形成一定的規模和比較嚴格的規範，並具有較大的社會影響力。如奧運會、世界盃足球賽、全國運動會、中國足球協會超級聯賽、中國男子籃球職業聯賽、全國或省市田徑錦標賽等賽事。

(2) 大眾體育傳統賽事是指那些國家或地方有關部門按照計劃定期舉辦的，以非奧運會項目為主要內容的，以業餘運動員或體育愛好者為主要參加者的各類普通體育賽事。這類賽事通常都是人民群眾喜聞樂見的，具有廣泛參與性的大眾體育傳統賽事。如全國體育大會、農民運動會、行業或機關運動會等。

2. 傳統體育賽事的特點

傳統體育賽事的特點是：賽事規模大和政府支持力度大，社會關注程度高和商業價值高。傳統體育賽事的市場經營和商業運作通常需要具有較高資質的專業經紀公司或體育推廣公司，其賽事營銷需要掌握較高的賽事運作和市場運作技術。傳統體育賽事的營銷對象涵蓋了體育賽事營銷的全部內容，即營銷體育賽事本身，借助商務合作營銷贊助企業自身及其產品，通過體育賽事營銷促進城市發展。

3. 傳統體育賽事的主要營銷目標

傳統體育賽事的主要營銷目標是：取得體育賽事舉辦城市的政府支持；吸引優秀運動員出席或參加體育賽事；吸引主流、強勢媒體報導體育賽事；吸引公眾關注體育賽事或觀看體育賽事；吸引品牌企業、商業財團成為體育賽事贊助商；尋求與專業公司的合作計劃。

(二) 商業賽事營銷

商業體育賽事主要是指那些職業體育俱樂部為了推廣其社會形象或為了獲得商業利潤而自己組織，或委託經紀公司策劃組織的各類完全市場化操作的賽事，或國家和地方體育組織有計劃、但缺少資金舉辦的經濟體育賽事，如各類邀請賽、對抗賽、巡迴賽等。

商業體育賽事與傳統體育賽事的主要區別在於：第一，經營主體不同。商業體育賽事的經營主體多為體育經紀公司；傳統體育賽事的經營主體則為各級體育組織。第二，營銷目的不同。商業賽事的營銷目的首先是獲取商業利潤，其次才是社會效益和事業推廣；傳統體育賽事的營銷目的主要是社會效益和事業推廣，其次才是獲取商業利潤。第三，營銷產品不同。商業體育賽事的營銷產品多為觀賞價值很高的賽事或球星；傳統體育賽事的營銷產品多為各種賽事。

因此，自身作為經營主體、獲取商業利潤和經營高水平體育賽事，應該是體育經紀公司選擇、策劃和設計商業體育賽事的基本原則。

商業體育賽事是當今體育賽事市場中的一類重要賽事，具有很好的發展前景。商業體育賽事的核心問題就是資金問題，起因是資金，目的還是資金。這是因為：

（1）對於各級各類運動項目管理中心而言，需要組織優秀運動員參加更多的高水平賽事，但缺乏足夠的經費支持。商業體育賽事的主辦者通常提供經費，邀請優秀運動員參加體育賽事。

（2）對於高水平的職業體育俱樂部和明星運動員而言，需要通過商業性質的賽

事市場獲取更大的經濟利益，參加商業體育賽事通常可以為他們帶來高額的出場費和獎金。

（3）對於體育經紀公司而言，可以通過舉辦高水平的商業體育賽事，並借助這個平臺吸引贊助商、媒體和公眾的注意，並進行市場化的商業運作，以獲得良好的商業利潤。

高水平體育賽事的市場需求伴隨著社會經濟的發展而發展，社會經濟越發達，高水平體育賽事的需求市場就越大，商業體育賽事的發展前景就越好。中國當前商業體育賽事的核心工作就是賽事策劃和賽事營銷，無論是運動項目管理中心，還是職業俱樂部，均缺乏有市場營銷經驗的專業賽事策劃和營銷高手。因此，高水平體育賽事的組織者需要與專業的體育經紀人和體育經紀公司進行合作，體育經紀人或體育經紀機構可以憑藉其卓越的市場推廣能力，進行賽事推廣（國外以賽事經紀為主業的經紀公司自稱為體育推廣公司，經紀人常自稱為賽事推廣人）和市場營銷。

商業賽事營銷的關鍵在於出新和出奇、出看點和賣點。所謂出新和出奇，是指在創意和策劃商業體育賽事時，就著力推出新穎、奇特的運動項目或項目組合，或涉及新穎、奇特的競賽規則或競賽方法，或創意新穎、奇特的競賽內容和觀眾參與方案，以出新、出奇的商業體育賽事平臺吸引贊助商投資、吸引媒體關注報導、吸引人們參與和觀看賽事；所謂出看點和賣點，是指在設計、策劃和組織任何商業體育賽事活動時，必須緊緊圍繞體育賽事活動能否吸引贊助商、吸引媒體，尤其是吸引電視觀眾和現場觀眾，以充分發揮「眼球經濟」的市場效應，突出商業體育賽事的經濟功能。

商業體育賽事也應注重品牌效應和城市效應，不少商業性質的體育賽事，經過經紀公司或推廣公司的精心運作，已成為著名的傳統品牌賽事。如國際田徑聯合會的「黃金聯賽」等。

四、體育賽事的品牌提煉

體育賽事種類很多，但真正被贊助商青睞並進行商務合作，被電視、網路和報紙等媒體競相報導，並擁有巨大現場和電視觀眾群的體育賽事並不多。大多數的體育賽事如同過往雲煙，沒有在人們心中留下太多的記憶。真正占據著相當的市場份額，並獲得舉世公認的品牌體育賽事，已越來越受到市場的歡迎和追捧，也越來越成為商業財團和人們心中的牽掛和期盼。在國際體育賽事市場，四年一度的奧運會

第四章　體育賽事經紀

和世界杯足球賽已經成為最負盛名的品牌體育賽事，其他的國際品牌賽事有F1方程式汽車賽、歐洲五大職業足球聯賽、國際網球聯合會四大公開賽、巴黎至達喀爾汽車拉力賽、環法自行車賽等。在國內體育賽事市場，四年一度的全國運動會已經是國內最大規模的品牌體育賽事，其他的國內品牌體育賽事有全國職業籃球俱樂部聯賽、全國職業排球俱樂部聯賽、全國大學生籃球聯賽、「環青海湖」公路自行車賽，以及2008年剛剛開始就取得轟動效應的國際網球聯合會北京‧中國網球公開賽等。這些體育賽事早已不再是一項純粹意義上的體育競技賽事，而是一次全球或全國的體育、文化和旅遊盛會。這些著名的品牌賽事，除了提供精彩激烈、扣人心弦的競技對抗之外，還提供了一種歷久彌新的文化和藝術感受，使迷戀它的人更加迷戀，使那些還未領會其魅力的人很快著迷其中，使喜愛體育的人更加喜歡體育，使不喜歡體育的人開始關注體育，這就是體育賽事的品牌魅力和品牌效應。

體育賽事的品牌效應已經引起各級體育賽事組織機構和體育賽事經營機構的重視，作為一種現象也引起了體育經濟學界的關注。百年奧運，也只是近20年才逐漸成為全球第一品牌體育賽事的，在1984年洛杉磯奧運會之前，奧運會並不是世界最高競技水平的舞臺，正是洛杉磯奧運會開始了職業化和商業化的經營策略，才使得奧運會走出了困境，並逐漸凝練成為當今全球最有影響力的體育賽事。職業化使奧運會成為最高水平的競技舞臺，商業化則使奧運會成為最能拉動區域經濟發展的重大事件。

體育賽事的品牌提煉取決於體育賽事組織者和經營者的戰略定位和發展策略。決定體育賽事能否成為品牌的最重要的影響因素有：參賽運動員的競技水平，商業合作夥伴的影響力和主流宣傳媒體的覆蓋面。如世界杯足球賽、奧運會、F1方程式汽車賽、國際網球聯合會大滿貫網球公開賽等賽事，之所以能發展成為國際一流的品牌體育賽事，就是因為其組織者和經營者在體育賽事設計和市場運作時始終注重上述三個重要影響因素。其賽事的品牌提煉過程，就是保持和提高參賽運動員的國際排名等級，保持和提高贊助商的經濟地位和贊助強度，保持和提高電視與其他媒體的強勢宣傳報導，並不斷提高體育賽事市場運作的專業化水平。

體育賽事的品牌提煉，首先是體育賽事本身的社會經濟價值的提升，其次是與體育賽事舉辦城市聯動發展潛力的挖掘。大凡品牌體育賽事，要麼體育賽事本身的商業價值極高，能吸引強勢電視媒體合作和著名商業財團贊助，如奧運會；要麼體育賽事舉辦城市能夠借助舉辦體育賽事推動城市發展，從而獲得屬地政府、企業和媒體的強

力支持，如「環青海湖」公路自行車賽。因此，專業的體育賽事推廣或經紀公司，在提煉品牌體育賽事的經營活動中，應牢牢掌握體育賽事之所以稱為品牌的核心因素。

五、體育賽事營銷合同

體育賽事營銷合同由一系列不同的營銷子合同構成，包括賽事代理權購銷合同、賽事冠名權買賣合同、賽事指定產品合同、賽事電視轉播權出讓合同。

所謂體育賽事營銷合同，至少應該包括營銷標的物、標價、協議的合作雙方、合作方式、權限範圍、時限、簽訂時間、付款方式及期限、特殊條款、注意事項等基本內容。以賽事代理權購銷合同為例，該合同應包括如下內容：

（1）營銷標的物是指體育賽事的承辦經營權的經濟支出。
（2）標價是指獲取體育賽事承辦經營權的經濟支出。
（3）協議雙方是指賽事承辦經營權的買賣雙方。
（4）合作方式是指分級代理的形式或合作夥伴關係。
（5）權限範圍是指雙方所代表的利益實現區域。
（6）時限是指在某一個規定時間限制內必須完成比賽任務。
（7）簽訂時間是指正式簽署協議的時間。
（8）付款方式及期限是指賽事經營方將標價支付給賽事主辦方的方式和日期。
（9）特殊條款是指不同於出售一般賽事承辦經營權的其他規定。
（10）注意事項是指合同條款未能說明的其他內容。

體育賽事營銷合同是合作雙方談判或妥協的結果，是購銷雙方在對經營賽事的權利、義務和責任進行全面權衡和經濟測算之後，達成一致意見的書面表達形式。體育經紀人在賽事營銷合同正式簽訂時，應進行法律公證，以免出現違約時的被動局面。

案例一

拳王推手——唐·金

唐·金是當今全球最成功、最有影響的職業拳擊推廣人。到目前為止，他已在全球成功地推廣了500餘場拳王爭霸賽，其中包括阿里、福爾曼、泰森、霍利菲爾德及魯伊茲等世界著名的拳王比賽。據報導，他目前的家產為5億餘美元。多年來，由於他在職業拳擊推廣及反對種族歧視等方面的卓越貢獻。他不僅多次榮獲國際各

第四章 體育賽事經紀

個拳擊組織「年度推廣人」和「終身榮譽獎」等榮譽稱號，而且先後受到蒙伯托、喬治·布什、納爾遜·曼德拉、克林頓等國家元首的接見。

1974年，唐·金史無前例地擔保了一場總出場費1,000萬美元的在非洲扎伊爾舉行的阿里與福爾曼一戰，也就是著名的「叢林戰鼓」，開創了世界重量級拳王爭霸戰在美國本土以外舉行的先例，這也是歷史上第一場電視直播的拳擊比賽，世界上有10億人觀看了這場比賽。1975年，在阿里和榮·雷的比賽中，首次收到高達100萬美元的電視轉播費；后來他推廣了著名的「第三場——最后的決戰」，由阿里與弗雷澤在費城奎松對陣，這就是人所先知的「馬尼拉震顫」，全球10億觀眾觀看了比賽。

唐·金是第一位賣出200萬美元電視網轉播費的體育推廣人，第一位向HBO電視網賣出重量級世界排名賽的推廣人，第一個為羽量級比賽保證了100萬美元收入的推廣者，僅有的一位將兩場重量級拳王爭霸賽安排在一起進行的推廣人。他不斷創造了拳擊比賽最高的毛利歷史紀錄，他不斷刷新電視轉播費最高紀錄，多次創下入場觀眾人數紀錄。他創建了自己的體育娛樂電視網，使拳擊運動進入主流電視網，曾有100多個國家和20億以上的觀眾觀看了泰森和霍利菲爾德的拳擊比賽。在內華達州歷史上電視轉播毛利最高的20場拳賽中，有12場是由唐·金的公司推廣的；在全球歷史上10場付費電視用戶收看最多的拳賽中，有7場是由唐·金的公司推廣的。

唐·金連續多次被世界拳擊協會（WBA）評為「年度最佳拳擊推廣人」。1993年，他推廣了20場世界拳王爭霸賽，榮獲「世界拳擊協會（WBA）世紀最佳推廣人」稱號。1994年一年間，推廣了47場世界拳王爭霸賽，被世界拳擊理事會（WBC）評為「永遠最偉大的推廣人」，被《體育畫報》評為「40年間最有影響力的40位體育人物」的唯一一位拳臺推廣人。1997年，唐·金被列入「國際拳擊名人堂」；1999年，世界拳擊協會向他冠以「終身推廣人」榮譽。

儘管經紀人唐·金的佣金之昂貴連泰森都稱他為吸血鬼，但還是有100多名拳手在唐·金產業公司推廣的賽事中各賺取了上百萬美元。當被人問及「如何成為一名好的體育經紀人」時，唐·金的回答是：「愛護別人，要樂於與人相處。」唐·金非常瞭解他的拳手，他會在運動員因成功而飄飄然的時候，予以適當提醒；而在運動員陷入低潮時，他又會調動自己全部的激情鼓勵運動員。即便在面對運動員的抱怨時，他仍堅持「永遠不要把個人的不良情緒帶給運動員」。

——資料來源於 http://blog.sina.com.cn/s/blog_6fdc32650100xdkj.html

案例二

2010廣州亞營運銷——看健力寶如何營造復興之路

一、營銷背景

1984奧運之年誕生、與體育結緣至今，被譽為「中國魔水」的健力寶，曾經享譽全球。1990年，在北京舉辦的亞運會中，健力寶創始人李經緯和李寧聯袂出手，花費1,600萬元贊助巨款，並用250萬人民幣，從開價250萬美金的外國公司手裡「搶」到亞運會火炬接力傳遞權，使健力寶和李寧牌運動服的體育營銷組合大獲全勝。2010年，健力寶，這個飽經風霜的民族品牌，謀劃著新一輪的騰飛。猶如鳳凰涅槃，健力寶預借亞運之「勢」重返體育營銷。2008年9月16日，健力寶和亞組委成功簽約，成為「廣州2010年亞運會指定運動飲料」；2009年3月17日，「健力寶亞運啦啦隊全國選拔賽」全面開啟。

二、營銷策略

健力寶亞運啦啦隊全國選拔賽打破了以往比賽舉辦的遊戲規則——排他性，而更加注重體現一種高度的包容、和諧、共贏理念。健力寶在取得亞運啦啦隊全國選拔賽主辦權後，並沒有把資源「為我獨享」，而是抱著強烈的民族包容之情感，廣闊的海納百川之氣度，將更多的亞運贊助商吸納進來，共享資源和平臺。大學生通過參與啦啦隊，在社會、公眾面前展現了積極、青春激情的一面，對今後大學生走入社會、融入社會起到了巨大的幫助作用。

三、營銷手段

（一）眾明星組建亞運助威團

「亞運啦啦隊全國選拔賽發布會現場」不但各官方機構紛紛表態全力支持亞運，很多明星也積極參與進來，蔡依林、小柯、孫楠、米娜、蔣小涵、后舍男生、A-ONE組合、熊乃瑾、BOBO組合、戚薇、金莎、張峻寧、曹曦文、李易峰、金俊浩等攜手組建了亞運明星助威團。未來的比賽過程中，他們也將分階段參與不同賽段的助威工作。

（二）央視全面支持民族品牌

作為廣州2010年亞運會的合作夥伴，中央電視臺將通過舉辦啦啦隊選拔活動，推廣本屆亞運會「激情盛會和諧亞洲」的理念，同時也是推動嶺南文化的對外傳

播，促進亞洲各國多元文化在廣州賽場上的融匯交流，並以此為契機將啦啦隊這一體育項目推向大眾，使大眾全面瞭解該運動，使更多的青年一代廣泛地參與到這個互動的平臺中來。

（三）專業機構承辦此次大賽

央視拿出重要時段重點關注此次大賽的同時，央視旗下的專業賽事機構，作為此次大賽的運作班底。承擔了大部分工作，保證了大賽的順利執行。

四、營銷效果

「健力寶亞運啦啦隊全國選拔賽」正式拉開序幕。健力寶成為2010廣州亞運會贊助企業中開展全國性大型亞運宣傳的第一人。在宣傳自有品牌和產品的同時，健力寶希望借助這一活動把廣州亞運會「激情盛會，和諧亞洲」的理念和廣州獨特的嶺南文化傳播到全國。萌生於體育的健力寶已經成長為一棵參天大樹，而回饋體育、回報社會已是健力寶的一種常態！體育營銷也已確定為公司的宣傳主軸！

——資料來源於 http://blog.sina.com.cn/s/blog_6fdc32650100xf7e.html

課后習題

1. 體育賽事的主辦機構有哪些？
2. 體育賽事的價值體現在哪些方面？
3. 中國體育賽事市場的制約因素有哪些？
4. 體育賽事融資包括哪些內容？
5. 體育賽事的營銷對象是什麼？

第五章
體育組織經紀
DIWUZHANG

第一節　體育組織概述

一、體育組織的概念

體育組織是指專門從事與身體鍛煉（訓練）、運動競賽、運動文化活動相關的，具有特定的（與運動或運動競賽相關）目的、擁有運動相關資源並具有一定權威和制度的社會機構或團體。

二、體育組織的分類

根據不同的劃分依據，體育組織主要可以分成不同的種類。

(一) 從組織的內部結構關係可分為：正式體育組織與非正式體育組織

正式體育組織常見的有各種體育俱樂部、體育協會、政府體育機構等，它的主要特點是具有比較明確、成文的組織目的與活動章程，吸收成員一般需符合一定組織要求並經過一定較為正式的程序，內部成員分工明確、人員職務層次分明。非正式體育組織則包括一些自發形成的，成員以自願為原則加入，組織內部成員間關係較為鬆散，沒有正式成文的組織目標與正式規章，通常只有口頭上的約定，成員的加入一般只是出於獲取某種情感交流或娛樂的目的，例如廣泛散布於民間自發形成的各種體育健身團體。

(二) 從經濟關係角度可分為：營利體育組織與非營利體育組織

以營利為目的的體育組織常見的有各種提供體育娛樂與休閒活動服務的私人體育俱樂部，體育人才培養與技術指導的社團、機構或中心等，它的主要特點是為組織成員提供各種有償的體育服務，收取服務報酬並向國家稅務機關依法納稅。以非營利為目的的體育組織也稱為體育 NPO（Non-Profit Organization），它的主要特點是服務於大眾的體育需求，不以營利為目的公益性的體育組織，組織所得不為任何個人牟取私利，組織自身具有合法的免稅資格和提供捐贈人減免稅的合法地位的組織，常見的體育 NPO 有國際奧林匹克委員會、中華全國體育總會（ACSF）、中國奧林匹克委員會（COC）以及一些公共的社區體育組織等。

(三) 從與政府的關係可分為：政府體育組織與非政府體育組織

政府體育組織的特點是由政府組建並隸屬於某一政府部門，組織運作資金主要依靠行政劃撥，主要組織成員通常由政府公務員擔任，如國家體育總局及其直屬的各個單位，如田徑運動管理中心、遊泳運動管理中心等。非政府體育組織的特點是一般由民間人士組建，組織經費來源於贊助、捐贈，如中華全國體育總會、中國奧林匹克委員會，民間各種體育社團也都屬於非政府體育組織。

(四) 從與國家的關係可分為：國內體育組織與國際體育組織

國內體育組織特點是組織目標具有國家和民族特色，組織成員主要由一國公民或群體構成，如中國足球協會、中國籃球協會。國際體育組織特點是組織目標具有國際性，成員來自不同的國家；工作人員實行輪換制，運作經費來自三個以上國家，不為成員謀利。如國際奧林匹克委員會，國際足球聯合會（FIFA），國際田徑聯合會（IAAF）。

(五) 從組織存在的時間關係可分為：臨時性體育組織與永久性體育組織

臨時性的體育組織主要特點是組織的目標在短期內可以實現，組織機構與成員的存在時間具有短期性質，到達一定期限或目的后即解散，例如，為召開某一大型運動會而專門組建的組委會。永久性體育組織的特點是在章程中有無期限的、長期的目標，一般設有常駐機構運作、處理組織日常事務，如國際奧林匹克委員會即是屬於永久性的體育組織之一。

(六) 從項目數量關係可分為：綜合性體育組織與單項體育組織

綜合性體育組織從事的體育事業涉及多個體育項目，如國際單項體育聯合會，國家體育總局。單項體育組織則主要是指組織目標只涉及單個體育項目，工作重心也只圍繞單一項目開展，如國際羽毛球聯合會（IBF）、國際體操聯合會（IWF）、國際網球聯合會（ITF）、國際足球聯合會（FIFA）、國家遊泳管理中心等。

三、體育組織的作用

(一) 整合體育資源，為體育從業人士提供更專業化的支持以及方便大眾對體育活動的廣泛參與

專業的體育訓練組織可以召集有經驗的體育教練與其他體育科研工作者從事選拔、培養高水平運動員的工作。體育媒體、宣傳組織也可以利用自身的體育人力資源優勢及體育信息資源優勢向大眾普及、傳播體育文化及體育賽事，滿足社會對體

育的信息需求，調動社會對體育事業的關注。民眾體育健身組織可以從社會募集資金，建立群眾健身場所、組織各種民間體育賽事，為大眾廣泛參與體育活動創造條件等。

(二) 促進體育各項事業朝著更加多樣化與專業化方向發展

隨著各種各樣的體育組織不斷湧現，體育活動的項目和內容也愈加豐富多彩，使得更多的人可以根據自身的條件和特長從事自己喜歡的體育活動。例如，國際特殊奧運會組織的成立使得許多原本與體育無緣的殘疾人士也能夠有組織地參與到體育活動與競技的大家庭當中來。體育運動項目也隨著各種體育組織的創立及活動的開展而變得更加專業化，例如，現代田徑運動的興起以及國際田徑聯合會組織的成立與運作，使得田徑競賽規則日益完善與標準化，賽事組織者及從業人員（如裁判）的知識水平、素質要求也變得更高；國際足球聯合會的成立使得足球運動真正成為一項世界性參與的體育活動，圍繞這項運動的各種活動，如賽事的宣傳、組織與運作過程等都要求在各種專家的共同參與下才能很好地完成。

(三) 促進社會經濟、文化的發展，使體育真正成為一項重要的社會事業

體育組織的興起極大地促進了體育產業的繁榮，從而推動了社會經濟的發展，例如，國際足球聯合會組織的 2006 年德國世界杯足球賽，根據估算，帶動德國國內私人消費增加 20 億～30 億歐元，旅遊收入增加 7%，促進德國國內生產總值增長 0.3 個百分點。目前全球體育產業的年產值高達 4,000 多億美元，在某些發達國家，體育產業占整個國民經濟的比重越來越大。例如，2001 年，美國體育產業增加值達到 1,946.4 億美元，占美國國內生產總值的 2%。2004 年年底，中國體育產業增加值為 595.83 億元，吸納就業人數為 421.5 萬人，體育產業已經成為國民經濟新的增長點。

第二節　體育組織經紀

一、體育組織經紀的概念

體育組織經紀是指體育仲介機構接受體育組織的委託或授權，根據委託或授權協議，進行與這些組織有關的體育事業推廣和商務開發業務。狹義的體育組織都是

非營利性組織，但是他們蘊涵著大量的可以進行商業開發的資產，如國際奧林匹克委員會擁有「奧林匹克象徵」的一切權利，「奧林匹克象徵」已成為國際奧林匹克委員會的重要財政來源之一，非營利性體育組織在進行市場推廣和商業開發的過程中，由於自身的非營利性質和缺乏專業的市場營銷機構，通常都會選擇一家或數家有實力的體育經紀公司作為其戰略合作夥伴。如中國足球協會委託的福特寶公司，中國籃球協會委託的中體經紀管理公司等，他們有資金、經驗及專業人員，大多數運動項目管理中心願意與他們進行商務合作。

(一) 體育組織的委託經紀

目前越來越多的體育組織委託有信譽的體育經紀人公司作為其合作夥伴，幫助其樹立大眾形象，進行市場開發，代理日常事務。接受體育組織委託的主要業務有如下幾個方面：

(1) 幫助體育組織開展市場調查研究，為其獲取有關信息，提供訂約和合作機會。

(2) 幫助體育組織進行商業開發，包括推廣賽事、爭取商業贊助，特許標誌使用權、紀念品的開發與銷售等。

(3) 幫助體育組織開展宣傳，樹立其品牌和形象，對體育組織進行商業包裝，提高其行業地位，增加其商業談判籌碼。

(二) 非體育組織的委託經紀

許多工商企業希望通過體育賽事或者明星運動員為企業或產品進行品牌宣傳，但他們大多對怎麼樣進入體育及進入體育後的運作方式十分的陌生，這時體育經紀人便提供了媒介作用。接受非體育組織介入體育事務的經濟業務主要有如下幾個方面：

(1) 幫助工商企業進行形象設計，尋找體育明星代言人，洽談相關合作條件。

(2) 開展市場調查，尋求市場定位，尋找體育賽事贊助，指定贊助計劃。

(3) 代理企業與體育組織、媒體、社會有關部門合作，就體育賽事舉辦、贊助、廣告、電視轉播權等方面進行談判，監督體育賽事的推廣宣傳工作賽後進行贊助和廣告效果的調查，反饋給贊助企業。

值得注意的是，近年來一些著名的體育生產企業已開始借助自身的市場營銷機構和管理機構直接從事體育經紀業務。

可以預見，體育組織經紀，尤其是那些非營利性的體育行政機構、體育事業單位和體育社團組織的經紀業務，將是體育經紀人最重要的經濟活動。

二、體育組織經紀的內容

體育組織可以向經紀人公司或經紀人個人提供的經紀業務包括有形資產和無形資產兩類。通常，有形資產根據當前市場需求確定其價值，無形資產的價值評估則更多體現於未來市場潛力。

體育組織經紀的主要內容是對體育組織的各類資產進行商業開發和市場推廣，使其效益最大化。在通常情況下，體育組織都將其資產進行分類後，委託或授權給不同專業背景的體育經紀人公司進行分類經紀。

在體育組織的各種資產中，無形資產是最能體現其市場推廣價值和最具商業開發潛力的資產。並且是最需要體育經紀人進行專業營銷和最能為體育經紀人獲取利潤的經濟內容。因此，體育組織經紀活動主要是圍繞無形資產的商業開發和市場推廣展開的。

三、體育組織中的無形資產

（一）體育組織中的無形資產的概念

體育組織中的無形資產是指特定主體擁有的，具有體育商品屬性和市場價值，能為所有者和經營者帶來經濟效益的非實物形態的資產。體育組織中的無形資產具體體現為對各種「象徵」的權利的擁有。這些象徵屬於知識產權範疇，體育組織可以借助這些象徵的使用權出售獲得一定的經濟效益，並借助這些象徵的使用提升無形資產的價值。

體育組織中的無形資產的價值取決於仲介機構的商業運作和體育消費市場的認同，通過向企業出售這些資產的使用權得到體現。企業之所以願意購買這些權利，一方面是通過體育這一當今世界最健康、最休閒的載體，樹立企業形象、擴大企業影響；另一方面是借助體育無形資產的品牌形象，包裝企業產品、擴大消費群體。

（二）體育無形資產的特徵

從經濟學角度來廓清對體育無形資產的認識，應從一般無形資產共性與體育特性的結合上，把握好以下幾個方面的關係：

（1）體育無形資產來源於體育運動，在長期的體育運動實踐中產生，因而是體育的無形資產而不是其他的無形資產。

（2）體育無形資產的產權主體主要是體育組織，各種不同的體育無形資產主要為各種不同的體育組織所有，只有極少量的為體育工作者或相關人所有。

(3) 體育無形資產是一種生產要素和經濟資源，它作為一種特定形式的資產，能夠產生一定的經濟效益。

(4) 體育無形資產不具有實物形態，主要是凝結著各種體育智力創造活動成果的知識形態以及一些具有知識含量，但直接是某種特許權利的表現形態。

(5) 體育無形資產的營運空間是體育市場，不但體育無形資產的營運行為必須具有市場屬性，而且與其發生交換關係所形成的都是體育市場。體育無形資產營運的獲利主體為體育無形資產的所有者和使用者，大量體育無形資產的市場營運是所有者與使用者相分離的，但只有雙贏才能有持續的市場行為。

(三) 體育組織中的無形資產的內容

1. 各類體育賽事活動的舉辦權及各項無形資產的特許經營權、使用權

這其實就是一種特許經營權，如奧運會的舉辦權是由國際奧委會授予某個國家的某個城市的特許經營權，中國的全運會舉辦權是政府授予某個城市的特許經營權。應當說各級各類體育賽事的舉辦權從賽事系統看是第一層次的特許經營權，一個城市或機構在擁有一項賽事舉辦權的同時，也就擁有了諸多無形資產項目的特許經營權，這是賽事系統第二層次的特許經營權。特許使用權是更上一層次的特許經營權或者說是特許經營權的一個內容。體育賽事舉辦權之下的各項無形資產特許經營權及使用權包括冠名權、冠杯權、廣告發布權、電視轉播權以及競賽活動的名稱、會徽、吉祥物等標誌的特許使用權等，這些特許經營權實質上就是舉辦單位擁有的知識產權或產權。

2. 各類競技體育組織機構、企業和團體的名稱與標誌的專有權、特許經營權和使用權

體育組織機構包括國際奧委會、中國奧委會、各級體育局的競賽機構、各單項運動協會及其他體育社團組織等。競技體育企業主要是指競技體育俱樂部。競技體育團體包括競技體育代表團和運動隊等。競技體育組織機構、企業和團體的名稱與標誌的專有權、特許經營權和使用權在市場經濟和知識經濟的條件下具有重要的商業價值。例如，「中國奧委會」的文字及其商用標誌、俱樂部的名稱及其專有標誌、運動隊的名稱及其隊徽等無形資產，均可為企業或商家利用而創造利潤、產生經濟效益，而且目前已經越來越多地被社會上的企業利用。其主體擁有受法律保護的專有權（或獨占權），同時主體自身享有對此種無形資產的特許經營權和使用權，也可以將這種特許經營權授予其他社會機構或企業。

3. 有關體育組織的專利權、版權

有關體育組織的專利權、版權和一般無形資產一樣，都是知識產權的內容，其主體擁有受法律保護的專有權或獨享權。體育無形資產的專利權主要是運動器材方面，包括運動器材的發明專利權、外觀設計專利權和實用新型專利權等，主體擁有對專利的實施權、轉讓權、許可權、標記權和放棄權。版權主要包括競技體育方面的著作、論著、音像製品和計算機軟件等的發表權、署名權、修改權、保護作品完整權、使用權和獲得報酬權。

4. 競技體育名人的廣告權和代理權

競技體育名人的廣告權和代理權是體育無形資產的一種特例，體育名人的聲譽和形象有著極高的商業價值，是一種重要的經濟資源和產權內容。這種產權在國際上通常是歸體育名人個人所有，中國目前是歸國家所有或國家和個人各占一定的比例。能夠在訓練與大型比賽中表現出高超指揮藝術的教練和具有個性技術風範的體育明星被公認為現代社會的稀缺人才，其特殊的身分和社會影響力蘊藏著巨大的無形價值，他們在日常生活和訓練比賽過程中的肖像和言行用於商業宣傳具有很好的廣告效用，能產生超額的利潤。廣告的種類包括電視廣告、招貼廣告、報刊廣告和宣傳廣告等。國際上很多體育明星每年拍廣告的收入遠遠超過其工資收入，中國很多在國際比賽中取得優異成績的運動員和優秀的足球、籃球等運動員都有很高的廣告收入。

5. 體育組織名下的體育場館和設備的租賃權

體育場館和設備的租賃權屬於土地使用權的範疇，不是嚴格意義上的無形資產，但體育場館和設備之所以具有較高的租賃價格，與競技體育的作用和影響有很大關係，也具有很大程度的體育無形資產的成分，因此應當是競技體育無形資產開發的內容之一。

6. 體育彩票的發行權、專營權和銷售權

體育彩票的發行權、專營權和銷售權是一種特殊的競技體育無形資產，直接由國家的行政管理部門控製，制定專門的政策、法規和管理條例，並有專門的組織機構和管理辦法。

7. 其他競技體育無形資產

這是指法律、法規規定的或國際慣例承認的其他競技體育無形資產以及體育行政部門認定的體育類的促銷獲利因素。

(四) 體育無形資產的管理

從國際上各個國家或地區的規定來看，大多數的國家和地區都是將專利與商標的管理劃入同一行政管理部門。事實上，中國也認識到了對知識產權統一管理的重要性。1995年8月29日出拾的《中華人民共和國體育法》中，專門做出了規定：在中國境內舉辦的重大體育競賽，其名稱、徽記、旗幟及吉祥物等標誌按照國家有關規定予以保護。中國加入世界貿易組織之前，分別簽署了14個保護知識產權的國際公約。2002年4月1日，國務院正式出拾了《奧林匹克標誌保護條例》。2003年1月29日，北京申奧組委法律事務部負責人指出，按照《北京市奧林匹克知識產權保護規定》和《奧林匹克標誌保護條例》的規定，奧林匹克標誌不僅包括奧林匹克五環團標誌和北京2008年奧運會申辦徽記，還包括奧林匹克格言、「奧林匹克（OLIMPIC）」「奧林匹克運動會」「北京2008」「新北京、新奧運」等。相關法律、法規、規章和國際公約為中國奧委會無形資產的保護提供了重要的法律依據。中國奧委會無形資產作為一種知識產品，其無形性決定了所有人及中國奧委會對其體育無形資產的佔有，由於其自身的無形性，使用較為方便，有關界限也容易模糊，遭受侵權的可能性也相對較多，必須通過法律來確認，而且往往有著法定的有效期限和明確的法律保護與制約的範圍，因此更需要採用嚴格的法律保護途徑。

第三節　體育組織經紀技巧

一、把握外部環境

(一) 經濟環境

在宏觀上，經濟環境指國際和國內的經濟政策和形勢，包括國際經濟形勢、國家經濟體制和路線、所有制構成狀況、國民經濟生產情況、產業結構狀況、國民經濟發展速度、自然災害狀況、人均收入水平、物價趨勢、消費水平、消費結構和消費方式等。在微觀上，經濟環境指中國居民收入水平和體育消費資料價格等方面，它對於居民體育消費的影響最為重要。外部經濟環境不但包括市場原有的競爭者，還包括新進入市場的競爭對手、供貨商以及消費者，這些複雜的、多元的外部群體，為我們選擇合理的、滿意的贊助目標增加了難度。

(二) 社會環境

中國人民生活已經由「溫飽型」進入「小康型」，人們已經不滿足於一般的生活，而要追求更高的生活質量。人們認識到提高生活質量的前提是有一個健康的身體，因此「健康投資」已經逐漸構成當今居民消費的主要內容。但是，中國大眾的體育消費還主要集中在中低檔次，這與中國傳統的消費習慣、消費心理有關，同時也與中國公民的整體教育水準偏低有關。值得注意的是，中國正在步入老齡化社會，隨著中國群眾體育運動的開展，越來越多的老年人參與到體育活動中來，成為體育消費人群當中不可忽略的一部分。因此，中國企業在贊助大型體育賽事時，應該以中國社會整體的體育消費觀念為基礎，以人們生活水平和消費習慣為依據，制定合理的贊助目標，正確選擇贊助對象以及設計與實施具體的贊助策略。

(三) 政治政策環境

政治總是在體育中起著重要的作用，這種作用在體育領域中不斷增大。從宏觀角度看，這主要是指國際、國內的政治形勢以及政府制定的重大戰略、方針、政策、法令、法規等。從微觀的角度看，這主要是指與體育贊助相關的形勢、有關部門制定的體育贊助法規、政策等。

二、構建體育平臺

(一) 體育平臺的概念

體育組織的運作應該包含體育項目、體育賽事、運動隊、運動員等。這幾個方面構成了一個完整的體育組織，同時這也是體育組織擁有的可以通過體育經紀人與企業進行合作的既定基礎，也就是體育平臺。在此基礎上，體育組織可以利用自己全部或者部分資源與企業進行合作。

從企業方面看，進行良好的市場營銷，使自己的產品獲得群眾的廣泛認可，擴大市場份額，這些是企業生存與發展的生命線。與單純的市場廣告相比，結合廣為接受的某種文化活動進行宣傳是一種更好的市場推廣策略，企業可以消除消費者的逆反心理，而且可以更好地展示自己，體育是一個非常理想的市場營銷平臺。作為一種大眾化的文化活動，體育具有無可比擬的優勢。

體育運動和體育賽事是全世界各個國家、民族共同的愛好，已經成為一種可以相互交流的語言。體育活動作為營銷傳播的載體能夠跨越地域、語言、文化等障礙，擴大品牌的影響範圍，為品牌推廣搭建一個沒有種族、沒有國界的平臺。

體育賽事各種元素本身就會吸引大量媒體進行報導，包括運動員、賽事文化和賽事新聞等，如果和其他營銷手段相結合，會形成極強的整合傳播效應。對於企業來說，體育是理想的營銷載體。

不同的運動有著不同的特性，不同層次的賽事傳遞著不同的信息。例如，競技體育強調競爭性，具有很強的觀賞性，而休閒體育強調娛樂性。體育賽事項目的豐富性和層次的多元性，給各類企業開展營銷活動提供了廣泛的營銷資源。

(二) 體育平臺的消費者資源

體育產業是為了滿足三種不同類型的消費者的需要而存在的，包括觀眾消費者、參與型消費者和贊助商消費者。

1. 觀眾消費者

如果說體育賽事是體育產業的心臟，那麼觀眾就是保持心臟跳動的血液。觀眾是指從觀看體育賽事中獲得利益的消費者。觀眾消費者分為個體觀眾消費者和團體觀眾消費者。觀眾通過兩種途徑觀看體育賽事，即現場觀看比賽或者通過許多體育宣傳媒體中的一種方式去感受比賽。現代的宣傳媒體包含的不僅是動態的電視賽事轉播、賽事舉辦方的各種公關活動，還包含了與賽事相關的媒體平面、電視、網路廣告、各個城市網點的體育賽事紀念品銷售等與賽事相關的媒介。兩種觀眾消費者和兩種觀看途徑將賽事的觀眾消費者分為了四個不同的消費群體。

2. 參與型消費者

參與型消費者可分為無組織的體育消費者和有組織的體育消費者，或者分為業餘體育活動參與者和職業體育賽事參與者。其中，包括了職業運動員、業餘運動員、在校學生、某項體育活動的愛好者等。這些參與型消費者的體育活動市場是巨大的，在中國全民健身運動計劃實施以來，越來越多的人參與到體育運動中來，體育市場的經營者有很多機會去滿足消費者的需要。同時，這也給作為製造商和仲介的生產體育產品的體育贊助商提供了機會去滿足這些消費者的需要。

3. 贊助商消費者

在體育贊助中，贊助商消費者是用錢、產品實物或服務作為交換，以獲得體育賽事的相關權益。賽事權益所有者、觀眾和贊助商之間的關係構成了體育贊助的三角關係。「賽事三角」的基礎是賽事權益所有者、觀眾和贊助商能夠三者相互依託、相互依靠來獲得成功。三方的密切合作使價值最大化，包括贊助商的贊助價值最大化、體育曝光最大化、觀眾從中獲利最大化。獲取對觀眾的影響力是贊助商消費者

投資體育賽事最主要的無形資產之一。所以說，贊助商消費者不僅從橫向上和體育賽事有顯而易見的關係，從縱向來說，在體育消費者內部，贊助商消費者同其他體育消費者也有千絲萬縷的聯繫。

(三) 體育平臺的利用策略

體育組織與企業合作，追求的是互利雙贏的結果。企業通過商業贊助的方式為體育組織提供經濟支持，而體育組織為企業提供了一個良好的宣傳平臺，體育組織對體育平臺的各個構件進行包裝和推廣，為企業提供展示自己、進行市場營銷的舞臺，在這一過程中，雙方共同把握住了發展的契機。

在體育組織經紀活動中，體育經紀人需要明確以下幾點：

1. 企業的核心推廣對象和推廣目標

企業在利用體育平臺進行市場營銷的過程中，核心的推廣對象主要包括宣傳企業本身，宣傳企業的產品、品牌。企業要實現的主要目標包括提高企業知名度和企業形象、拓寬流通渠道、拓展市場以及在消費者、經銷商與雇員之間建立密切的聯繫。

2. 體育平臺的現狀評估

體育組織所提供的平臺能否適應企業的推廣要求？能否達到企業的推廣目標？體育組織需要通過怎樣的努力以達成合作目標？這些都必須經過系統完善的體育平臺現狀評估，才能提出這些問題的解決方案。體育經紀人也必須準確瞭解自己所掌握的體育平臺受觀眾喜愛的程度，體育平臺的組織水平與競技水平，人、財、物信息等管理要素的情況，體育平臺本身存在的問題等信息，對可能出現的問題及早提出應對措施，盡早解決。只有評估結果客觀、準確，體育平臺才能吸引企業的注意，才有可能獲得企業的經濟支持。

三、企業溝通策略

(一) 支持可能性分析

明確了體育平臺的現狀和企業的推廣目標以後，接下來的工作就是結合這兩個方面的信息，分析確定哪些企業能夠成為該體育平臺的潛在支持者。在選擇這些潛在企業的過程中，最重要的是盡可能地瞭解企業的市場營銷與推廣需求，對企業的市場營銷與推廣需求瞭解得越詳盡，成功的可能性越大。

在對潛在企業進行分析的基礎上，體育經紀人應當對體育平臺提供支持的企業

心中有數，同時將目標圈定在若干企業中。在確定企業時，應當對體育平臺所具有的開發潛力及所擁有的無形資產進行系統的梳理和分類，在這一分析的基礎上對能夠提供支持的企業進行合理的整合，形成完整合理的資助結構。一般來說，體育賽事是構成體育平臺的最關鍵部分，也是企業最願意投入的部分。因此，通過體育賽事資源進行系統開發、確定資助企業的結構，是體育經紀人需要掌握的最基本的技能。

對體育賽事提供贊助的贊助商包括獨家贊助商、主贊助商、次贊助商、供應商、特許權經營商等。不同類型的企業經營夥伴對體育賽事提供的經費和服務的支持水平不同，它們享受的權利也不相同。

（二）溝通企業，獲取支持

這一環節是體育經紀人開發體育經紀平臺工作的關鍵環節。在這一環節中，誠懇隨和的態度、專業的設計方案十分重要。其中的核心是對體育平臺能夠給企業提供的資源必須進行準確詳盡的描述，應當使企業充分瞭解到其投入所能獲得的收益，這直接關係到協議的達成與否。

（三）體育組織與企業合作方案的設計

體育組織與企業合作方案的設計過程是一個各種資源的整合過程，這些資源包括體育平臺所擁有的電視轉播權、體育賽事標誌、體育賽事冠名權、體育場館冠名權、體育組織、運動隊、體育賽事的名稱、標誌等，以及企業所擁有的品牌、產品、企業形象等。合作方案的第一前提是互利雙贏，其內容主要包括合作方式和各種權利的使用方式；在設計方案中，體育經紀人需要考慮以下問題：贊助地位、贊助費、冠名權、電視報導、公共關係及媒體宣傳、體育賽事標誌的使用、廣告權、運動員安排、現場銷售推廣、法律責任和未來選擇等。

（四）合作方案的實施過程中的策略和戰略

策略性是指根據市場形勢變化而制訂的可供選擇的方案。策略性的根本在於權變性及信息的整合性、目標的預見性、方式的靈活性。策略與戰略是局部和整體的關係，體育贊助是一個連續的過程，因此局部的策略要符合整體的戰略，並且融入其中。策略性同樣要求具有一定的預見性。策略性的本質要求贊助商及時準確地掌握策劃對象、策劃資源以及策劃環境條件的變化狀況，依據營銷策劃的戰略目的，隨時調整和修正策劃方案。

現代市場中，營銷環境是企業不可控製的因素，市場隨時在波動變化著，一場

場激烈的競爭也正在演繹著，策略可以理解為實現目標的方案集合，企業營銷策劃和行動方案必須適應這些環境的變化。只有這樣，企業才能在瞬息萬變的市場環境中立足、獲勝。體育賽事的贊助企業需要能夠在整個賽事贊助的週期運用策略擺脫競爭對手的埋伏營銷，改善合作夥伴之間的商業關係，獲得社會公益宣傳最大化效果，利用產品和服務改善公眾感情；同時，作為體育賽事這一體育產品的消費者，企業要運用策略與賽事權益組織方爭取賽事相關權益和賽事資源的使用，有關賽事門票、賽事招待、賽事紀念品的在贊助商間的分配，通過賽事組織方對競爭對手的體育營銷進行法律上的維權。

（五）合作的落實

設計和制訂了體育組織與企業進行合作的方案以後，體育經紀人下一個實質性的工作就是盡力促成方案的落實和實施。其內容包括制定詳盡的活動時間表，落實有關活動，採取合適的營銷方法達成營銷目標，最后進行合作效果的評估，即評估向體育平臺提供支持的企業的投入回報如何，主要瞭解企業形象的提升、媒體的相關報導等情況。此外，體育經紀人還需要瞭解活動結束後企業產品的銷售額度變化等情況，進行活動與銷售額的相關性分析，供以後參考。

案例一

中國移動贊助奧運會及相關體育賽事贊助案例分析

中國移動通信集團公司（簡稱中國移動）於2000年4月20日成立，截至2008年9月30日，資產規模超過8,000億元人民幣，擁有全球第一的網路和客戶規模。目前，中國移動是中國在境外上市公司中市值最高的公司之一，也是全球市值最高的通信公司。中國移動主要經營移動話音、數據、電話和多媒體業務，並具有計算機互聯網國際聯網單位經營權和國際出入口局業務經營權。除提供基本話音業務外，其還提供傳真、數據、電話等多種增值業務，擁有「全球通」「神州行」「動感地帶」等著名客戶品牌。

中國移動作為中國國有控股的大型企業，在中國企業贊助體育賽事的企業群體中，具有很強的代表性。在北京年奧運會的11個合作夥伴企業中，8家中國企業均為國有大型企業，即中國移動、中國銀行、中國石油、中國石化、國家電網、中國國際航空公司、中國網通和中國人保財險。北京年奧運會贊助商的名單中，一半的

中國企業是國有控股企業，由此可見在奧運會的贊助經費中，中國國有大型企業的貢獻可見一斑。對比雅典奧運會的國內和國際贊助商的比例及總數可以發現，北京奧運會各級贊助商超過60家，除去國際奧委會的頂級合作夥伴，北京奧組委仍然有50餘家贊助商，其中一個鮮明的現象就是國內企業的數量占據大半。2004年雅典奧運會組委會的贊助計劃中三類贊助商的總數不超過40個，而最終只有不到20家，其中國際企業占據多數。北京奧運會和雅典奧運會在贊助商國際化上的差異十分明顯。

一、中國移動贊助奧運會的策略選擇

作為北京奧運會的合作夥伴，2004年7月，中國移動正式簽約成為北京奧運會移動通信服務合作夥伴。這是歷屆奧運會中首次出現的移動通信奧運贊助夥伴。以往在悉尼奧運會、亞特蘭大奧運會等所有的奧運會，移動與固網通信仍然作為同一個贊助類別，通信服務的合作夥伴都只是一家固網營運商。北京奧運會，通信服務合作夥伴首次將移動網路和固定網路服務分開，前者是中國移動，后者是中國網通。

在備戰奧運的四年中，中國移動鄭重提出奧運承諾「最先進的技術，最周到的服務，最豐富的業務」。2006年，中國移動設立專門的奧運部門——奧運辦公室，對奧運工作提出六大目標：一是借助奧運契機，弘揚社會責任，增強品牌美譽度；二是強化網路支撐，展現移動信息專家形象；三是利用奧運品牌，推進國際營銷，提高海外知曉度；四是抓住奧運商機，轉權益為效益，拉動收入增長；五是倡導奧運精神，強化內部激勵，塑造優秀的企業文化；六是打造新產品，增強差異化感知，提升業務服務水平。中國移動為了備戰奧運會，在成為第十屆全運會贊助商之后，就開始以第十屆全運會的體育營銷作為奧運營銷的演練和市場預熱，開展了一系列的體育營銷活動，為奧運的體育營銷和奧運賽事服務做好了準備。

中國移動成功完成了北京奧運會開幕式和閉幕式的高難度通信保障任務。同時，中國移動測試開通珠峰海拔6,500米世界最高基站，並首次在奧運火炬傳遞車隊中出現移動通信車，完成火炬傳遞全程的通信保障任務。在北京，為保障奧運的成功舉行，中國移動組織完成了46個場館的網路建設和優化任務，總計投入了4,800人實施現場通信保障，設計了81項工作流程，更新了95類維護作業計劃，編制了596項奧運應急方案，組織了841項應急演練，成功打造出一張精品奧運網路。

2008年8月，中國移動奧運公園展示體驗中心——「分享空間」正式開館營運。中國移動「分享空間」是集娛樂、互動、體驗為一體的綜合性展廳。「分享空

間」以「你的分享、世界的共享」為主題，依託即拍即傳等先進的移動通信技術，以「視頻」「音樂」與「文化」三大內容板塊，融合了雕塑造型藝術、攝影藝術、多媒體演出、視頻傳播、無線音樂等繽紛多彩的新奇元素，帶領全世界的友人投入到「分享奧運之美」「分享傳統文化」的歡樂體驗中。在中國移動奧運公園的「分享時空」體驗中心的建築上，出現了中國移動動感地帶的代言人周杰倫在電影《大灌籃》中的人像，周杰倫手持籃球，給在奧運公園中的遊客們留下了中國移動和體育運動聯姻的深刻印象。

中國移動舉辦了如「科技奧運，自在移動」「我的移動奧運」以及為配合奧運聖火傳遞向全國手機客戶推出「電子火種」圖片傳遞活動等。其為助威奧運火炬傳遞所製作的面積達5,000平方米的巨幅國旗更創贊助商之最，成為火炬傳遞中一道吸引人的風景。

中國移動的奧運贊助策略總體上以突出企業社會責任為主要贊助策略，同時兼顧企業品牌和產品的奧營運銷。企業的贊助目標明確，在贊助策略的選擇上做到了創新性和操作性相結合，是一次較為成功的體育賽事的贊助營銷策略設計。

二、中國移動贊助奧運會的效果分析

在所有奧運贊助商中，中國移動的賽事贊助效果在所有國有控股企業的表現中比較突出。中國移動的企業價值理念是「正德厚生，臻於至善」，強調服務社會的責任意識。贊助北京奧運會無疑是中國移動借助奧運契機，弘揚社會責任的最佳途徑。中國移動通過向奧運會提供完備的網路技術支持，為確保奧運賽事期間的通信穩定，從基礎網路建設、網路運行質量提升以及應急通信保障等方面進行周密安排和認真準備，確保奧運通信工作萬無一失，成功地向國內外展示了其移動信息專家的形象。

根據2008年8月27日中國移動在香港發布的2008年中期業績財報顯示：截至2008年6月30日，中國移動各項營業收入合計1,965億元人民幣，同比增長17.9%，用戶總數達到4.15億人，2008年上半年用戶淨增4,525萬人。可見，中國移動這次贊助奧運會的營銷策略在短期內十分成功。中國移動的奧營運銷的整體效果離不開其連續不斷的奧營運銷，正是像中國移動這樣的奧營運銷活動的相繼推出，不但掀起了一股股奧運熱潮，為中國移動的奧營運銷錦上添花，更重要的是中國移動真正擔負起了一個奧運贊助企業傳播奧運知識、推廣奧運精神的使命，契合了中國移動的企業文化和品牌價值。

案例二

NBA 的全球化戰略

NBA 是美國男子職業籃球聯賽（National Basketball Association）的簡稱，作為美國四大職業體育組織——棒球聯盟、橄欖球聯盟、冰球聯盟和籃球聯盟中的「首富」，NBA 年收入超過 40 億美元。雖然不是北美地區觀眾最多的聯賽，但 NBA 卻是世界上最具全球化特徵、影響力最大的職業體育組織，僅 2011 年 2 月的一場全明星賽就有 212 個國家和地區以 42 種語言進行賽事直播，7.5 億個家庭選擇觀看。NBA 今日的輝煌並非與生俱來、毫無波折的。

30 多年前（1984 年），NBA 的市值跌到了 1,550 萬美元，23 支球隊中有 17 支球隊瀕臨破產。「在這個國家所擁有的四大職業聯賽中，我們很可能最先跟 NBA 說再見，因為已經沒什麼人對它感興趣，從事這項目運動的都是一些名譽掃地的傢伙，他們吸毒、鬥毆，簡直無惡不作。」美國著名體育記者唐納德·卡茨當時寫道。也是在這一年，律師出身的紐約人大衛·斯特恩臨危受命，出任 NBA 第四任主席。「他扭轉了一切……」30 多年后唐納德·卡茨寫道。斯特恩是怎樣締造了今日氣勢恢宏的籃球商業帝國呢？

一、以「球星效應」推動聯賽的發展

身為球場上的主角，球星的出場能瞬間點燃球迷的激情，讓比賽更加精彩與熱烈，並且美國崇尚個人主義精神，一個球星的名氣往往能夠提高一支球隊的地位，會帶動球隊其他相關產品的銷售。因此，創造個人明星品牌對整個聯盟和球隊的宣傳是極有必要的。NBA 是一個創造球星的工廠，在 60 多年的時間裡，創造出了上百名巨星。可以說，對球星的包裝與打造，NBA 在世界籃球聯盟領域中是做得最優秀的。斯特恩曾經說過：「如果沒有天才，籃球將一事無成。」

斯特恩上臺時正值湖人隊和凱爾特人隊爭霸天下，兩支球隊各有一名巨星——「魔術師」約翰遜和「大鳥」伯德。斯特恩將這一黑一白兩大傳奇巨星作為聯盟的形象推向市場，無數球迷因為喜歡球星從而喜歡上了 NBA。20 世紀 90 年代，「魔術師」和「大鳥」相繼退役，正巧喬丹橫空出世彌補了空缺，於是斯特恩以喬丹作為主打球星在全世界推廣 NBA。這一策略再次收到奇效，喬丹迷人的笑容、經典的吐舌頭動作和神話般的技術徵服了全世界的球迷，甚至包括其他國家的籃球球員，使

得NBA成為真正國際化的聯賽。喬丹退役后，斯特恩又開始尋找新的代言人，奧尼爾、科比、艾弗森、加內特、麥克格雷迪、姚明等人，都是NBA新的人選。最直觀的例子就是自2002—2003賽季姚明加盟火箭隊后，火箭隊的市值就一路飆升，從2.55億美元直線上升到了2005年度的4.22億美元，並且后續價值還在不斷地攀升，而詹姆斯、庫里等新星的出現，也都給各自的球隊帶來了市值的大幅增長。

二、全球化推廣

(一) 全球招募優秀球員

為了打造成國際性、全球性的知名品牌，NBA每年通過不斷引進世界各國的一些優秀球員來進行自身品牌的宣傳與推廣，其中囊括歐洲、亞洲、非洲等的一些地區。而伴隨著外籍球員的不斷增多，NBA在全球的球迷也在逐年增加，這成為NBA走向國際市場發展的重要一步。在中國，從王治郅到姚明再到易建聯、周琦，NBA給中國球迷的影響力已經超越了歷史。NBA沒引進中國球員之前，中國球迷對NBA的熟悉程度和熱愛程度沒有現在這樣高，隨著王治郅、姚明的加盟，NBA球隊在中國球迷心中的形象飛速上升。因為中國球員的加盟，新聞媒體對NBA的報導不斷增多，並且派記者駐扎NBA所在的各個城市，NBA的相關報導也在體育新聞裡佔有重要的位置。NBA把招募中國球員作為推廣中國市場戰略最重要的一步，並獲得了成功，這不僅在中國掀起了NBA浪潮，更為NBA打造亞洲市場鋪平了道路。

(二) 開展多樣化的國際性籃球賽事

NBA在20世紀90年代初精心設計了一套「培植計劃」，並且成立了海外推廣機構。20世紀90年代初期，NBA開始在歐洲各地舉辦表演賽。從1993年開始，NBA與耐克公司簽訂了協議，每年在歐洲多個城市舉辦「籃球巡迴賽」，城市多達28個。這些城市有上千支球隊報名參賽，有近萬名運動員出場作戰。「培植計劃」非常成功，使NBA品牌的知名度和籃球的魅力傳播得非常快，讓每個熱愛籃球的球迷都有了一個籃球夢，渴望成為像喬丹、皮蓬、約翰遜那樣的巨星，讓全世界的球迷體會到NBA給他們帶來的刺激和興奮。NBA為把「培植計劃」不斷推向全球，每年會在世界各地舉行季前賽，給球迷現場觀看巨星比賽的機會。從在日本舉辦第一場季前賽之後，NBA又先後在巴西、法國、英國、澳大利亞、加拿大、中國等國家和地區都舉辦了季前賽。為了讓國外觀眾現場觀看NBA的比賽，NBA不惜花費巨資將NBA的球場器材空運到國外。不論在任何國家進行比賽，NBA都能使當地的球市變得火爆，點燃球迷的激情。這些措施也讓NBA在全球培養的球迷逐年增

加，極大地提高了 NBA 在海外市場的影響。

（三）全方位國際媒體報導

在努力讓更多球迷親身體驗 NBA 的同時，NBA 也在不斷地擴大其全球電視轉播網路，讓世界更多地方的球迷能夠從電視上欣賞到 NBA 的精彩賽事。而 NBA 能夠有今天的成就，很大程度上是因為各種媒體的傳播。

就拿中國市場來說，1989 年，斯特恩首次來中國與中央電視臺治談轉播 NBA 比賽。那一年，中央電視臺沒有人知道斯特恩的來意和重要性，接待人按照接待外賓的制度，經過逐級申報審批見到斯特恩時，斯特恩已經在春寒中瑟瑟地等了一個多小時。隨後，斯特恩耐心地解釋 NBA 是什麼、轉播可以不收費等，直到中央電視臺同意轉播。神奇的是，1998 年以前 NBA 基本上是免費贈送節目內容和信號、自掏腰包請中央電視臺的轉播小組現場直播全明星賽和總決賽，而到了 2015 年，騰訊公司為買下 NBA 未來五個賽季的網路獨家直播權，付出了高達 5 億美元（約合 31.2 億元人民幣）的代價。可見這種看似賠本的買賣，為 NBA 在世界人口最多的國家打下了深厚的球迷基礎，從而為其后續的發展積攢了足夠的資本。

此外，NBA 還建立了自己的新聞網站、與其他國家合作建立各國語言的 NBA 網站，迅速占領了網路市場。在成功創建官方網站之後，NBA 又根據現有的資源，創辦網路直播電視「NBA TV」，而這也正是 NBA 在媒體方面成為領導品牌的原因。

三、市場合作夥伴的拓展

眾所周知，耐克公司剛開始只是一家小型的球鞋公司，發展一般。在喬丹進入 NBA 的第三年，耐克公司看上了這個未來可能會有發展的球員，同時斯特恩也鼓勵喬丹與耐克公司簽約。同年，耐克公司專門為喬丹推出了一款系列鞋，命名為飛人鞋。正是這一舉動，加上喬丹后來慢慢積攢起來的名氣，讓這款飛人鞋大為暢銷，火遍全世界。這不僅救了耐克公司，同時也給 NBA 和邁克爾喬丹帶來了巨額的利益，這就是在體育界最經典的「NBA－喬丹－耐克」市場夥伴關係。

體育明星成為贊助公司的代言人時，會大量宣傳此類商品，購買此類商品有機會能讓消費者與明星的距離拉近。先進的體育界中有一條定律：對於贊助商有價值的事情，對整個聯賽也同樣有價值。因此，NBA 把贊助商和市場合作夥伴認定為打入當今世界市場不能缺少的一個重要因素，並最終獲得了成功。

NBA 贊助的方式各不相同，有贊助聯盟的、贊助各球隊的、贊助一次活動的等。NBA 有專業的部門，在與重要的贊助公司合作時，會更好地利用球員和球場，

使其發揮出充分的廣告宣傳作用。在 2015—2016 年賽季中，NBA 中國賽的贊助商達到了 16 個，創下了中國賽的歷史新高。而中國賽能吸引創造歷史新高數量的贊助商，正是因為隨著 NBA 在中國市場的不斷推廣，中國的球迷群體日益龐大（2014 賽季僅通過電視觀看 NBA 比賽的就有約 6.9 億人次），所以廣泛的受眾群體吸引著贊助商蜂擁而至。

目前，NBA 擁有 30 多家國際化、實力雄厚的贊助商，大多是世界 500 強企業。例如，耐克——2015 年夏天 NBA 與耐克簽了一份為期 8 年、價值超過 10 億美元的球衣贊助合同，而此前 NBA 與阿迪達斯的合約是為期 11 年、4 億美元。

四、開發 NBA 標誌性產品

NBA 不僅有贊助商來幫忙宣傳，同時也開創了屬於自己的品牌。斯特恩認為，光靠贊助帶來的效益是遠遠不夠的，所以他把 NBA 推向了市場，利用 NBA 商標的影響力，廣泛開發屬於自己的增值產品。例如，NBAE（NBA 娛樂公司）、NBA World TV（NBA 世界電視）、NBA TV（NBA 電視）、NBA Tape/DVD（NBA 錄像帶/光盤）、NBA Music（NBA 音樂）等。目前，在運動產品、籃球服務和娛樂產業等領域中，NBA 已在全球範圍內註冊了上萬個商標，發行了各式各樣的增值產品，從機械設備到球鞋背包，還包括餐飲、玩具、紀念品、比賽光盤、音樂、多媒體產品等。NBA 對世界上超過 100 個國家和地區的球迷出售 NBA 增值產品。同時，NBA 還創辦了有線電視、官方網站、購物城、專屬大巴、餐廳等。

五、打造良好的組織品牌形象

（一）開展公益活動

NBA 在一年當中的幾個重大節日都會推出球員公益活動，如兒童節、聖誕節、萬聖節等，球員會在各個球隊的城市舉辦公益活動，為當地的兒童進行籃球教育以及發放 NBA 禮物，這種公益活動深入了大家的心中，對 NBA 的好感也持續上升。

以中國為例，NBA 策劃了一系列關注弱者的活動。一些 NBA 球星陪伴愛滋病兒童體驗大學生活並與他們溝通交流，進而減少他們的心理障礙，幫助他們走出愛滋病的陰影。同時，一些球星攜手當地媒體和農民工子弟一起回憶童年，出資興建學習中心。這些活動使 NBA 在中國樹立了良好的形象，吸納了新一批的中國球迷。

（二）注重每一場比賽的質量與效果

NBA 在舉辦籃球活動時，也是在推廣自己的品牌，球迷的反饋意見對於 NBA 來說是重中之重的事，因此為了比賽的質量與效果，NBA 注重賽場的每一個細節，

並且通過設置和調整各種規則，來保證呈獻給觀眾的是一場高質量的、精彩的比賽。例如，NBA的工資帽制度和選秀制度就是為了保證聯盟各隊實力的均衡，從而保證比賽的激烈程度與精彩程度而設置的。NBA比賽中暫停很多，為避免觀眾產生抵抗心理，NBA每支球隊會組建啦啦隊，進行場上氛圍管理。

六、結語

近20年來，由於美國國內各職業聯賽發展都很迅速，棒球聯賽、職業橄欖球聯賽和職業冰球聯賽都搞得如火如荼，同時一直興盛不衰的大學聯賽這幾年也有超過職業聯賽的勢頭。NBA及時地調整戰略，將眼光放到國際市場。在國際化道路上，斯特恩通過實施海外市場營銷策略使NBA成為國際上最知名的美國體育聯賽。如今，NBA已經基本完成了針對全球重要市場的佈局，把自己的聯賽推廣成為最有國際知名度的聯賽。在提高聯賽聲譽的同時，NBA也大幅度地增加聯賽的利潤和資產，並使NBA成為一種影響全球的商業活動。

課后思考題

1. 體育組織包括哪些類別？
2. 體育組織經濟的內容是什麼？
3. 體育組織中無形資產的特徵是什麼？
4. 構建體育平臺所面對的有哪些資源？
5. 體育組織中無形資產的價值是什麼？

第六章
體育保險經紀

DILIUZHANG

第一節　體育保險概述

一、體育保險的基本概念

保險指的是保險人和被保險人按約定的條件或按給定的費率，通常對有可能發生的事件（如死亡、水災、火災、事故或疾病）所引起的被保險人的損失或破壞提供補償的一種業務。而體育保險則專指體育保險人收取一定的保險費從而承擔相應體育風險的制度。

現階段，中國每年有約 4 億經常運動人群，60 多萬體育從業人員，10 多萬專業運動員以及 600 餘場納入國家體育總局計劃的大型賽事。若以經常運動人群年人均體育投保 20 元、從業人員年人均投保 2,000 元，專業運動員年人均投保 1 萬元，大型賽事場均投保 100 萬元計算，體育保險潛在規模將超百億元。

二、體育保險的產生

（一）體育運動風險的不可避免性

無風險則無保險，無體育風險則無體育保險。體育風險的客觀存在是體育保險產生的前提。運動員可能遭受各種職業病和運動過程中的意外傷害；體育賽事容易受到經濟政治格局的變動、不規範競爭甚至恐怖主義等因素造成的影響。這些風險會給體育組織及體育運動參與者帶來人身的或經濟利益的損害。

體育風險具有以下三個基本特點：

（1）體育風險存在的客觀性，即體育運動中的意外事故是不以人的意志為轉移的，獨立於人的意識之外的客觀存在，人們只能在一定的時間和空間內改變這種風險存在和發生的條件，降低風險發生的頻率和損失幅度，但無法徹底消除這種風險。

（2）體育風險存在的普遍性，即隨著體育運動的普及與深入，體育風險的類型越來越多，風險的不可預知性越來越大，風險造成的損失越來越大，現今的體育風險已不僅僅是自然風險，更多的是政治風險、社會風險、技術風險、經濟風險和道德風險。

（3）體育風險發生的必然性，即個別體育風險的發生具有偶然性，而大量個別

風險則導致了體育風險發生的必然性。

（二）體育運動風險的可測定性

個別體育項目風險事故的發生是偶然的，而大量體育風險事故的發生往往呈明顯的規律性。運用統計方法去處理大量相互獨立的偶發體育風險事故，其結果可以比較正確地反映體育風險的規律性，利用概率論和數理統計方法可以測算出體育風險事故發生的概率及損失幅度，並構造出損失分佈的模型，成為體育風險估測的基礎。

就宏觀整體來講，體育風險具有發生的必然性；就微觀個體而言，體育風險具有發生的偶然性。因此，體育風險就是這種必然性和偶然性的統一體。體育風險的發生直接影響運動隊、運動員和體育活動參與者的正常的體育活動過程及家庭正常生活，因而產生了人們對損失進行補償的需要。

體育保險正是在具備了體育運動風險的不可避免性和可測定性兩個因素的前提下產生的。體育保險產業的發展能夠有效地保護相關體育組織、運動員以及普通鍛煉者的利益，從而促進各種體育活動的順利進行。隨著體育保險市場的逐漸擴大，體育保險產業也成了體育產業舉足輕重的組成部分。

三、體育保險市場的構成因素

成熟、完整的體育保險市場應包含投保人、保險人和仲介人三大主體。

（一）投保人

投保人即體育保險市場中的買方，包括法人和自然人，如個人、社會團體、政府機構等。

（二）保險人

保險人即體育保險市場的賣方，是指依據合同規定，享有收取保費的權利，並向被保險方承擔賠償損失或給付保險金義務的一方。

（三）仲介人

仲介人主要是指體育保險經紀人，包括一般體育保險經紀人、體育再保險經紀人和體育保險代理人。此外，還有律師事務所、同業協會等多種形式。

一般體育保險經紀人是指代表被保險人在體育保險市場上選擇保險人或保險組合，同保險方洽談保險合同條款並代辦保險手續的經紀人。保險經紀人向保險公司收取佣金，從保險人的角度看，與經紀人直接交易，能節省時間、節約資金、提高

效率。體育再保險經紀人是指專門從事將某一保險公司的再保險業務介紹給其他保險人，並從中收取一定費用的仲介人。體育保險代理人是指保險人的代理人，他根據保險合同或授權書向保險人收取報酬，並在規定的授權範圍內以保險人的名義代理保險業務。

四、體育保險的分類

體育保險是隨著體育運動的發展而誕生的一塊保險細分市場，體育運動中潛在的風險可以通過體育保險得到有效化解。作為一個以體育活動為依託的綜合保障計劃，體育保險範圍涵蓋財產險、責任險、意外險等不同方面，涉及壽險、財產險、責任險、再保險等領域。

從需求方面看，體育保險大致可以分為兩類：一類是運動員保險，即為運動員提供的適合專項體育項目及其訓練情況的保險，也即運動員傷殘保險；另一類是體育產業保險，主要為體育賽事參加者的安全保險和體育設施裝備及體育場館保險。

從其實際經營來看，體育保險又可分為責任保險、人身意外傷害保險、重大賽事的保險和體育運動保險。

（一）責任保險

責任保險是指以被保險人的民事損害賠償為保險對象的保險。凡是根據法律規定被保險人應對其他人的損害負有經濟賠償責任的，均由保險人承擔補償責任。這種保險在西方發達國家體育保險的門類中佔有重要地位，具體可以分為以下四種：

1. 公共責任險

公共責任險主要承包各種體育場館設施在進行比賽、訓練和其他活動中，由於意外事件而造成第三者人身傷害或財產損失依法應由被保險人承擔的各種經濟賠償責任。

2. 產品責任險

產品責任險主要承保由於體育用品的製造商、銷售商或修理商因其製造、銷售和修理的產品具有缺陷，致使用戶和消費者遭到人身傷害或財產損失，依法應由製造商、銷售商或修理商承擔的經濟賠償責任。西方國家的保險法一般都規定體育用品責任險的賠償責任，其事故發生必須是在用戶（或消費者）所在的場合以及由有關體育組織認可的體育比賽和訓練的場合，並為製造商不能預料而且是偶然發生時才能成立。索賠人在索賠時必須舉證其損害是由產品直接引起的。

3. 雇主責任險

雇主責任險主要承保雇主因雇用人在受雇期間遭到人身損害而根據勞工法或雇用合同應承擔的經濟賠償責任。

4. 職業責任險

職業責任險主要承保各類體育專業人員（如教練員、社會體育指導員、體育教師、運動醫學專業人員等）因工作上的疏忽或過失致使他人遭受損害的經濟賠償責任。如日本規定日本體育協會承認的社會體育指導員（包括競技項目的教練員、體育保健醫生、體育節目製作者）在體育運動中發生事故（特別是人身事故），或他人在體育運動中發生事故，而指導員對其負有行政責任、刑事責任或民事責任，應向對方賠償損失時，對指導員給予賠付。

(二) 人身意外傷害保險

人身意外傷害保險是指在體育活動中由於遭受不可預知的意外傷害而直接引起人身傷害時，由保險人提供給付的一個險種。體育活動中遭受人身傷害時，保險人提供的經濟賠償形式一般包括：死亡時支付身故保險金，致殘時支付部分或全部保險金、醫療費用、日常津貼、復學費用等。在西方發達國家體育人身傷害保險中，醫療費用的償付、支付日常津貼是兩個主要的保險支出項目，約占體育保險總支出的80%～90%，尤以醫療費最為重要。然而，體育的醫療保險並不等同於一般的醫療保險。此外，人身傷害保險對待一般的參加體育活動者和對待職業運動員是不一樣的。一般人員必須是在參加體育活動中，受到傷害才能得到賠償，而職業運動員則在任何時候受到人身傷害都會得到賠償。

(三) 重大賽事的保險

重大賽事的保險在西方發達國家的體育保險業中佔有重要的地位。大型賽事的保險在性質上屬於責任保險，但由於現代體育的發展，體育賽事的規模越來越大，它對舉辦國或地區在政治、經濟與文化上的影響是深入和持久的。因此，重大賽事的保險又與一般的責任保險有著一定的區別。重大賽事的保險的險種一般包括：

1. 財務風險保險

在賽事部分或全部取消，或由於利率或匯率（如長野冬奧會由於亞洲金融危機的影響使日本組委會損失了預算的30%）發生變化而給組委會帶來經濟損失時，保險公司將向賽事組委會給予賠付。

2. 運作風險保險

在由於自然災害、火災、建築物損壞、運動設施損壞、利潤損失以及不法分子的盜竊、詐欺和其他惡意破壞而給組委會帶來的經濟損失時給予賠付。

3. 法人責任險

根據法律規定、協議及舉辦賽事的要求，組委會應承擔的責任險，包括合同險、工傷事故保險、觀眾保險、志願者保險等。

4. 經營保險

經營保險包括運輸保險、違約責任保險、車輛保險、工作失誤保險、服務不完善保險等。

5. 環境損壞保險

環境損壞保險包括對自然環境如空氣、水、土壤等損壞的保險，以及對考古遺址及其他文物損壞的保險等。

在設計重大賽事保險方案時，還應考慮到各種風險在歷史上發生的頻率，這也是盡量降低保額，爭取賽事主辦者認可的重要因素之一。

(四) 體育運動保險

1. 體育自然保險

體育自然保險主要針對運動員在體育運動過程中可能由於自然現象或者意外事故而導致運動能力損失或者傷亡而設立的。另外，對體育設施、資源以及運動器材的損壞也有涉及。

2. 體育社會保險

體育社會風險是由於社會政策、體育組織管理措施或運動員個人素質等過失、疏忽、僥幸、惡意等不當行為所致的損害風險。如職業球員與俱樂部之間的勞資糾紛、著名運動員退役引起的經濟動盪等。其中，運動員退役與轉業問題是中國體育保險產生的最主要原因之一。

3. 體育經濟保險

體育經濟保險是指體育組織或運動員在經營過程或競賽活動中，由於有關因素變動或估計錯誤而導致利益受損的風險。如近年來中國保齡球館和溜冰場等體育場所迅速由盛轉衰導致經營者的損失等。

4. 體育政治保險

體育政治保險是指由於政治原因，如政局變化、法規更替、戰爭衝突等引起社

會動盪而造成體育損害的風險。

5. 體育技術保險

體育技術保險是指伴隨著科學技術的發展，生產方式的改變而發生的風險。如跑鞋的變革、革新賽道材料的研發、計時器的進步對運動員成績的影響等保險。

五、中國體育保險險種的分類

由於中國還沒有單獨的體育保險險種業務，借鑑國內其他保險業務的劃分及國外體育保險業務的類別特點，體育保險的分類大致如下：

（一）按實施方式分類

按體育保險的實施方式分類，可以將體育保險分為強制體育保險和自願體育保險。

1. 強制體育保險

強制體育保險一般是法定體育保險，是以國家法律法規或條例形式強制實施的體育保險。發達國家普遍規定，各級體育組織必須為運動員、教練員、工作人員、志願者和現場觀眾辦理保險業務。國家體育總局也已明確要求各級體育組織必須為參加國家級體育比賽的運動員投保不低於 20 萬元人民幣的人身意外保險。如國家體育總局向太平洋保險公司投保了參加第 27 屆奧運會的中國體育代表團及隨團官員和記者的人身意外傷害險和隨身財產險，總保額達 1.6 億元。該保險協議規定，太平洋保險公司將提供中國奧運代表團全體成員在奧運會期間因意外造成的人身傷害保險，每人保險額為 30 萬元，同時該公司還提供全體運動員在奧運會期間因意外造成的財產丟失或損害保險，每人保險額為 5 萬元。

2. 自願體育保險

自願體育保險是投保人與保險人自願簽訂體育保險合同而形成的保險關係，投保人根據自己的實際需要和承擔保險費的能力決定是否參加體育保險，以及選擇何種保險和確定多大保額。保險人則根據投保人的情況以及投保的險種，決定是否接受投保和接受多大責任的體育保險。國外的體育組織對大眾體育活動參與者多採取建議的方式，告知簽訂體育保險的好處，並向他們推薦多種保險方式以供選擇。中國的業餘體育比賽一般都採用參賽運動員自願保險或運動員所在單位代為保險的原則。

(二) 按保險政策分類

按體育保險的政策分類，可以將體育保險分為社會體育保險和商業體育保險。

1. 社會體育保險

社會體育保險是指社會通過立法，採取強制手段對國民收入進行分配和再分配，形成一種專門的消費基金，當勞動者暫時或永遠喪失勞動能力或失去工作機會時，在物質上給予社會幫助以保障其基本生活的制度。中國的社會體育保險主要有運動員工傷保險、失業保險、生育保險、養老保險、死亡保險等。

2. 商業體育保險

商業體育保險是指採用商業化經營的原則，保險人收取投保人的體育保險費建立體育保險基金，並實施對投保人的體育財產損失或人身傷亡給予經濟補償的一種社會后備制度。體育保險基金是用於保險賠償和給付的專項貨幣基金，具有來源的分散性、廣泛性、返還性、專項性和增值性等特點。發達國家的體育保險基金主要來源於保險公司的開業資金和保險費收入；中國現階段的體育保險基金主要來源於國家的專項撥款、企業贊助和個人捐贈。

隨著商業體育保險制度的完善，體育保險基金必須保值增值，這就派生了保險投資的職能。補償損失的職能活動是保險人的負債業務，而利用負債業務形成的保險基金進行融資活動則是保險人的資產業務，從國外經驗看，投資是保險公司獲取收益的重要來源。

(三) 按保險標的保障範圍分類

按體育保險標的保障範圍分類，可將體育保險分為體育財產保險、體育人身保險、體育責任保險、體育信用保險和體育保證保險等。

1. 體育財產保險

體育財產保險是以體育設施和財產為保險對象，是對因自然災害或意外事故所造成的物質財產損失實行經濟補償的保險。這些物質形態存在的體育財產損失保險主要有：體育器材保險、家庭財產保險、體育工程保險和運輸工具保險等。

2. 體育人身保險

體育人身保險是以運動員的身體和壽命為保險對象，對被保險人的死亡、傷殘、疾病、喪失勞動力，以及保險期滿由保險人給付保險金的保險，包括運動員人壽保險、健康保險、意外傷害保險等。如馬拉多納就為其雙腿投保了1,000萬美元的傷殘保險。

3. 體育責任保險

體育責任保險是以被保險人的民事損害賠償責任為保險對象，保險人依法或根據合同約定，若被保險人對他人的損害負有民事損害賠償責任的，則由保險人負責賠償的保險。

4. 體育保證保險

體育保證保險是保險人向債權人提供的一種擔保業務，保險人對債權人因被保險人的不法行為或不履行合同而遭受的損失，負經濟賠償責任。體育保證保險有忠誠保證保險、履約保證保險等。義大利 AC 米蘭足球隊曾投保 1999—2000 年度歐洲冠軍杯戰績保障保險。

（四）按風險轉嫁方式分類

按體育風險轉嫁方式分類，可將體育保險分為體育原保險、體育再保險和共同體育保險。

1. 體育原保險

體育原保險是指投保人和保險人之間直接簽訂體育保險合同而結成的保險關係。法國安盛（AXA）保險集團是國際足球聯合會的合作夥伴，多年來一直負責世界杯足球賽的保險事項，兩者間的保險合作關係為體育原保險。

2. 體育再保險

體育再保險是指保險人為避免風險過於集中而造成一次性賠償影響財務穩定，將其所承保的保險業務部分或全部再向另一保險人保險的經濟行為。法國安盛保險集團為規避承包世界杯足球賽的巨大風險，通常與蘇黎世再保險公司簽訂的相關保險合同即為體育再保險。

3. 共同體育保險

共同體育保險是指由若干個保險人共同承包一項綜合體育保險業務，在發生賠償責任時，按照保險人之間的合同約定，各自承擔相應的賠償份額的經濟行為。

第二節　體育保險業

一、西方發達國家的體育保險業

在國際上，特別是西方發達國家，體育產業和保險業發展的程度都較高，體育

第六章　體育保險經紀

保險產業在體育產業中佔有重要的地位，體育保險制度和相關的法律法規較為健全，體育組織、運動員甚至普通民眾都具有較強的體育保險意識，因此體育保險是一項非常完善且專業的商業保險。許多著名運動員不惜為自己的一只手、一只腳甚至是一根手指投下巨額保險；任何體育團體舉行任何體育活動前都必須給運動員和體育官員投保各種有關的人身保險。此外，為運動員和體育官員以外的其他相關人員投保也是重大國際賽事的通行做法。

從供給主體來看，美國、日本、澳大利亞和新西蘭等一些國家的保險企業中既有專門的體育保險公司，又有兼營體育保險業務的保險公司，還有比較發達的仲介組織——保險經紀人，更有專門的體育保險經紀人，極大地促進了體育保險的發展。

在美國，K&K 保險公司和 SO－DA 體育保險公司提供各種體育保險；成立於 1946 年的薩德勒公司（Saddler & Company）在提供體育運動保險和為各種娛樂組織提供保險方面有著豐富的經驗，在全美 50 個州都有業務，除了為小型技術企業提供普通責任險、職業責任險，為貿易訂約人和建築承包商提供普通責任險、工人補償保險、產品責任險之外，還提供各種各樣的體育保險產品，如各種球類項目的保險、體操保險、遊泳保險、武術保險、體育運動責任險、運動員傷殘保險、裁判員保險、帶領啦啦隊保險、健身教練保險、體育賽事保險、天氣保險、體育設備保險以及各種俱樂部保險等；成立於 1997 年的薩普阿思保險公司（Spoas Insurance）是全球體育保險業的重要首席承保人，在北美、西歐都有業務，提供多種多樣的體育保險產品。

德國保險市場上的運動員傷殘保險專門為運動員設計特定的承保條款。例如，在普通意外事故保險中，醫學上確定為十字韌帶斷裂時，保險公司的保險賠付往往根據斷裂程度對人體器官機能的影響進行確定。假設十字韌帶斷裂導致人體器官機能的完全喪失（如截肢），投保人可以得到保險金額的 70%；如果十字韌帶斷裂僅僅導致器官機能 20% 受損，那麼保險賠付也只能是保險金額的 14%（70% 乘以 20%）。相同的例子在運動員傷殘保險中，如果十字韌帶斷裂導致運動員無法繼續參加體育比賽，不管十字韌帶斷裂對器官機能的影響程度怎樣，投保人都可以相應得到保險金額的 100% 的保險賠付。針對競技體育的特點，德國保險市場開發的各類保險產品門類齊全、承保範圍大，許多險種讓人耳目一新。例如，運動員傷殘保險、重大賽事舉辦延誤保險、電視轉播保險、廣告延誤保險、死亡或名譽受損保險、體育場館綜合險、體育法律援助險、董事與高級管理人員責任保險。

英國為體育運動提供的保險項目品種齊全，倫敦是世界體育保險的中心，為體育運動提供的保險項目可以說是應有盡有。無論是體育俱樂部，還是運動員個人，都能得到令人滿意的服務。例如，足球協會可以為全體運動員購買職業團體基本保險，然后再由各俱樂部在此基礎上附加投保因運動員而引起的收入損失，運動員個人也可以購買個人保險，如意外傷害和疾病保險等。對於賽車這種專業性很強的運動，保險公司還開發了不少服務項目，如對正式資格考試、訓練、比賽乃至拉力賽過程中在跑道上發生的起火或意外事故等，都可以提供保障。在此基礎上，還可以投保試車保險，參賽車輛存放和運輸過程的備件、工具及裝置的損失保險等。對橄欖球這類接觸性極強的運動項目，保險公司為運動員因比賽而造成的正常職業收入受損設計了收入損失保險，還有醫療費用及其他損失保險等。此外，俱樂部還可以投保各種責任保險、運動場地保險和其他財產保險、電視廣播收入保險、獎金損失保險，乃至球隊的升級、降級保險等。對於世人矚目的比賽活動，保險項目更是五花八門。

澳大利亞充分認識到風險是體育活動的本質屬性，因而制定了完備的體育保險安排，有代表性的是新南威爾士州議會於1978年通過的《體育損傷保險法案》。該法案要求為體育活動參與者的損傷和疾病提供保險保障。此外，澳大利亞的個人體育保險計劃還為體育組織中的所有成員提供責任險。正是由於這些措施的實施，澳大利亞體育保險中的公共責任險的覆蓋面達到了100%。成立於1986年的澳大利亞Sportscover保險公司，現在是世界上最主要的體育保險承保商之一，其擁有覆蓋全球的經紀人網路，為體育運動提供意外傷害保險、責任險、財產險等各種相關的保險產品。新南威爾士州政府已經設立了一個專門對嚴重的體育意外傷害進行補償的組織計劃——新南威爾士體育運動意外傷害保險計劃（the NSW Scheme），這是一個州政府自願設立的非營利的、非強制的保險基金，專門對嚴重的體育運動意外傷害進行補償，運作得比較成功。在澳大利亞，職業運動員享受法定的社會保障，同時商業性的體育保險還為體育活動參加者提供了廣泛的服務。澳大利亞體育保險的對象不僅包括健康人的體育組織，如國家和州的體育組織，也包括殘疾人體育組織。此外，像組織探險等活動的戶外休閒體育機構同樣受到體育保險的保障。

日本的社會保險體系與體育保險密切相關的是醫療保險、災害補助和專門的體育保險。在日本，體育保險根據不同的情況分為A、B、C、D四類。A類指少年兒童體育運動保險；B類指60歲以上老年人運動保險；C類指成年人體育運動保險；

D類主要指高危險競技體育運動保險。日本現行的《國民健康保險法》中含有體育保險的內容，國民健康保險的對象是全體國民。因此，體育愛好者、運動員等都可以加入該保險，享受國家的醫療補貼。體育運動中的傷害事故完全適用於國民健康保險。日本《老人保健法》的實施，使65歲以上的老人得到了醫療保證，促進了老年體育活動的開展，在一定程度上發揮了體育保險的作用。雖然醫療保險在體育保險方面發揮了積極作用，但是日本現行的各種醫療保險並不能代替體育保險。

新西蘭的體育保險發展得也相對比較好，積極設立國家強制體育保險計劃，具有無過錯保險計劃的優點。另外，作為健康保健體系的一個重要組成部分的新西蘭意外事故補償社（New Zealand's Accident Compensation Corporation，ACC）對體育運動、交通和工作中的意外傷害進行統計，ACC能十分精確地確定新西蘭的體育運動意外傷害發生的成本。

總之，體育保險現已成為發達國家體育的重要組成部分，這些國家的體育保險法規均比較健全，而且多數發達國家都規定體育協會乃至俱樂部舉行體育比賽必須給運動員投保保險。同時，教練員、志願者等參加有關俱樂部的訓練活動也必須投保保險。法規的明確規定確保了體育保險業的健康發展。

二、中國的體育保險業

（一）產業基礎

體育保險業是體育產業和保險業相結合的產物。隨著中國市場經濟的發展，中國的保險業和體育產業都得以迅速崛起。保險業出現了多元化的發展格局，而體育產業的發展不僅使體育的社會影響力日益增大，也使得體育管理部門及企業累積了豐富的資金。同時，相應市場制度的完善使保險業和體育產業攜手進行市場化運作，發展體育保險產業具備了可能性。

（二）完善保險領域的客觀要求

中國保險領域目前將保險分為四類：財產保險、人身保險、責任保險和信用保證保險。體育保險並沒有列為一個獨立的類別，體育事故所造成的損失只能夠作為人身意外傷害保險中的特例存在，在實際操作過程中，由於各種相應規定的限制，會面臨許多問題。發展體育保險業也是完善中國保險業的客觀要求。

（三）「桑蘭事件」的啟示

中國體操運動員桑蘭在1998年美國第11屆世界友好運動會上，意外摔傷脊椎

致殘，整個治療康復費用約需 50 萬美元。所幸友好運動會組委會為所有參賽選手投了 1,000 萬美元的醫療保險。桑蘭的全部費用都由友好運動會組委會承擔。這一事件使中國體育管理部門開始關注體育保險，國家體育總局隨後開始實施運動員人身保險計劃。中國的體育保險業也由於備受關注而獲得了發展的契機。

三、中國體育保險業發展現狀與急需解決的問題

（一）中國的體育保險市場

近幾年來，中國的體育在運動成績上有了突飛猛進的發展，同時也伴隨著一些運動員的受傷和事故。一系列令人扼腕嘆息的運動員受傷及更嚴重的事故，引起了國人的高度關注，體育保險問題成為體育界關注的熱點。在體育產業化比較完善的國家，體育保險已經有了相應的發展。一方面，運動員因為自己花錢訓練和比賽，他們有著強烈的自我保護意識；另一方面，保險市場有對路的產品和服務。例如，我們熟悉的 NBA 非常重視給球員購買商業保險的問題，不但是受傷之後治療和恢復的費用由保險公司承擔，就連球員因傷缺陣損失的工資都將由保險公司支付。在中國，運動員由國家培養，從體校到國家隊基本不涉及保險。這種特殊的保障形式和訓練體制導致國內的體育組織及運動員的保險意識非常淡薄。但是，隨著中國體育體制的改革以及逐步與國際慣例接軌，人們開始將保險作為分散風險的金融手段之一。

目前，在賣方市場的情況下，保險人目前尚不能提供有針對性並具有體育特色的產品和服務。如高危險的運動項目（如舉重、拳擊、賽車等），保險公司都不願意承保；而如棋類等低風險項目，運動員和體育協會卻無投保意向，這又形成了另一種矛盾。由此可見，險種的設立和費率的厘定是非常關鍵的。只有解決好這些問題，才能在保險人和投保人之間取得平衡，提供完善周到的服務。

（二）中國體育保險業的發展

新中國的保險事業隨著 1949 年 10 月中國人民保險公司的組建而誕生。在計劃經濟體制下，中國幾乎沒有體育保險。改革開放以來，隨著體育事業的發展，體育職業化、產業化、社會化不斷深入，中國體育保險事業也迎合時代的呼喚開展起來。1996 年，中華全國體育基金會設立了體育保險部，負責高水平運動員的體育保險管理工作。同年，香港南華體育會主席洪祖杭先生向中華全國體育基金會捐款 1,200 萬元，建立了專項體育保險基金，並為 1,400 名國家隊運動員進行了傷殘保險。

第六章　體育保險經紀

　　國家體育總局人事局、中華全國體育基金會於1998年9月28日起為國家隊運動員辦理人身保險，每期以1年為限，在保險險種範圍之內的普通國家隊隊員最高可得到30萬元（奧運會、世錦賽、世界杯金牌得主為60萬元）運動傷殘保險賠付。1998年9月28日～1999年9月28日，中國體育保險第一期保費為100萬元，保額為3.2億元，險種為運動員傷殘保險；1999年9月28日～2000年9月28日，中國體育保險第二期保費仍為100萬元，保額卻達到了7.2億元，險種也增加到運動員傷殘保險、人身意外傷害險和急難救助險三種。

　　2001年，中國人民保險公司瀋陽分公司為世界杯足球賽亞洲區十強賽的瀋陽主場賽事開出了總額為2,000萬元人民幣的高額保單。同年，中國太平洋保險公司向第21屆世界大學生運動會提供總保額達154億元人民幣的人身意外傷害險、醫療險、隨身財產險及第三者責任險等風險保障，從而創下國內保險公司體育保險承保數額最高的紀錄。這一巨額保險惠及參加此屆運動會的各國運動員、教練員、裁判員、體育官員、特邀代表、新聞記者、志願者、服務人員及所有參加此屆運動會開幕式的演職人員、觀眾等共18萬人。

　　2002年9月27日，國家體育總局出抬《優秀運動員傷殘互助保險試行辦法》，對參加「互助保險」的運動員的範圍作了明確規定，即投保人應該是「優秀運動員」。

　　2004年3月，中體保險經紀有限公司成立，這才算真正意義上揭開了中國專業體育保險發展的序幕。

　　2008年北京奧運會、2010年廣州亞運的保險業務都是和中國人保合作，投保費和受保費均創歷史新高，尤其是2010年的廣州亞運會與中國人保簽下了保障規模近240億元的巨額保單，保障服務範圍涵蓋了場館建築與配套設施、人身意外、醫療、緊急救援、綜合責任和賽時馬匹運輸等各個方面；同時，這也是亞運會歷史上首個綜合責任保險。

　　隨著中國加大在體育產業方面的投入，大型體育賽事越來越多，國內部分大型保險公司有意識地開始進行體育保險的市場調研和產品開發，如游泳池（館）公眾責任保險、馬術經營場所責任保險、馬術運動意外傷害保險、跆拳道運動人身意外傷害保險等創新型產品相繼完成開發。此外，針對當下的「跑步熱」，市場上出現了不少馬拉松保險產品，包括平安保險、陽光保險、工銀安盛、弘康人壽、中美聯

泰大都會、百年人壽等保險公司都開發和銷售了相關保險產品。而在「互聯網+」時代下，互聯網公司也嗅到體育保險未來發展的商機，2016年6月，小雨傘保險推出體育運動保險品牌「敢保險」，單獨成立「敢保險」事業部進行獨立營運。其產品主要由三部分組成，分別是為參加滑雪、攀岩、潛水等極限運動項目的運動者提供全面保障的「極限保」、為戶外活動（針對所有人群的戶外運動風險保障）提供的「戶外保」、為跑步人群提供運動激勵計劃「動力保」。此外，其也為賽事組織者提供賽事組織相關的責任險。

目前，中國已經制定了《國家隊運動員傷殘事故程度分級標準》《國家隊運動員傷殘事故程度分級標準定義細則》《國家隊運動員傷殘保險試行辦法》等規章制度，為體育保險在中國的進一步發展和結合體育運動的實際情況實施打下了基礎。

隨著人們生活水平的提高和保險需求的增加，體育保險市場在亟待完善的同時，還具有廣闊的發展空間。

案例

江蘇探索體育產業新模式 打造「體育＋互聯網＋保險」新興產業模式

為踐行十三五規劃中創新發展體育保險的要求，2016年10月9日，江蘇省體育場館協會攜手泰康保險共同打造「體育＋互聯網＋保險」新興產業模式，為江蘇體育發展提供新動能。

「江蘇是體育大省，群眾體育與全民健身、競技體育、體育產業均列全國前列，體育場館是體育事業和體育產業發展的重要物質基礎和依託，是健身休閒、競賽表演、體育培訓、公共體育服務的重要承載者。」江蘇省體育場館協會會長施立新表示，將以五臺山體育中心為試點，有效運用「體育＋互聯網＋保險」的全新理念與技術，構建專屬的體育場館健身、體育賽事與培訓的互聯網平臺，為不同人群、不同體育運動項目、不同體育類別提供定制化的保險產品（包括意外險、責任險、財產險等），讓更多的體育愛好者在有保險保障的前提下參與到體育運動中來。

據瞭解，作為江蘇省省屬體育社團「實體化改革」試點單位，體育場館協會著力將自身打造成為行業信息的共享平臺、商業資源的互動渠道、資質標準的認證機構、重大活動的開展載體和專業運行的市場主體，近兩年還作出了一些既「破天

荒」又「接地氣」的嘗試，包括會員服務的優化、智慧場館的建設、全省假日聯賽的舉辦等。

——資料來源於 http://www.js.xinhuanet.com/2016-10/09/c_1119681384.htm

近年來，國家整體保險業發展很快，僅在人壽保險方面就已經成立了中國人壽、平安保險、太平洋壽險、新華人壽、泰康壽險、太平人壽等多家壽險公司。隨著中國加入世界貿易組織，一些國外或中外合資的人壽保險公司也陸續進入中國保險市場，如美國友邦保險公司、中國和義大利合資的中意人壽保險有限公司等。財產保險方面同樣有多家保險公司可供選擇。如何將帶有明顯行業特點的體育保險與具有普遍性的社會保險也結合起來，共同為發展體育事業服務，正是體育保險業需要研究的課題，也是體育經紀人大有可為的用武之地。

（三）中國體育保險業亟須解決的問題

1. 各方保險意識薄弱

體育運動具有極大的潛在風險。賽事的頻繁、規模的擴張、體育基礎設施的增多，以及運動員在運動中對抗程度的加劇和觀眾參與度的提高等，都會增加其風險。在西方發達國家中，運動員深知投保的重要性，養成了主動投保的保險意識。然而，在中國，雖然保險業的發展非常迅速，但作為保險業主要分支的體育保險卻發展緩慢，其根本原因是有關體育活動的組織者、運動員及廣大普通體育健身者在這方面仍缺乏足夠的保險意識。只有加大體育保險業的宣傳力度，擴大體育保險業的社會影響，才能使中國的體育保險業走上一條健康發展之路。

2. 覆蓋面小，保障程度低

中國體育保險研究時間短，缺乏從事體育保險研究和開發的專業人才。而體育保險涉及壽險、非壽險、再保險，往往保額巨大，承保技術複雜。目前，中國保險公司主要參照社會上的一般條款，側重於死亡和殘疾的賠償，涉及體育的險種少、費率高、條款不明確且缺乏靈活性，其他各種相關的責任險、財產險基本上都是空白，無法覆蓋種類各異、危險程度不同的體育項目，也無法滿足不同項目運動員千差萬別的要求。以前曾有過為參加比賽的殘疾人投保的事例，但是由於缺乏相應的險種、條款粗、理賠手段無法適應需要等原因，最終沒有實現。並且，中國體育保險的覆蓋面小，保障程度低，體育保險的配套法制不健全，操作不規範，難以有效發揮其功能。

目前，中國僅設立了運動員人身保險，而缺少在國外體育保險領域占據重要地位的重大賽事保險、責任保險以及更為廣泛的全民健身人身保險等重要險種。就運動員人身保險而言，也只有運動傷殘保險，沒有意外傷害保險、退役養老保險、職業保險等。同時，不同風險、不同特徵的體育項目間的差別沒有得到體現。從體育賽事保險來看，除人身保險外，還應該有賽事轉播險、取消險、財務險、責任險等。

中國有8萬多名各層次專業運動員，除國家運動員外，還有各省、市的運動員，以及基層體校的青少年運動員，他們也處於訓練的高風險狀態，受傷或發生意外時極易出現糾紛。中國每年也有3億多人經常參加體育活動，而大眾健身的愛好者或是體育俱樂部的會員也應該是運動受傷或意外的保險對象。此外，在中國每年舉行的國內外大型賽事約有500起以上，還有61萬多個體育場館安全運轉的需要。顯然，中國的體育保險業是一個尚待開發、商機無限的產業門類，急需擴大保險種類和保險的覆蓋面。

3. 仲介發展滯后

保險產品作為一種風險分散工具，其條款、費率的解釋和理解具有一定的專業性，如果沒有仲介機構服務，投保人在購買保險產品時可能會面臨困難。中國保險業市場化發展的起步本身較晚，保險仲介發展亦很滯后，體育保險由於險種較少、條款、費率的制定缺乏特色，再加上投保人消費理念不成熟，所以目前市場上還沒有專門的體育保險仲介機構。中國應大力培育體育保險仲介人組織，通過保險仲介人對體育保險市場進行調整、推銷體育保險、承擔體育保險的風險評估、跟蹤投保后的管理服務、對保險人和被保險人提供諮詢服務、替保險人收取保險費和協助保險人設計、開發新的險種等。

4. 法規體系不夠健全

目前，西方發達國家的體育保險已發展到很高水平，在體育保險法規方面均比較健全，並且多數國家都明文規定，所有的體育運動組織和運動員都應投保。中國原國家體委在1998年起草的《國家隊運動員傷殘保險事故程度分級標準定義細則》和《國家隊運動員傷殘保險試行辦法》，已遠遠落後於現代體育的發展。體育保險行業的發展需要建立健全體育保險法規，制定如「體育運動員投保細則」「運動員傷殘保險標準」等，直至出抬體育專項法律。只有這樣，才能從法律上保護運動員，解除其後顧之憂，確保體育事業的健康發展。

5. 資金短缺

根據中國的實際情況，由於資金短缺，除個別市場化運作較好的項目以外，多數體育項目的運動員和教練員在短期內依靠自己或國家得到全面的商業保險並不現實。通過設立專項基金，可以緩解體育保險商業化、市場化發展的困境。基金來源有國家財政撥款、企業贊助、運動員獎金、電視轉播和廣告費用以及運動員限額繳納等，體育管理部門應當對體育保險給予足夠重視並且研究制訂合適的資金解決方案。

目前，中國各主要保險公司人身保險的主力部隊尚未進入到運動員保險中來，社會力量支持不夠，尚沒有專業的體育保險公司，而非專業的保險公司對體育保險缺乏認識和瞭解。這些已成為今後中國體育保險努力拓展的方向。由基金會或慈善組織投保也都是比較好的方式，同時國外流行的先進商業運作，如保險公司贈送或企業贊助等也可以作為擴大投保資金來源的方式。

6. 探索適宜的體育保險模式

當前由於中國各地的經濟發展水平不同，體育產業的發展程度也存在巨大差異，不同的地方需要不同的體育保險模式。在探索適宜體育保險模式的階段，開闢試驗區是一個較為可行的方案。

從總體上看，中國的體育保險業是一個有待開發和潛力巨大的市場，隨著中國運動員培養體制的改革，體育比賽從由政府辦轉變為由社會辦，保險將成為競技體育首要考慮的問題之一，尤其是一些重大比賽和高風險的運動項目。同時，中國大眾健身的迅速發展，以及人們生活質量的提高，保險意識的加強，一般人的體育保險需求的容量不可低估，中國的體育保險買方市場正在形成。

(四) 中國體育保險經紀的前景廣闊

中國擁有其他國家不能比擬的人口基數，經濟發展速度位居世界前列，體育產業和保險業也都是當前中國的熱點行業。智研諮詢研究報告顯示：中國體育保險保費規模由 2006 年的 1.88 億元，增長到 2013 年的 3.58 億元，年複合增長率為 9.6%。由於奧運會等大型賽事的舉辦，2008 年中國體育保險同比激增 133.7%，達到 4.16 億元，為歷史峰值。隨著「奧運熱」褪去，2009 年的體育保險保費降低了 56.3%。2009—2010 年，體育保險保費規模大幅度回暖，達到約 2 億元。2010—2013 年，體育保險保費規模趨於平穩，每年穩步增加，但總體規模仍然較小。就目前市場前景而言，體育保險還有較大發展空間。

隨著經濟文化水平的日益提高，人們對體育保險的重要性已有越來越清楚的認識，對於體育保險的經紀需求也會逐漸增多，因此，體育保險經紀發展擁有牢固的經濟基礎和迫切的客觀要求。另外，雖然中國當前體育保險業發展程度較低，存在各種亟待解決的問題，但是從另一方面看，體育保險業作為新生事物，具有強大的生命力，隨著中國體育體制的逐步轉變，體育保險的相關法規會逐步完善，在探索體育保險發展方向的過程中，體育保險經紀擁有很大的運作空間。

　　目前，中國的保險經紀公司還很少，更沒有專門從事體育保險的經紀公司。但已經有兼業代理公司專門從事體育保險產品的代理，並進一步向體育保險經紀公司的方向發展。如中體產業北京分公司，該公司已經獲得保險兼業代理資格，是中華人民共和國保險監督管理委員會批准的體育系統唯一的保險代理機構。他們已經為兩家客戶進行了體育保險代理服務，第一個客戶是上海站的世界七人制橄欖球比賽，保險金額達10萬元人民幣。由於該項目具有較大的危險性，賽事主辦者要求中方負責保險事宜，主要是賽事責任險，包括從運動員入境到離境、比賽中發生的創傷，以及官員或觀眾在觀看比賽過程中有可能發生的意外等。這次比賽沒有涉及電視轉播的保險問題，因為就舉辦方而言，橄欖球在中國還沒有市場，比賽目的主要是宣傳和普及該運動項目。比賽直播由國外電視臺完成，保證了海外贊助商的利益。贊助商與體育協會簽訂的是系列合同，中國是其中一站，電視轉播保險包括在全部比賽的合約當中，因而在中國不涉及電視轉播和贊助商的保險。第二個客戶是世界射箭錦標賽。雖然該項目本身沒有什麼危險，但比賽主辦者規定投保，特別是人身傷害險、器材保險等，但仍然不涉及電視轉播的保險。

　　體育保險經紀人在中國的需求是最近才開始的，從事此行業的還比較少，據統計中國保險經紀人人才缺口達幾十萬人。中國市場缺口極大，目前從業人員為100餘萬人，而保險代理人為10萬人，在5～10年內經紀人的數量應發展到20萬～30萬人，但這還遠遠不夠。

　　在中國，體育保險經紀市場面臨著一個機遇與壓力並存的局面。機遇在於體育保險經紀擁有良好的發展前景，壓力在於在經濟全球化及保險行業對外開放的形勢下，國外的保險公司和經紀公司的介入會對中國體育保險經紀行業產生強大的威脅。

　　（五）對促進中國體育保險經紀業發展的建議

　　1. 加強體育保險立法

　　建立體育社會保險體系，國家應當加強社會保險的法制化建設，盡快推出「社

會保險法」並明確規定有關體育保險的內容，在此基礎上進一步出抬「國家體育健康保險法」「運動員傷殘保險法」「運動員再就業保險法」等一系列體育保險的法律法規，將其納入國家整體的社會保障體系之中，盡快建立一支與市場發展相適應的體育保險經紀人專業隊伍，加強仲介服務和對外交流，適時構建中國體育專業保險市場體系，解除運動員的后顧之憂，推動體育保險業加速發展。

2. 培養人們的保險意識，對體育保險產品有正確的認識

隨著體育事業的發展、特別是競技體育的飛速發展，人們在從事競技活動或健身活動的過程中，難免會發生意外事故或傷病事故，這就要求培養和保護人們的保險意識，對保險產品有一個正確的評價和認識，提高人們的保險意識。

3. 樹立誠信形象，規範行業發展和經營行為

在監管部門加強監管的同時，要充分發揮保險經紀人的作用，建立行業規範和監督機制。加緊進行相關保險理論、經紀公司法規和操作實務的研究探討，規範保險工作流程，從制度和行為規範上樹立經紀行業的誠信形象。

4. 嚴格選拔經紀人

要求他們大多既懂得保險業務及法律，又懂得體育，既瞭解客戶的需求，又熟知承保人的承保能力。加速培養一支精通體育和保險的經紀隊伍，加強對體育保險業的規範管理，對已有的體育保險經紀人進行資格審查。此外，保險經紀的職能不僅僅體現在推銷方面，而是提供一種全方位、多層次的服務。規範理賠程序，提高理賠效率，從誠信上樹立形象。

5. 導入競爭，加快體育保險人才培養

中國加入世界貿易組織以後保險業面臨著嚴峻的挑戰，目前的行業壟斷現象嚴重制約著中國保險業的發展，應引入競爭機制，打破行業壟斷，實行開放費率；否則，隨著保險市場的開放，民族保險業會處於非常被動的地位，幾乎處於空白狀態的中國體育保險業，也會被資金實力雄厚、經驗豐富的國外保險公司占據。現代社會的競爭主要是人才的競爭。目前，中國急需培養一批精通體育運動知識和金融保險業務的體育保險人才。

6. 加強對外交流

中國應在自行開發、研究的基礎上和國外的體育保險經紀公司、保險公司加強交流合作，引進國外已經成熟的體育保險的險種、運作方式和管理方法，讓中國的體育保險盡快與國際接軌，引進一些急需的險種和運作方法，填補中國體育市場的

空白。

中國的體育保險處在全世界中遊水平,被認為是世界上最具有潛力的國家之一,促進體育保險事業的發展離不開體育保險經紀人的努力,加快立法進程,能更好更快地對體育保險進行宣傳。所以說體育保險經紀人是未來的熱門職業,將推動中國體育事業的更好、更快發展。

第三節　體育保險經紀

購買保險產品需要瞭解有關保險的條款、費率等專業知識,並且要根據市場情況採取最合適的措施,因此,投保人在購買保險產品時需要仲介人員的幫助。在體育保險市場中更是如此,這在客觀上開啓了體育保險經紀的運作空間。

一、體育保險經紀人的概念

在西方發達國家的體育保險市場活動中,體育保險經紀人起著至關重要的作用。西方發達國家的體育保險經紀人主要包括一般體育保險經紀人、體育再保險經紀人和體育保險代理人。

(一) 一般體育保險經紀人

一般體育保險經紀人是指代表被保險人在體育保險市場上選擇保險人或保險組合,同保險方洽談保險合同條款並代辦保險手續的經紀人。體育保險經紀人向體育保險公司收取佣金,從體育保險人的角度看,與經紀人直接交易,能省時間、節約資金、提高經濟效益。

(二) 體育再保險經紀人

體育再保險經紀人是指專門從事將某一保險公司的再保險業務介紹給其他保險人,並收取一定費用的中間人。

(三) 體育保險代理人

體育保險代理人是指保險人的代理人,是根據保險合同或授權書向保險人收取報酬,並在規定的授權範圍內,以保險人的名義代理保險業務的人。

體育保險經紀人與保險代理不同,體育保險經紀人是溝通投保人與保險公司之間的橋樑,一方面它為體育保險公司的險種尋找適用對象,把體育保險公司的保障

條件向社會推介；另一方面它為投保客戶當好顧問，選擇合適的體育保險公司，設計體育保險方案，建議適宜險種，爭取公平費率，做好索賠工作，提供體育保險風險管理和保險諮詢服務，維護投保人的利益。

在國外發達的體育保險經紀人市場上，要想成為一名體育保險經紀人必須通過嚴格的審查，審查的內容包括：體育保險經紀人必須掌握大量的體育保險法律知識和體育保險業務與實踐經驗，瞭解體育保險市場的構造和基礎設施以及未來的磋商對手——體育保險人的經營情況，從而對體育保險有一個初步的瞭解，同時也掌握了從事體育保險經紀活動所應具有的道德準則和其他有關規定。中國規定：從事體育保險經紀業務的人員必須參加體育保險經紀人員資格考試；凡具有大專以上學歷的個人，均可報名參加體育保險經紀人員資格考試；體育保險經紀人員資格考試合格者，由中國保險監督管理委員會核發保險經紀人資格證書。該證書是體育保險經紀人員從事體育保險經紀活動的唯一執照。已取得保險經紀人資格證書的個人，必須接受體育保險經紀公司的聘用，並由體育保險經紀公司代其向中國保險監督管理委員會申請並獲得保險經紀人員執業證書后，方可從事體育保險經紀業務。

二、保險經紀人的價值

（一）保險經紀人對保險公司的價值

在規範成熟的保險市場上，保險經紀人是一支不可缺少的、非常活躍的力量。以最具代表性的倫敦保險市場為例，60%～70%的保險業務是通過保險經紀公司安排的。保險經紀公司的工作推動了保險公司的業務發展。

（1）保險經紀公司將為保險公司帶來大量的保險業務，增加保險公司的營業收入，從這一點上來講，保險經紀公司是保險公司的最大客戶。

（2）保險經紀公司的運作大大地節省了保險公司的業務擴展支出，降低了保險公司的營運成本。

（3）保險經紀公司協助客戶實施風險管理和防災防損工作，有效地降低了客戶的保險事故發生率，減少了保險公司的賠付支出，從而降低了保險公司的賠付成本。也就是說，保險經紀公司基於客戶利益為客戶所做的一切工作，從根本上講，不僅不會損害保險公司的利益，而且會有力地促進保險公司的業務發展，所以保險公司是非常歡迎保險經紀人的。

（二）保險經紀人對投保人的價值

保險經紀人與客戶是被委託與委託的關係，保險經紀人是客戶的保險顧問，他接受客戶的委託，基於客戶的利益，為客戶提供專業的保險經紀服務業務諮詢。

（1）針對客戶的特定需求，運用保險經紀人自身的專業優勢，為客戶提供專業的保險計劃和風險管理方案。在同客戶簽訂委託協議後，由保險經紀人組織市場詢價或招投標，在所有競標的保險公司中選擇綜合承保條件最優越的公司作為承保公司。在與保險公司的談判中維護客戶的利益，爭取對客戶的最大優惠。

（2）除了為客戶安排保險事務之外，保險經紀人還要協助客戶制訂保險以外的全面的風險管理計劃。風險管理具有很強的專業性，保險經紀公司是國內外保險市場所公認的專業的風險管理顧問。

三、體育保險經紀人的業務範圍

體育保險經紀人的業務是緊緊圍繞體育保險市場，開展體育保險市場調查、體育保險宣傳、體育保險推銷、進行體育保險的風險評估、對保險人和被保險人提供諮詢服務等業務。

（一）體育保險市場調查

體育保險市場調查是體育保險經紀人開展工作的起點，是體育保險經紀人十分重要的業務領域和工作技能。體育保險市場調查的內容包括體育保險需求調查和體育保險供給調查。

1. 體育保險需求調查

體育保險需求調查主要是調查投保人對體育保險的現實需求和潛在需求情況。調查體育保險的現實需求，可以使體育保險經紀人及時地瞭解投保人對具體險種的需求狀況和需求程度，以便有針對性地調整自己的業務方向，加強對需求比較多的體育保險險種的推銷，提高推銷成功率。調查潛在需求，可以使體育保險經紀人及時地發現新險種，並與保險人協商開辦新險種的可行性，還可以瞭解現有險種的不足，並反映給保險人以獲改進，從而不斷地開拓體育保險市場，積極地把潛在保險需求變為現實需求。這樣，不僅可以擴大自己的業務來源，還可以樹立良好的業務形象，提高在體育保險市場上的聲譽。

2. 體育保險供給調查

體育保險供給調查主要是瞭解體育保險市場上可以提供的體育保險險種，以及

各種體育保險人的保險供給能力。通過對體育保險人的保險供給能力的調查分析，可以使體育保險經紀人對體育保險市場上各體育保險人的業務經營狀況、現有保險險種以及各體育保險人的經濟實力和聲譽等有一個詳細的瞭解，以便在接受體育保險委託後，迅速與恰當的體育保險人洽談承包業務。

（二）體育保險宣傳

體育保險宣傳是開展體育保險業務的敲門磚。長期以來，由於中國的體育體制呈現高度集中的政府管理趨向，使得體育界許多人士對體育保險的作用和意義缺乏認識和瞭解，甚至對體育保險存在誤解和偏見。因此，目前在中國加強體育保險的宣傳就顯得十分迫切和需要。體育保險宣傳的核心就是要針對各種誤解和偏見，宣傳介紹體育保險各險種的性質、內容和功能以及各險種給客戶帶來的好處，讓客戶明確投保每個險種的保障範圍，動員客戶自願投保所需險種。

（三）體育保險推銷

體育保險推銷就是千方百計地使被保險人加入體育保險人所設計開發的保險險種，使被保險人瞭解可以得到的各種好處，從而增強被保險人的保險意識，調動其投保熱情和積極性，促成其採取投保行動。

（四）進行體育保險的風險評估

體育保險尤其是重大賽事的保險的不確定性因素要高於其他險種，因此保險公司在承包之前必須對投保標的進行風險評估。由於體育保險的專業性很強，因此一般重大賽事的保險均需先由體育保險經紀人進行風險評估。體育保險的風險評估要求經紀人必須具有豐富的實踐經驗，同時又精通體育保險方面的知識。對重大賽事的風險評估一般包括以下內容：有關體育組織（如國際奧委會、國際足球聯合會）對體育保險的有關規定，主辦國或主辦地區的政治穩定狀況，舉辦時間內天氣、空氣污染的情況，突發事件可能對預算產生的影響，技術、經濟、法律等方面的因素以及組委會的組織水平等。

（五）對保險人和被保險人提供諮詢服務

對保險人提供的諮詢服務主要包括保險市場的狀況、競爭對手的情況、審查投保單、將被保險人的有關情況及時報告保險人等。對被保險人提供的諮詢服務主要包括險種的選擇、保單的填寫、協助被保險人索賠、協助投保人辦理投保、退保、加保和續保等手續。

此外，體育保險經紀人在有些情況下還要承擔替保險人收取保險費，協助保險

人進行理賠，協助保險人設立新的險種等工作。

案例

體育保險千呼萬喚將出來 巨大市場待挖掘

雙杠沒了、單杠沒了、跳山羊沒了、攀爬架沒了……一句「怕受傷」，讓這些曾經熟悉的運動器械漸漸淡出了中小學校園。日前，教育部體育衛生與藝術教育司司長王登峰呼籲，不要因為「怕受傷」，讓孩子失去了鍛煉基本運動技能的機會。在全國青少年校園足球工作領導小組第一次會議上，他再次透露，教育部將制定學生體育運動的保險制度，為學生的體育活動提供有力保障。

幫助教師規避校園安全隱患，鼓勵孩子們大膽動起來，體育保險成為社會關注的焦點詞彙之一。作為體育保險起步較晚的國家，中國體育保險現狀如何？體育保險又能給運動愛好者帶來哪些保障？體育保險真的會成為體育產業的下一座「金礦」嗎？2015年2月25日，記者採訪到資深保險行業專家以及教練員、運動員、學生家長代表，聊一聊體育保險的未來。

體育保險成了「捐贈保險」

何為體育保險？百度百科的解釋為：體育保險是指體育保險人收取一定的保險費並且承擔相應的體育風險的一種保險制度。雖然在20世紀80年代中國保險公司開始嘗試辦體育保險，但是直到1998年「桑蘭事件」後，體育保險才受到人們的廣泛關注。

經過10多年的探索，中國的體育保險在近幾年出現升溫之勢，但與蓬勃發展的體育事業相比，覆蓋面小、保障程度低、險種少等問題依然突出。遍觀國內各大保險公司的產品目錄，有針對性的、能充分體現體育運動特色的保險產品難以尋覓。從事保險行業20多年的資深保險專家吳先生告訴記者：「國內的體育保險主要是以公益性的『捐贈保險』為主，商業化運作的體育產業保險尚未形成。例如，F1、亞洲杯足球賽和奧運會，其實都是帶有贊助性質的宣傳方式，保險公司並沒有根據具體情況為其量身定做相關體育保險產品。」

桑蘭的「身」和姚明的「腿」

在國外，保險已成為運動領域不可或缺的組成部分，國外成熟的運動傷殘體制也保證了運動員無后顧之憂。當年，中國體操運動員桑蘭在美國友好運動會上摔傷，

第六章　體育保險經紀

友好運動會為每個參賽隊員提供了1,000萬美元的醫療保險。在美國的職業體育聯盟中，保險的重要則更加明顯。以NBA為例，每支球隊都必須根據勞資協議為隊中薪水前五名的球員購買短期喪失勞動能力保險，NBA球隊必須給保險公司支付不菲的保費，具體數額一般在該球員年薪的1.5%～5%。籃球巨星姚明從2009年開始便一直傷病不斷，而保險公司為此替火箭隊累計賠付姚明1,124萬美元。即便沒有「姚之隊」為自己帶來的商業收益，姚明依然可以憑藉美職籃完善的體育保險制度，從容面對自己的傷病。

體育保險讓商家望而卻步

為什麼中國的體育保險發展緩慢？球員楊君分析說：「一方面，由於長期受計劃體制的影響，運動員的保險觀念落後，已經習慣了一切由國家包下來的做法，還沒有形成自我投保的意識；另一方面，富有的運動員只是很少一部分人，大多數運動員和相關的體育產業工作人員的收入水平都較低，無力購買保險。」

2011年，廣州恒大隊為保護自己的大牌球員，避免因球場暴力給俱樂部造成損失，與英國一家保險巨頭合作，為全體球員購買了足球傷殘險，開創了中國體育界海外購買體育保險的先河，此舉也反映出中國體育保險領域的一大空白。保險專家吳先生告訴記者，由於體育運動是對人類生理極限的不斷挑戰。在訓練和比賽中的高難度、高強度、高對抗和高標準決定了體育運動的高危險性，傷害事故難以避免，死亡率、傷殘率都較高，大多數保險公司不敢貿然涉足該領域，加之體育保險專業人才缺乏，而體育保險又是一類技術性很強的業務，因此很多保險公司並不具備這種能力，只能望而卻步。

未來巨大市場等待挖掘

據不完全統計，中國擁有70多萬個運動場館，國內大型體育場館超過6,000個，每年在各地舉行近600場納入國家體育總局計劃的大型體育賽事，而且有4億多人經常參與體育活動，各層次的專業運動員已達10萬多人。同時，除了體育賽事之外，全民健身和學校體育也蓬勃發展，隨著人們生活水平的提高和保險需求的增加，體育保險蘊藏著巨大商機。

採訪中，許多家長對學生體育運動安全保險的推出非常關注。小球童家長代表孫先生表示：「孩子進行體育運動，不可避免地存在運動傷害，如果有了體育運動安全保險，這對學校和家長來說都多了一重保障，也讓我們不再怕孩子受傷了怎麼辦，學校也規避了一些風險。」

如今，全民健身已上升為國家戰略，體育保險市場也亟待完善。據記者瞭解，德國、法國、日本、澳大利亞等國家都制定了相應的體育保險法規，將體育保險納入國家體育制度，不僅為運動員、體育工作者、體育健身者、體育團體等進行體育活動提供有力保障，也加快了體育產業快速發展。

——資料來源於 http://sports.qq.com/a/20150227/035832.htm

課后思考題

1. 什麼是體育保險和體育保險經紀人？
2. 體育保險可以分為哪些？中國體育保險險種包括幾類？
3. 國內外體育保險業發展現狀如何？
4. 體育保險經紀人的業務範圍有哪些？
5. 目前中國體育保險業存在哪些問題？如何解決？

第七章
體育旅游經紀

DIQIZHANG

第一節　體育旅遊概述

一、體育旅遊的概念

體育旅遊是指以觀看、欣賞和參與各種體育活動為目的的旅行遊覽活動。體育旅遊產業是指體育與旅遊交叉融合而產生的新型服務產業。它以體育資源和一定的體育設施為條件，以體育旅遊商品的形式，為體育旅遊消費者在旅行遊覽過程中提供各種服務。

中國旅遊業和體育產業的發展帶動了體育旅遊這一交叉產物的發展，最早的體育旅遊項目是登山，隨後逐步擴展到釣魚、江河漂流、汽車拉力賽、熱氣球以及觀看國內外大型體育賽事等。2001年，國家旅遊局與國家體育總局合作，曾將當年的旅遊主題定為「中國體育健身遊」，並著手開展了一系列體育旅遊活動，包括內蒙古那達慕大會、「環青海湖」自行車挑戰賽、長城—珠峰駕車遠徵、吉林長白山大峽谷漂流探險等多種項目；同時，推出了11個體育旅遊專項產品，即攀岩、漂流、滑雪、沙漠探險、登山、徒步、自行車旅遊、駕車自助遊、濱海健身遊、武術健身遊、高爾夫旅遊，這些為推動中國體育旅遊業的發展奠定了良好的基礎。而近年來，休閒體育、極限體育、自然體育的興起，也為體育旅遊市場創造了更多的發展機遇。

2015年，旅遊行業實現總收入4萬億元，較2014年的增幅達到12%；同年，體育行業的總產值也達1.8萬億元，保持16%的年均增長速度。而2015年的體育旅遊市場只有1,700億元的規模，還處於發展的初級階段。對標歐美國家，體育旅遊通常占到旅遊行業總產值的25%，而中國各種體育旅遊資源豐富，作為國家旅遊業的一個重要組成部分，體育旅遊業具有極大的市場潛力。

二、體育旅遊的發展歷史

（一）早期體育旅遊的發展

關於體育旅遊的最早文獻記錄可以追溯到公元前776年的奧林匹克運動會。事實上，當時在近100年的時間裡，希臘人的體育運動在奧林匹克享有盛名。體育比賽是希臘人一生中必不可少的組成部分，而且每一個追求自我尊重的城市都會有屬

於自己的體育場。在當時，旅遊是體育發展的一個重要組成部分，運動會中的旅遊行為，也被作為一種政治工具加以強調利用。體育旅遊被認為有助於加強不同種族、不同文化間的緊密聯繫。因此，古代運動會的主要目的就是強化人們的文化融合觀念。

(二) 工業時期體育旅遊的發展

19世紀是競技體育發展的一個重要階段，原來不正規的、無組織的體育活動通過設立比賽規則和管理組織而被固定。至此之前，制約體育旅遊發展的關鍵因素就是落後的交通運輸工具。在19世紀，隨著鐵路以及城市工業化的發展，使得體育旅遊逐漸出現兩大趨勢：一種是體育的發展要求參與者自己前往目的地；另一種是體育活動的發展帶來了旅遊觀光者。

(三) 20世紀體育旅遊的發展

19世紀工業化為體育旅遊形成的發展提供了必要的條件。儘管這些活動局限於少數的上層階級和中產階級，但卻為20世紀體育旅遊在社會各階層的發展和增長奠定了堅實的基礎。特別是在20世紀80年代和90年代，體育旅遊取得了突破性的增長。大型體育賽事的湧現是20世紀體育旅遊發展的重要因素，也是商業化和全球化刺激的產物。

三、體育旅遊的內容和分類

體育旅遊所包含的內容非常豐富，不同的國家和地區由於經濟、文化傳統和自然條件的差異，所能提供的體育旅遊項目都各具特色、豐富多彩。目前，在國際體育旅遊界，一般將體育旅遊分成以下五類：

(一) 體育旅行

體育旅行主要有在特定的時間內對一個或更多的體育景點進行遊覽（體育博物館、名人館、主題公園等）；將參觀體育景點和觀看大型比賽結合起來；觀看比賽體育（如觀看職業聯賽和世界盃等）；到具有自然特色的地區參加戶外休閒體育活動，如近年來比較時興的登山、戶外探險、江河探險、艱苦旅行、草原騎駱駝、自行車旅行、徒步旅行、滑雪旅行等。

(二) 體育文化旅遊

這類體育旅遊活動主要是通過參觀有特色的體育文化景點或參加有特色的體育活動給人以教育和啟迪。這些景點包括博物館、體育遺產展覽館、體育名人館、巨

大與獨特的體育設施、體育主題公園（如迪士尼體育世界）、體育表演、體育藝術展等。

（三）體育勝地旅遊

遊覽享受以體育活動作為主要經營項目，經過精心策劃和設計的綜合性旅遊地或別墅區。這類體育旅遊活動一般可向體育教師、教練員提供大量的專業知識，為訓練和比賽提供高技術指導和器械，向普通旅遊者提供進行比賽和練習基本動作的機會，也可以向運動員提供動作調整的機會。此類活動營地一般包括齊全的體育活動條件，並以此為主要經營方式。

如美國佛羅里達州的一個體育旅遊勝地包括兩個18洞的高爾夫球場、37個網球場、1個健身中心、1個遊泳池、1個釣魚湖。加拿大渥太華附近的一個體育旅遊勝地則充分利用山地資源開展高爾夫球、騎馬、潛水以及登山等活動。此外，還包括各種季節性、休閒性的體育野營、不同項目的體育學校、保健療養院等。中國上海的「東方綠洲」訓練基地也逐漸成為聞名全國的體育旅遊地。

（四）乘船旅行

遊船是一種新穎的體育旅遊模式。目前，在國際體育旅遊活動中，遊船越來越多地起到類似旅館和旅遊勝地的作用。這類遊船往往也將體育活動作為主要的經營項目，一些遊船還配備獨特的體育設施，有時還邀請體育名人參與。通常包括以下內容：

（1）用遊船將遊客從一地運至另一地並給遊客提供打高爾夫球、網球以及潛水的機會。

（2）船上的體育名人與遊客共同參加活動並給遊客簽名。

（3）船上配備體育設施向遊客提供體育活動。

（4）釣魚、深海捕魚、摩托艇比賽、航海等刺激性活動。

（五）體育比賽與大型活動

參加體育活動觀看大型比賽是許多地區促進旅遊活動的催化劑。有一些體育比賽和活動成為當地的傳統活動，如中國香港的龍舟賽已經成為一個世界性的體育旅遊活動。此外，還有特殊運動會、極限運動會、風箏賽、賽馬、體育節等群眾喜愛的賽事。國際性、全國性與地區性體育比賽、職業聯賽和錦標賽、杯賽等正規體育比賽，也可以成為體育旅遊觀賞內容。

四、體育旅遊產品的特徵與功能

(一) 體育旅遊產品的特徵

旅遊業和體育產業在本質上都是屬於滿足人們文化消費和精神需求而提供服務產品的第三產業，因而兩者都突出或強調其服務性，即消費者花錢所買的是服務。體育旅遊產品所具有的特徵主要有：

1. 體育旅遊產品具有無形性

體育旅遊產品雖然包括了一定的實物，但主要是無形的服務或勞務。這一無形性特徵決定了許多體育旅遊產品基本上不是用來進行實物交換的，而是提供體育與旅遊服務的載體或憑藉物。用以交換的是其轉換出來的利益，即體育和旅遊的參與者所得到的經歷和感受等身心上的滿足，這種滿足或由此而形成的印象都是無形的。體育旅遊產品的非實物性表現在，它的價值和使用價值不是凝結在具體的實物上，而是凝結在無形的服務中。體育旅遊產品的這一特點所產生的影響主要有：

（1）它強化了旅遊者的購買風險。對於某一物資產品而言，消費者可以先親眼察看它或親手觸摸它，然后再作出購買與否的決定，這樣可以降低購買風險。而對於某一無形的旅遊產品來說，旅遊者在購買之前無法用自己的感覺器官直接瞭解它，因此購買風險較大。

（2）使體育旅遊產品不能儲存、不能轉移。

（3）使體育旅遊產品的使用價值具有抽象性、無形性。

（4）使體育旅遊產品的市場開拓高度依賴於旅遊宣傳促銷，且增大了旅遊產品宣傳促銷的難度，所以體育旅遊產品的市場開拓，相對於物質產品的市場開拓而言，對宣傳促銷的依賴性要強得多，難度要大得多。體育旅遊產品的無形性這一特點，要求旅遊經營者具有較強的旅遊促銷意識，做到旅遊宣傳促銷經常化、多樣化，也要求旅遊經營者切實保證體育旅遊產品的質量，樹立良好的形象，借助良好的形象促銷體育旅遊產品。

2. 體育旅遊產品具有不可轉移性

體育旅遊產品的不可轉移性主要是由於旅遊資源和旅遊設施的空間位置無法移動，而體育和旅遊服務又離不開這些憑藉物，從而使整個產品無法移動。體育旅遊產品的不可移動性還表現在它的消費具有獨享性，即體育或旅遊產品的消費必須是參與者親自進行，獨自享受所獲得的感受。一個人不能代表別人購買此類產品，也

不能把其產品轉讓、轉借給別人。體育和旅遊產品的所有權無法轉移到體育旅遊消費者手中，消費者得到的是短暫的使用權，即當一位消費者付費之後，他仍無權擁有體育旅遊的資源和設備。體育旅遊產品不可轉移性的特點，要求旅遊經營者一方面要加大旅遊宣傳促銷力度，把旅遊產品信息及時、準確地傳遞給旅遊者，通過強大的信息流刺激旅遊者流動；另一方面旅遊企業要時時刻刻講究誠信，樹立良好的形象，並把這種形象傳播到旅遊者當中。

3. 體育旅遊產品的不可儲存性

體育旅遊產品的不可儲存性是由兩個方面的原因造成的：一方面是體育旅遊產品是無形產品；另一方面是體育旅遊產品的生產過程與消費過程不可分離。體育旅遊產品的不可儲存性對旅遊經濟活動的影響有：第一，體育旅遊產品的不可儲存性使旅遊產品的銷售具有很強的時間性，即體育旅遊產品必須及時銷售，否則其價值就會白白喪失，並無法補償。第二，體育旅遊產品的使用價值具有很強的時間性。體育旅遊產品的不可儲存性還使旅遊產品生產、經營難以適應旅遊活動季節變化的需要。因為物質產品可以在淡季先生產並儲存起來，待旺季再銷售，這樣就可以在一定程度上平衡產品供求的季節矛盾，而體育旅遊產品則不然。

4. 體育旅遊產品生產與消費的同時性

無論是體育服務還是旅遊服務，所提供的勞務產品的生產與消費是在同一時間和同一地點完成的，具有不可反覆性。即使重複，消費者也不可能再產生完全相同的感受。體育旅遊產品的無形性和不可儲存性決定了它的生產與消費是同時進行的。當消費者到來並對某產品有消費需求時，生產才能進行，才能正式提供服務以供消費，其價值才能完全實現。參與體育消費和旅遊服務的整個過程，既是其產品的生產過程，又是其產品的消費過程。

(二) 體育旅遊產品的功能

1. 健身性

體育旅遊的本質特徵，是通過身體運動的方式來進行的。體育旅遊以身體運動方式進行的特徵，決定了體育旅遊具有健身性。特別是長期居住和工作在城市裡的人們，參加體育旅遊活動，對於調節較快節奏的工作，擺脫現代化的都市生活環境，具有既健身又悅心的雙重功效。

2. 休閒性

參加體育旅遊沒有純粹體育的激烈對抗性、嚴格規則限制和承受比賽勝負的壓

力，而是以愉悅、休息、放鬆等為主要目的。人們在體育旅遊中可以自我支配，根據自己的興趣愛好，自由選擇活動內容與方式，使人們的心情完全處於寬舒愉快的狀態，從而達到放鬆心情、調節生理和休閒的目的。

3. 大眾性

參加體育旅遊不受年齡、性別的限制，許多旅遊項目不僅受到青少年的喜愛，而且中老年人、女性也十分樂意參加。且大多數體育旅遊項目都不講究專門技術，並通過簡化規則和特殊裝置使活動變得簡單有趣，從而使運動能力、身體條件較差的人也能愉快的參加活動。

4. 交際性

現代社會高度的勞動分工和高速的城市化進程，使人們之間的交往大大減縮，人際交往的形式也越來越簡潔化、濃縮化。因此，人們迫切地需要利用休閒時間進行溝通和交往，體育旅遊就成為人們實現這一目標的載體和手段。如節假日，一家人、親朋好友和初次認識的人一起爬山，大家邊玩邊聊、交流思想和運動感受，增進相互間的瞭解和友情，從而達到在滿足自我交往需要的過程中同時也滿足了他人交往需要的一種互惠交往的目的。

五、體育旅遊市場的構成

（一）體育旅遊產品

體育旅遊產品是指體育旅遊生產者為了滿足旅遊者的體育需求，向他們提供的實物性體育旅遊產品和非實物性體育旅遊產品的總稱。體育旅遊活動的特殊性決定體育旅遊產品以非實物性產品為主，包括體育表演、體育競賽、體育節、野營活動、休閒體育活動等。實物性體育旅遊產品包括吉祥物、紀念品、運動用品、休閒體育用品、體育博物館、運動設施、體育主題公園等。另外，實物性體育旅遊產品還包括交通工具、旅店、飯店等提供的服務。

（二）體育旅遊產品供給者

體育旅遊產品供給者主要是指為實際旅遊者和潛在旅遊者提供體育旅遊產品的機構，包括提供體育服務的機構，如體育設施經營機構、以體育活動為主要經營項目的機構等。此外，還有為旅遊者提供自然或人造體育景點的機構，如體育博物館、體育名人館、體育主題公園、體育活動中心等；為體育旅遊者提供衣、食、住、行等服務商品、交通運輸以及食宿的機構，如航空公司、輪船公司、鐵路運輸機構、

公路運輸機構、飯店、旅館、餐廳等。

（三）體育旅遊需求者

體育旅遊需求者是指實際和潛在的體育旅遊者，是以一定的價格購買體育旅遊產品的旅遊消費者。

（四）體育旅遊經紀人

體育旅遊經紀人作為體育旅遊交易的中間人，是伴隨著現代旅遊業的發展而產生的。隨著體育旅遊市場的規模日益增大，服務內容日趨豐富和複雜，對體育旅遊產品供給者和消費者而言，市場操作和消費行為需要在具備專業知識和豐富經驗的經紀人的幫助下進行，體育旅遊經紀人這個特定的職業群體也就應運而生。體育旅遊經紀人主要包括體育活動策劃經紀人、體育旅遊代理人、旅遊產品貿易仲介等。

第二節　國內外體育旅遊發展狀況

一、國外體育旅遊的發展狀況

歐美發達國家非常重視體育旅遊領域的發展，並且也形成了一定的理論研究體系，對體育旅遊的研究已經進入了規範化階段。體育旅遊領域涉及面廣，涉及社會學、地理學、休閒旅遊、城市規劃、體育學等幾個社會科學領域。體育旅遊已經形成了巨大成熟而較完善的市場。其中，大家最熟悉的有美國職業籃球聯賽（NBA），它成功的商業化操作所形成的效應，使得每個賽季、每個主客場都吸引了大量的國際、國內熱情而狂熱的球迷蜂擁而至；瑞士僅滑雪旅遊一項，每年接待外國遊客就達1,500萬人次，創匯70億美元左右；以「足球工業」為主體的義大利，體育旅遊的年產值從20世紀80年代的180億美元已達到目前的500億美元左右，超過了汽車製造業和菸草業產值。韓國和日本僅通過聯合舉辦2002年世界杯，就分別創造出88億美元和245億美元的產值。新西蘭的旅遊業創匯已經超過了它的傳統農業產品出口的總收入（達到100多億美元），主要得益於它具有優美良好的自然環境和體育基礎，51%的新西蘭人在業餘時間經常參加體育活動，有著大量質優價廉的體育運動休閒設施和配套服務，體育旅遊中的賽事、訓練、休閒和體驗帶動了其他觀光、休閒遊。西班牙旅遊部門對315家賓館所提供的服務項目進行調查統計發現，體育

運動占56.42%、基礎設施占31.12%、健康服務占6.46%、休閒活動占5.49%。這些數字足以說明體育在西班牙旅遊業中的重要地位。僅此就足以證明體育旅遊業的蓬勃生機和巨大市場潛力，可以肯定，體育是旅遊業不可缺少的一部分。

二、中國體育旅遊發展的基礎與重要意義

（一）中國體育旅遊發展的基礎

1. 經濟增長方式的轉變

2015年，中國國內生產總值增長率為6.9%，低於7%，這個數字充分表明，中國的經濟發展已經從兩位數的高速發展時代到了中高速發展的經濟發展新常態。面對經濟社會發展新常態的機遇和挑戰，2015年年末，中央經濟工作會議強調要著力推進供給側結構性改革，推動經濟持續健康發展。體育旅遊業作為旅遊產業和體育產業深度融合的新興產業形態，具有無污染、健康等特點，既有強勁的市場需求，又能增強國民體質和身體健康，有利於推動調結構、去庫存的供給側結構性改革，符合產業經濟結構從之前粗放式的快速增長階段向追求質量和健康的方向發展。

2. 市場需求旺盛

收入增長為旅遊度假方式向體育旅遊這一中高端休閒遊領域拓展奠定了堅實的經濟基礎。目前，中國人均國內生產總值已經超過5,000美元，居民收入水平已具備覆蓋中高端休閒度假遊需求的物質基礎，預期收入增長將釋放體育旅遊市場海量需求空間。

中產階層崛起帶來旅遊消費模式升級，激活了體育旅遊市場旺盛的需求。伴隨著中國經濟社會穩步發展，中產階層規模不斷擴大，目前占成年人口比重超過20%，而10年前該比重僅為11.9%。中國中產階層占比仍有較大拓展空間。中產階層一般受限於較大強度的腦力工作，加之經常面對激烈競爭與較高的精神壓力，傳統觀光遊已很難滿足其旅遊休閒需求，這一群體迫切需要具有調節壓力、慰撫心理作用同時又能達到健身康體效果的旅遊活動。集觀賞性和體驗性於一體的體育旅遊完全契合中產階層心理與生理需求，中產階層的崛起必然帶動中國旅遊消費模式由傳統觀光遊向兼顧休閒與健身的體育旅遊消費模式轉變。

3. 帶薪休假積極推動落實，進一步釋放體育旅遊市場消費需求

近年來，中央和地方政府紛紛出抬政策法規，積極推動落實帶薪休假制度。而隨著居民可支配閒暇時間增加，體育旅遊市場消費需求有望進一步得到釋放。人力

資源服務商智聯招聘聯合北京大學社會調查研究中心發布的《中國職場人平衡指數調研報告》顯示，2015年，中國職場人平均每天休閒時間為2.55小時，較2012年的2.16小時增長了20%。2015年以來，中央多次提及落實帶薪休假制度，並要求地方政府出拾相關實施細則。據此，北京、湖南等地相繼出拾了相關文件。此外，2015年8月，國務院發文鼓勵有條件的單位試行「周末＋周五下午」的2.5天短假。隨著中國帶薪休假等制度的落實，居民閒暇與休閒時間的預期有較大提升空間。

4. 具有豐富的體育旅遊資源

中國是一個國土廣闊、歷史悠久、民族眾多的國家，這些特點使中國擁有寶貴的體育旅遊資源。由於緯度大，各地在地貌、氣候等方面都存在著很大的差異，因此中國幾乎適合開展所有類型的體育健身活動，東北可以開展雪上運動，東部、南部濱海地區可以開展水上運動，新疆等地可以開展沙漠探險運動，而為數眾多的名山地區可以開展攀岩運動。同時，幾乎每個地區都有獨特的體育民俗活動，如內蒙古的那達慕大會、湖北清江闖灘節、土家族擺手舞、龍舟賽等，這些民間體育活動蘊涵著濃厚的民俗文化，具有獨特的魅力。

(二) 發展體育旅遊的重要意義

1. 體育旅遊具有健身功能

體育旅遊相對傳統觀光旅遊來講是一種更高層次的旅遊，通過親自參與某項健身、冒險或觀戰的體育活動，不僅能增強體質、健美強身，還能陶冶情操。所以，大力發展體育旅遊，可以起到提高全民素質、振奮民族精神的作用。

2. 體育旅遊具有經濟功能

體育旅遊能增加國家創匯、改善投資環境、提供就業機會、促進對外合作與交流。以「足球工業」為主體的義大利，發展體育旅遊的年產值在20世紀80年代末已達80億美元，躋身義大利國民經濟十大部門的行列，目前已達500億美元；英國通過發展體育旅遊業所得到的年產值近90億英鎊，超過汽車製造業和菸草工業的產值；美國洛杉磯第23屆奧運會舉辦期間，吸引了幾十萬旅遊者，直接帶來旅遊收入約32億美元。國際奧委會出版的《奧林匹克雜誌》的資料顯示，旅遊業從1997年算起，僅舉辦奧運會給澳大利亞帶來的旅遊收入就達27億美元；瑞士洛桑對歐洲發達國家進行了調查，發現體育帶來的經濟效益約占一個國家國內生產總值的1%～2%。一次大型體育盛會能給主辦地帶來大規模的旅遊者群體，涉及運動員、教練、

官員、記者人數近萬人，同時，還會有大批的觀眾。成功地舉辦一次大型體育盛會能夠帶動一條集交通、住宿、餐飲、購物為一體的旅遊消費鏈，給舉辦地帶來巨大的經濟效益。

三、中國體育旅遊的發展現狀

中國最初的體育旅遊一般是在旅遊熱點地區或景點設置一些體育和休閒設施（如蹦極、降落傘、射箭、騎馬等），只是簡單地依附觀光、文化遊作為休閒的補充，內容大多雷同，形式單一，規模極小。目前，中國體育旅遊的開發仍顯得較為零散，尚未形成氣候，高質量的體育旅遊產品不多。近幾年隨著旅遊業和體育業的快速發展以及與國際的接軌，特別是 2001 年為了配合世界大學生運動會的舉行和 2008 年奧運會的申辦，國家旅遊局專門策劃組織了「2001 中國體育健身遊」主題年活動，向海內外旅遊者推出了 60 項各地具有代表性的大型體育健身遊活動，12 大類、80 個專項體育旅遊產品和線路。以此為契機，極大地推動了中國體育旅遊的發展。雖然許多項目和產品在當時具有計劃性質和生命週期短的特點，但也都取得了良好的效果和經濟效益，對我們進一步搞好體育與旅遊的結合，大力發展體育旅遊更加充滿信心。目前，在中國湧現了許多成功的產品，如東北的冰雪旅遊、山東濰坊的風箏節、「環青海湖」的自行車挑戰賽、西藏的登山旅遊、絲綢之路的沙漠探險等，體育旅遊市場具有巨大的開發潛力。

北京 2008 年奧運會申辦成功，為發展中國體育旅遊產業提供了一個極佳的契機，保守估測，在籌備奧運會的 7 年中，僅前往北京的遊客每年就將增加 20%。2008 年奧運會期間，增加了至少 40 餘萬名外國遊客，加上中國港、澳、臺遊客，估計已突破 60 萬人次，每人最低消費 5,000 元人民幣，就可以直接創收 30 億元人民幣，這還不包括因「奧運賣點」而到內地其他省區深入遊覽的客人所創造的消費。

近年來，國家層面先後出抬了《關於加快發展體育產業促進體育消費的若干意見》《全民健身計劃（2016—2020 年）》《關於進一步擴大旅遊文化體育健康養老教育培訓等領域消費的意見》《關於大力發展體育旅遊的指導意見》等一系列文件，可以看出，「體育+旅遊」已受到國家和社會的高度關注。目前，中國湧現了許多成功的產品，如東北的冰雪旅遊、山東濰坊的風箏節、青海的「環青海湖」自行車挑戰賽、西藏的登山旅遊、「絲綢之路」沿線的沙漠探險旅遊等，體育旅遊市場具

有巨大的開發潛力。

但是，體育旅遊總體供給不足、產品結構單一、基礎設施建設滯后、體制機制不順等問題仍然比較突出。與發達國家和體育旅遊發展較好的國家相比，中國的體育旅遊整體規模偏小，在經濟結構和旅遊結構中所占的比重較小，商業化運作水平不高，體育旅遊產品結構單一，市場多元化開發不夠，相關產業的潛能沒有充分發揮。

四、中國體育旅遊存在的不足及對策

由於起步晚，中國的體育旅遊發展還遠不成熟，主要表現以及對策如下：

第一，體育產業化的發展落后於旅遊業。中國體育正在從只重視競技體育的「金牌戰略」轉變到體育的大眾化、產業化上來，工作的重點和觀念的轉變有個過程，體育產業的發展和成熟也需要一個過程。體育產業與旅遊產業兩大產業的相互配合和融合不夠，基本是各自為政，沒有真正意義上的合作，而且體育和旅遊具有很大的兼容性和相互促進作用，這就需要兩大產業間的合作協調或成立專門的體育旅行社、體育旅遊集團等合作機制。

第二，體育旅遊尚未進行統一的規劃和管理。由於它是兩大產業的交融和滲透的結果，它究竟隸屬於哪個部門主管，還無定論，而體育旅遊本身就是涉及許多的部門、行業，它的發展需要一個大的綜合部門來協調和溝通。有的國家就設置有體育旅遊部，專門主管體育行業和旅遊行業，並且進行兩大行業的協調和配合。如韓國就設置了文化體育旅遊部，專門主管這幾大行業，並進行協調、統籌、規劃。

第三，體育旅遊產品開發和營銷能力不夠，體育旅遊還未得到相關部門的足夠重視，根據麥卡錫的營銷理論，遠沒有在「產品、定價、渠道和促銷」形成配套措施。因此，我們在開發體育旅遊產品時，必須要搜索市場需求信息，考察旅遊資源分佈的情況，跟體育部門或賽事的組織者、景區、景點相互合作配合，結合需求市場和資源，開發出適銷的體育旅遊產品。隨著人們健康意識的提高，旅遊層次的提升，越來越多的人從靜態的觀賞者轉變為動態的參與者，不再滿足於走馬觀花式的觀光、購物。因此，體育旅遊既能滿足旅遊愛好者的需求，也能滿足體育愛好者的需求。我們在產品開發和營銷時要把握住這一點，要開發吸引兩者的產品和形象設計來營銷，吸引客源和開拓市場。

第四，體育旅遊缺乏專業的人才和從業人員，還沒有形成科學規範的培訓和上

崗從業標準。體育旅遊的發展其核心是專業人才的培養，由於中國體育旅遊處於起步階段，理論研究也不成熟，高級管理人才、設計開發人才和從業人員奇缺，而體育產業和旅遊產業兩大產業也剛處在高速增長期，本身對人才的需求也很大。我們可通過在體育專業中開設旅遊休閒專業，在旅遊專業中加強體育專項知識、技能的培養和訓練。並在兩大產業內加強從業人員的培訓，培養具有創編、策劃和開發體育旅遊產品技能的專業人才；培養具有體育旅遊市場經營與管理技能的管理人才；培養能在體育旅遊領域進行運動諮詢與指導以及健身遊、觀看賽事、戶外運動旅遊的導遊。對專項技術要求特別高或危險性高的特殊崗位要通過專門的職業鑒定持證上崗。

　　第五，體育旅遊的理論研究很少，還很不成熟，因此制約了體育旅遊人才的培養和產品的開發、營銷，也制約了體育旅遊行業向更深層次的規模化和標準化的發展。我們可以採取走出去，引進來的方法。翻譯研究國外體育旅遊成熟的理論和著作，考察學習國外成功市場的模式和經驗，總結和探索適合中國國情的體育旅遊的方法。

　　第六，體育旅遊的資源瞭解、掌握和開發不夠。中國國土遼闊，有豐富而複雜的地形地貌，有沙漠、草原、戈壁、雪山、海洋、山川、湖泊等豐富的體育旅遊自然資源，適合我們開發各種體育旅遊，但開發並推向世界的還不多。中國是個多民族國家，少數民族主要分佈在偏遠地區，自然景觀奇特、民族風情濃鬱，在長期的生活實踐中形成了獨特的傳統體育項目和民俗文化。我們應該及時發掘、整理，既可以避免傳統體育文化的流失，還可以發揚光大開發成體育旅遊的產品。

　　第七，體育旅遊的配套政策和行業發展指導不夠。由於它是兩大產業的交叉融合體，既不完全隸屬體育，也不完全隸屬旅遊，再加上正處在起步階段，因此，沒有成熟、系統的理論研究來指導、支持和制定體育旅遊的發展綱領、政策和法規等。

第三節　體育旅遊經紀人業務

一、體育旅遊經紀人的業務範圍

（一）體育旅遊策劃服務

體育旅遊活動是層次較高的專業化的旅遊活動，必須不斷推出新的內容才能吸

引遊客，因此在現代體育旅遊經濟活動中，策劃服務就顯得尤為重要。體育策劃服務的內容主要包括：

（1）為體育旅遊企業策劃大型體育活動、體育賽事和體育節，如龍舟賽、滑翔賽等，同時也包括這些活動的組織、贊助、廣告、宣傳、包裝等內容。

（2）為體育旅遊企業策劃體育活動的經營項目，力求不斷推出新的經營項目。

（3）為體育旅遊企業進行主題公園、衝浪池、體育博物館等體育旅遊景點的設計。

（4）為體育旅遊企業進行體育旅遊實物性產品的設計策劃，如吉祥物、紀念品等。

（5）為體育旅遊企業提供投資諮詢服務。

（6）為體育旅遊者制定多種多樣、豐富多彩的體育旅遊活動，如登山滑雪旅行、狩獵探險旅行、漂流以及各種體育野營活動等。

（7）為體育旅遊者設計、選擇體育旅遊路線、擬訂體育旅遊計劃。

（8）為體育旅遊者提供各種諮詢服務。

（二）體育旅遊代理

體育旅遊代理人一般不擁有體育旅遊產品的所有權，無經營風險，其代理的對象既可以是體育旅遊者，也可以是體育旅遊企業。體育旅遊者代理人主要為體育旅遊者購買體育旅遊產品提供服務，同時負責安排他們參加體育旅遊活動，體育旅遊者代理人與體育旅遊企業之間沒有固定的和較連續的業務關係，他們只是鬆散地為體育旅遊企業推銷產品，招攬介紹旅遊者。代理企業的代理人則相反，他們一般要與體育旅遊企業訂立正式的委託合同，為其代理體育旅遊產品的銷售業務，代理企業向旅遊者提供體育旅遊活動的服務。有的體育旅遊代理人具有體育旅遊代理人和企業代理人雙重身分。他們提供的服務主要包括：

（1）代理體育旅遊者的旅遊活動、安排他們參加體育旅遊活動。

（2）提供體育旅遊者需要的導遊、陪同和翻譯人員。

（3）受外國體育經紀人的委託，負責接待他們組織的旅遊團在本國進行體育旅遊。

（4）代理體育旅遊者租賃體育用品，如帆船、熱氣球、遊艇、木筏、帳篷等。

（5）代理體育旅遊公司推銷旅遊項目，招攬遊客。

（6）代理體育旅遊企業編輯、發行供旅遊者瞭解有關地區體育旅遊情況和增加

體育旅遊知識的書刊、地圖、影像、明信片等出版物。

（三）體育旅遊產品貿易仲介

其提供的服務主要包括：

（1）代理廠商進行體育旅遊產品的批發和零售服務。

（2）接受遊客委託為其購買體育旅遊產品。

此外，還有安排食宿及其他體育旅遊方面的服務。

二、體育旅遊產品開發的原則

（一）體育旅遊市場需求原則

體育旅遊市場需求原則就是以旅遊市場需求特徵為依據，開發出適銷對路的旅遊產品。在開發旅遊產品過程中，堅持這一原則是非常必要的。體育旅遊市場需求具有明顯的地域性。即在不同的地域，由於自然條件、人文條件不同，人們的旅遊需求有所不同。例如，羽毛球是廣州市的市球，參與這項運動的人很多，如果羽毛球和旅遊相結合，這樣的體育旅遊產品需求量比較大。因此，從瞭解主要體育旅遊目標市場的自然條件、經濟水平、歷史背景、宗教信仰和風俗習慣等入手，分析各地特別是主要體育旅遊目標市場所在地的旅遊需求特徵，以使體育旅遊產品開發具有較強的針對性，避免盲目性。

（二）體育旅遊資源特徵原則

體育旅遊資源是體育旅遊產品開發的依託。體育旅遊產品開發成功與否，在較大的程度上取決於旅遊資源利用得當與否。所以，在開發某種或某類體育旅遊產品時，必須充分考慮該體育旅遊產品開發所依託的旅遊資源的性質、特徵。體育旅遊資源有自然資源和人文資源之分，西北地區擁有良好的自然資源，可以利用這個資源開發攀岩、漂流、滑雪等體育旅遊產品；北京、上海、廣州等大城市，可以利用舉辦大型賽事的資源來開發觀賞型體育旅遊。

（三）體育旅遊產品特色原則

有特色才有吸引力、競爭力和生命力，所以體育旅遊產品開發必須堅持突出特色的原則。突出特色原則有三個方面的含義：一是要以富有特色的體育旅遊資源為依託來開發旅遊產品。這樣，對旅遊者有強大的吸引力，因而其市場進入能力和市場佔有能力強。二是在體育旅遊產品開發過程中要注意保持旅遊資源、環境原有特色面目。三是在體育旅遊產品開發過程中要力戒重模仿、輕創新的做法，必須因地

制宜、注重旅遊環境、突出地方特色、突出民族特色。

（四）體育旅遊產品質量原則

體育旅遊產品的質量是增強體育旅遊產品走向市場化的力度和加快體育旅遊產品走向市場化的速度之根本保證。其原因是體育旅遊產品生產、消費的同時性使體育旅遊產品的質量成為影響體育旅遊產品走向市場化的核心因素。體育旅遊產品生產與消費的同時性導致旅遊者無法在決定購買和消費體育旅遊產品之前檢驗和驗證體育旅遊產品的質量。因此，儘管說體育旅遊產品的宣傳和促銷是體育旅遊產品走向市場化的一個重要因素，但其核心卻是體育旅遊產品的質量，體育旅遊產品生產與消費的同時性也向體育旅遊產品的生產者或提供者提出了更高的要求。所以，在大力豐富體育旅遊產品品種的同時，應努力提高體育旅遊產品的質量，始終堅持體育旅遊產品質量第一的原則。

（五）體育旅遊產品結構優化原則

體育旅遊產品結構優化原則就是以本地體育旅遊資源為依託，以國際、國內體育旅遊市場需求為導向，實現體育旅遊產品多樣化、系列化、配套化。體育旅遊產品結構優化主要依賴於以下兩個方面的旅遊努力：一是行、住、食、遊、購、娛等各類體育旅遊產品開發兼顧。旅遊需求是一種包括以上各方面需求在內的綜合性需求。因此，體育旅遊經營部門絕不可能僅憑某一類或某幾類體育旅遊產品就能有效地拓展體育旅遊市場，只有對行、住、食、遊、購、娛等各類體育旅遊產品進行綜合開發，使其協調發展，才有希望有效地拓展體育旅遊市場。二是豪華、標準、經濟等各檔次體育旅遊產品開發兼顧，這樣才能滿足各個階層的要求，提高市場佔有率。

三、體育旅遊經紀活動中的賽事旅遊開發

（一）體育賽事IP

IP（Intellectual Property，即知識產權，下同）是指權利人對其創作的智力勞動成果享有的財產權利。體育賽事IP是指賽事版權，主要包括賽事營運權、轉播權、門票銷售權、商業開發權四個方面的內容。

賽事旅遊是體育旅遊業務的核心，原因在於賽事旅遊是屬於資源型產品，每一場體育賽事都具有嚴格的知識產權保護，只有拿到相關機構的官方授權，所有圍繞這一賽事的產品開發才是合法合規的，否則對於消費者和企業來說存在很大風險。

大型賽事 IP 引發的旅遊活動以國際賽事類旅遊活動最具代表性，其影響力大且效應持久，對群體的覆蓋性最強。以里約奧運會為例，根據里約市政府旅遊業研究中心的數據，里約市兩大標誌性景點麵包山和基督山遊客接待量分別從 2009 年（成功申奧）的 102.9 萬人、147.8 萬人上升至 2014 年的 154.4 萬人、224.1 萬人；里約市國際旅遊收入也從 2008 年的 12.64 億美元增長至 2014 年的 21.04 億美元，賽事品牌帶動旅遊業發展明顯。

大型體育賽事往往能夠吸引來自世界各地的大量體育愛好者湧入主辦地，這種大量人群在短時間內定向性的流動，為賽事主辦地旅遊業帶來了滾滾財源，如何圍繞這些體育賽事開展相應的旅遊活動引起了旅遊界的密切關注。與賽事相結合的旅遊活動操作空間很大，旅遊地點可以在比賽地，也可以在比賽地附近，還可以在客源地到比賽地的途中，而旅遊時間則可以貫穿賽事前後比較長的一段時間。

眾所周知，美國體育賽事豐富多樣，已成為由 NBA（美國男子籃球職業聯盟）、NHL（美國冰上曲棍球聯盟）、MLB（美國職業棒球大聯盟）、NFL（美式橄欖球大聯盟）四大職業聯盟為支柱的體育帝國。相關數據顯示，2013 年，美國賽事旅遊工業產值高達 151 億美元，直接和間接提供 21.2 萬個就業崗位。

案例

體育賽事 IP 價值大爆發 互聯網思維打造百億元級別公司

2014 年 10 月 20 日，國務院發布《國務院關於加快發展體育產業 促進體育消費的若干意見》，將體育產業提升到國家戰略高度。改革總藍圖發布一年之後，從萬達集團到 BAT 互聯網巨頭，越來越多上市公司開始轉型進軍體育產業，資本帶動了產業新一輪上漲。這一輪資本浪潮風起雲湧、群雄並起，樂視體育倡導產業升級 3.0 時代、「昆侖決」玩轉體育賽事 IP 樹立典範、動域資本從下向上逆流佈局，體育產業鏈正在面臨著什麼樣的變革？

中國體育賽事 IP 價值將迎來大爆發

近年來，體育賽事 IP 成為一個熱門概念，騰訊公司以超過 30 億元人民幣的價格簽下 NBA 的 5 年網路獨家直播權，中超聯賽賣出 5 年 80 億元的天價版權費，一個又一個數字正在顛覆人們對於體育賽事 IP 的傳統理解。

體育賽事 IP 為什麼如此值錢？因為體育賽事 IP 是整個體育產業鏈的基礎。如

果不能形成一個品牌化的平臺,體育運動僅僅是一種健身方式,如舉重或競走,只是競賽而稱不上產業。體育賽事IP的特點是稀缺性極強、爆發力強、培育週期長、生命週期長、收入穩定性強。正是由於體育賽事IP的稀缺性,目前一年轉播收入僅8,000萬元左右的中超聯賽才能賣出5年80億元的價碼,體育賽事IP的商業價值先於觀賞價值獲得認同。據圈內人士稱,目前除了中超之外很多賽事版權的價格都往上抬了10~20倍。

2014年,美國體育產業年產值為4,410億美元,約占美國國內生產總值的3%,其中大眾體育健身服務業占整個體育產業的32%、體育用品生產業占整個體育產業的30%、體育賽事產業(包括門票收入、體育比賽標誌權和紀念品的銷售,電視轉播費、廣告和公司贊助)占整個體育產業的25%。中國2014年體育產業的產值為3,136億元,所占國內生產總值的比重為0.6%,其中近80%的產值由體育用品貢獻,體育賽事產值不到10%。由此可見,中國體育賽事IP未來將有巨大的發展空間。雖然目前國外優質賽事IP還占據著主導地位,但因為體育播出媒體的豐富性,特別是互聯網新媒體的不斷湧現,國內體育賽事IP成長空間依舊巨大。阿里體育首席執行官張大鐘甚至呼籲要創造中國式IP:「我認為IP不是靠買的,『買買買』是我之前20年一直在做的事情,如果大家現在還把思路集中在買IP上,只是把傳統的體育模式互聯網化而已。真正的IP應該是自己創造的。」

互聯網思維玩轉體育賽事IP打造百億元級別公司

縱觀體育產業鏈,體育賽事IP處於上游,中遊是媒體和社區,下游屬於消費品和健身場所,整個產業包含實物性、觀賞性、參與性消費,橫跨傳媒、服務、用品等行業,產業鏈長、環節多,創造價值的空間更大。BAT互聯網巨頭、萬達集團等企業重視體育產業的一個重要原因是因為體育迷具有極高的黏性,獨家版權將讓用戶與平臺緊密聯繫在一起,通過互聯網思維,以體育賽事IP為核心,打造全產業鏈市場,挖掘出體育賽事IP的深度商業價值,成為互聯網時代的新玩法。在這個過程中,在體育產業的各個環節都有機會誕生市值超過百億元,甚至超過千億元級別的上市公司。這其中包括體育媒體平臺(如全球體育媒體巨頭ESPN擁有1億訂閱戶,付費收視收入占比達60%)、健身俱樂部市場(中國俱樂部市場已達千億元級別)、體育用品行業(如耐克、阿迪達斯、運動功能性服裝等)等。

樂視體育首席執行官雷振劍認為,當下的體育產業已經發展到3.0時代,體育迷不再滿足於只通過屏幕欣賞比賽,而是尋求深度體驗與參與。儘管手握200多項、

10,000多場賽事的內容版權，但版權「圈地運動」並不是樂視體育未來的發展方向。在體育3.0時代，樂視體育通過賽事營運＋內容平臺＋智能化＋互聯網服務的全生態產業鏈為體育迷提供更多互動性強、參與性強的產品、服務和市場活動。雷振劍力推樂視超級自行車，發起「BIU」計劃，讓用戶參與並自發進行賽事活動，打響一場從版權購買到全民運動的全新戰爭。

　　從中國體育賽事IP創造到玩轉互聯網思維，創立不到2年的中國原創搏擊品牌「昆侖決」的爆發式成功幾乎成為體育產業快速發展的範本。長期以來中國體育品牌無緣世界頂級之列，「昆侖決」不惜重金匯集大量優秀搏擊冠軍，以專業和熱情打造全球矚目的頂級賽事，用一個品牌的崛起證明了中國創造的力量。「昆侖決」的投資人、IDG創始合夥人熊曉鴿的話也許是「昆侖決」成功的最好的註解：「武術在中國有千年文化和歷史，『昆侖決』是一個真正的中國創造的品牌，作為一個不同國家的搏擊交流的平臺，具有很強的包容性和國際化特徵，是最可能被國際接受的中國原創體育品牌。」有了體育賽事IP，還得會「玩」，昆尚傳媒被認為是「國內最會玩IP的體育產業公司」，通過全產業鏈重塑，「昆侖決」深度挖掘體育賽事IP商業潛力，獲資本市場熱捧，B輪融資市值達3億美元。其創始人姜華說：「有人問我『昆侖決』是什麼？『昆侖決』不僅是搏擊賽，更是全媒體覆蓋品牌，是線上線下的最佳結合，是尚武勵志文化的引領者，是未來健康生活的締造者。」從這個角度來說，3億美元也許僅僅是個開始。

　　有人從上而下佈局，有人則逆流而上打開新局面。虎撲創始人、動域資本管理合夥人程杭對於互聯網時代的體育賽事IP有著自己的定義：「過去你能上央視，你就是大IP。它是唯一的媒體渠道。現在是你控製著很少數的、頂級的品牌，或者高級運動資源，那你就成為大IP。」通過體育賽事IP引導大眾參與，動域資本投資邏輯基本上緊貼著「全民運動」，以終端消費者需求為切入點，利用科技紅利和智能硬件全面滿足每一個人的運動需求。按照國務院的要求，到2025年，中國要發展形成5億運動人口，或許5億運動人口比5萬億元市場更加吸引人。

　　《國務院關於加快發展體育產業 促進體育消費的若干意見》出抬一周年後，政策層面持續兌現利好，競爭環境改善，市場化步伐加快，商業價值凸現。政策紅利＋體育賽事IP＋互聯網思維，伴隨著中國體育產業的發展，巨大的市場正在蘇醒，大量的機會正在等待挖掘，也許下一個百億元級別甚至千億元級別的體育企業

離我們並不遙遠。

——資料來源於 http://sports.163.com/15/1105/13/B7LL108V00051CAQ.html

(二) 賽事旅遊的特點

1. 觸發因素具有即時性

賽事旅遊活動是由賽事活動引發的，具有較強的休閒性質。因此，其觸發因素也具有即時性的特點，特別是大型體育賽事的主辦權十分難得，在獲得一次機會以後，通常需要經過很長時間才有可能再迎來這樣的機會，這對於當地的旅遊業無疑是稍縱即逝的良機。

2. 空間位移決定了體育與旅遊的結合

參觀或觀看比賽是賽事旅遊者的第一動機。根據「效益最大化原則」，在已經完成自身空間位移（很可能是遠距離空間位移）的情況下，多數人會連帶選擇其他活動，而旅遊是最容易衍生的大眾化活動之一，所以觀看比賽很自然地與旅遊活動相結合，成為集觀賽、觀光、休閒、購物為一體的綜合性旅遊活動，即賽事旅遊。2002年韓日世界盃足球賽期間，從5月31日到6月30日，韓國和日本接待的外國旅遊者人數都超過了40萬人次。

3. 容易受到比賽的影響

由體育賽事引發的賽事旅遊必然要受到比賽的影響，賽事旅遊活動的內容、接待安排和目標市場都與比賽情況密切相關。

賽事旅遊活動的內容根據比賽的性質、參與者的情況和賽程的安排來具體設計。組織者設計的主題活動大都以賽事活動為核心；傳統的觀光、休閒項目也需要根據旅遊者觀看比賽的具體時間、地點以及旅遊者的國籍、偏好等個體特徵來進行選擇和組織；如果比賽是分輪次進行的，旅遊活動的安排還必須相對靈活，以適應每一輪次的勝負結果給旅遊者帶來的影響。賽事旅遊活動的組織除了必須與比賽的具體情況相結合外，還應考慮到賽事旅遊者在消費方面的特徵。賽事旅遊者消費的情緒化特徵明顯，在整個比賽期間，觀賽者喜怒哀樂的情緒會隨著比賽的進行而逐漸發展，進而影響其消費欲望，增加消費的隨意性。如果組織者能夠適當引導、巧妙利用，旅遊者的消費潛力將得到進一步的開發。

4. 目標市場明確

賽事旅遊容易受到體育賽事影響，策劃者一般會經過調查，明確目標市場，從

而使得賽事旅遊的市場宣傳、產品設計和接待工作更有針對性，這有利於提高旅遊活動的組織水平，產生較高的經濟效益。賽事旅遊者一般來自於參賽國或地區，尤其是預期中有可能取得良好成績的參賽國或地區，也包括一些來自於其他國家和地區的痴迷者。因此，賽事旅遊的目標市場很容易確定。如 2002 年韓日世界杯足球賽，中國隊首次從亞洲出線，進入世界杯決賽圈，中國又與韓國和日本鄰近，因此中國球迷是賽前最被看好的目標消費群之一。

（三）開發體育賽事旅遊的意義

賽事旅遊是當代旅遊的一個重要組成部分，有著廣闊的市場前景。開發賽事旅遊能夠進一步加強賽事活動的影響，並能促進當地旅遊業及其他各項事業的發展。其主要意義表現在以下幾個方面：

1. 提高賽事主辦地綜合建設水平

主辦大型體育賽事的過程，也是一個打掃庭院迎接賓客的過程。一般情況下，在舉辦大型賽事之前，舉辦地會投入大量的人力、財力、物力進行較為充分的準備，全面加強當地的基礎設施和環境建設，改善接待服務質量。換言之，承辦大型體育賽事是對主辦地的綜合建設水平的一次全面評估，賽事的成功舉辦則是對建設工作的最好肯定。例如，北京為迎接 2008 年奧運會，在治理環境中計劃投資 1,800 億元人民幣來改造北京的環境，使北京的綠化率提高到 50%。

2. 創造新的經濟增長點

賽事活動為主辦地的旅遊業帶來大量客源，能夠增加旅遊業收入，創造新的經濟增長點。另外，同時如果賽事活動發生在當地的旅遊淡季，還可以提高旅遊設施的利用率，平衡淡季和旺季的差異。

據有關專家的測算，2008 年的北京奧運會每年（自申辦成功至 2008 年）拉動中國國內生產總值增長一個百分點，其中旅遊因素占 0.85 個百分點，這充分說明了奧運對旅遊業的巨大促進作用。另外，根據國際奧委會出版的《奧林匹克》雜誌的材料顯示：從 1997 年算起的 4 年中僅僅因為舉辦奧運會而給澳大利亞帶來的旅遊收入就達到了 42.7 億美元。至今，奧運會為悉尼乃至整個澳大利亞帶來的旅遊商機仍在持續中。根據韓國有關部門的統計，2002 年韓日世界杯足球賽促使韓國國內生產總值增加了 115 萬億韓元，創造了 53 萬億韓元的附加值和 35 萬個就業崗位。

3. 提升形象，拓展客源，促進旅遊業的長遠發展

現代傳媒對大型體育賽事的關注無疑給主辦地提供了絕佳的廣告宣傳機會，其

宣傳頻度、力度以及受眾範圍都是其他任何廣告手段所難以企及的。另外，大型體育賽事由於機會難得，往往為主辦地旅遊業增添了嶄新的內容，吸引了許多接待地的非傳統客源。新客人會通過這次近距離的接觸對主辦地產生深入的瞭解，從而起到類似於食品品嘗、汽車試駕的宣傳效果。這對於提升主辦地在全世界的旅遊形象，拓展客源極具意義，有利於旅遊業的長期發展。

例如，2002 年韓日世界杯足球賽期間大量中國球迷（約 4 萬人）赴韓，不但給韓國商界和旅遊界帶來頗豐的收入，同時也為韓國在中國加強市場宣傳奠定了堅實的基礎。悉尼奧運會使澳大利亞的旅遊形象品牌效益超前 10 年，雅典奧運會激起了無數人對愛琴海的向往。同樣，北京奧運會也把全世界的目光都吸引到東方來，中國的大好河山以及悠久燦爛的歷史文明更加深入人心，中國的旅遊業也因此而獲益。

體育賽事旅遊開發的各種意義都源自賽事的舉辦，但每一方面的影響程度都與旅遊同賽事的結合程度緊密相關。

（四）賽事旅遊的開發策略

以體育賽事為核心的賽事旅遊活動可以包含很豐富的內容，如何制定並實施良好的開發策略，充分利用各種旅遊資源，是賽事旅遊取得成功的關鍵。

1. 有效組織賽事活動是前提

體育賽事是賽事旅遊產生的前提，因此策劃賽事旅遊活動也要圍繞體育賽事進行，應以妥善安排比賽事宜、保證旅遊者觀看比賽為第一要務。因此，組織賽事除了要解決對旅遊者的接待、票務、簽證等常規工作以外，還有管理和協調賽事相關事宜，盡全力使參加旅遊者能及時、安全、舒適、盡情地觀看比賽，在此基礎上，才能夠進行其他的賽事旅遊活動。

2. 以體育比賽為核心，強化旅遊者的感受

既然賽事旅遊的核心是體育賽事，那麼賽事旅遊就應當採取各種措施強化旅遊者的體育賽事感受，以突出旅遊的特色。實施各種強化措施的要領在於：賽前充分吸引關注、調動積極性；比賽中盡量提供優越的觀看條件；比賽后趁大家意猶未盡之時，組織各種交流活動。

圍繞比賽涉及的旅遊休閒活動包括以下幾個方面的內容：

（1）賽前造勢、競猜、討論等吸引參與度的活動。

（2）參觀比賽場館、舉行非正式比賽或者其他相關活動。

（3）組織以比賽為主題的休閒活動，如球迷勝利方聯歡、明星簽名、重要人物

訪談、主題演講、展覽會等。

通過這些安排，旅遊者可以對自己喜愛的運動項目有更深入的瞭解，並且可以獲得與來自不同國家和不同背景的其他愛好者進行交流的機會，這種愛好會因此得以昇華。旅遊管理部門和企業應充分發掘與賽事活動相關的內容，並與傳統的旅遊觀光項目結合，使旅遊者在觀賽和遊覽兩方面都盡興。

3. 分析遊客的特徵，有的放矢

體育賽事的吸引力是全球性的，賽事旅遊的客源結構與主辦地傳統的旅遊客源結構有可能產生很大的不同，來自不同的國家和地區的大量遊客對於旅遊服務的需求各不相同，這對於賽事旅遊策劃的針對性提出了更高的要求。除去在安排住宿、餐飲服務時應考慮到旅遊者的生活習慣以外，還需要注意以下幾個方面的問題：

（1）旅遊者為比賽而來，一般會帶有鮮明的立場，比賽結果會影響情緒和消費欲望。為避免失敗一方的沮喪情緒影響后期旅遊消費，旅遊活動應盡可能安排在比賽之前或是兩場比賽的間隔階段。

（2）旅遊安排應參照比賽的時間安排，旅遊活動應能夠靈活地控製時間。特別是參觀地點與比賽地之間的路程不宜過於遙遠，以免耽誤旅遊者觀看比賽。

（3）對於客流量的大量增加應有周密的準備和應對部署，比賽盛事是集中反映接待地組織管理水平和服務質量的活動。賽事活動的接待工作壓力大、任務重、範圍廣、客源複雜，是對當地接待系統的嚴峻考驗，因此接待單位必須予以充分重視。

（4）為方便與賽事旅遊者的溝通，應盡量安排體育愛好者參與接待，或者在事先對接待者進行體育賽事相關知識培訓。

4. 利用賽事平臺，進行整體宣傳

體育賽事可以為主辦地吸引旅遊客源，也會緊緊抓住公眾的注意力不放，如何使人們在關注比賽的同時也關注主辦地的自然景色、風土人情，使賽事觀眾真正成為遊客，是主辦地旅遊管理部門應當著力研究的問題。為達到這樣的目的，主辦地在進行賽事宣傳的時候，應當制定詳盡的配套宣傳措施，要把賽事宣傳和主辦地的經濟發展、歷史文化、自然風光和社會生活以及當地完備的旅遊設施和高質量的服務水平等方面的宣傳作為一個整體進行，以期爭取到良好的宣傳效益。另外，在整體宣傳的過程中，還應當對策劃時確定的重點目標市場有所側重。

5. 控製市場價格，吸引顧客、培育市場

舉辦大型體育賽事的意義不僅在於比賽期間所帶來的經濟效益，更是主辦地利

用體育平臺面向全世界的一種綜合展示，必將給包括旅遊業在內的各項事業的長遠發展帶來難得的契機。賽事旅遊服務是這種綜合展示的第一步，應當在消費者心目中樹立一個良好的形象。但是，由於賽事期間客流量大增，許多商品的價格往往會趁機大幅上漲以追求最大利潤，這樣的做法往往會使一些旅遊者望而卻步，從而削弱了宣傳效應，影響了長期的效益。例如在 2002 年韓日世界杯足球賽期間，赴韓旅遊價格上漲了 120%，使很多中國球迷放棄了赴韓計劃，對於韓國而言，也就失去了向這部分中國遊客近距離展示的機會。因此，主辦地相關管理機構應該出抬措施，制定適當的價格政策，限制比賽期間價格的過度上漲，以吸引顧客、培育市場，創造長期效益。這些措施主要包括：

（1）限制基本價格上漲幅度，維持市場穩定。
（2）適當開放非基本產品的價格，調節供求平衡，保障經濟效益。
（3）防止高檔消費品價格過高，超出高收入旅遊者的承受範圍。
（4）維持中低檔產品的價格穩定，挽留中等收入的旅遊者。

6. 營造氣氛，賽事鄰近地區商機無限

大型體育賽事所吸引的遊客數量通常會遠遠超出門票的銷售數量，很多遊客到比賽舉辦地的目的並非一定要親臨現場，而是為了感受賽事期間特殊而濃烈的氣氛，這也是世界杯足球賽期間足球酒吧顧客盈門的原因。因此，賽事旅遊活動的開展並不只局限於比賽的舉辦地，距離比賽地較近的地區和該項活動普及程度最高的地區以及到舉辦地的途經地區都可以開展賽事旅遊活動，只要能夠營造出賽事的氛圍，經過良好的宣傳都可以吸引大量的遊客前往。例如，2002 年韓日世界杯足球賽期間，泰國通過適當的宣傳和價格優惠等一系列措施也獲得了不錯的旅遊收益，而中國旅遊部門和企業卻忽視了這樣難得的商機。

7. 重視賽后效應，堅持可持續發展策略

大型體育賽事結束以後，主辦地在一段時期內的遊客數量仍然會持續增加，這種效應被稱為體育賽事旅遊「滯后效應」。造成這種滯后效應的原因主要有兩點：一是主辦地的傳統客源可能會考慮到體育賽事期間交通擁擠、價格上漲等問題而避開這一高峰，選擇在賽后前往；二是體育賽事的整體宣傳效果良好，吸引了許多新的遊客。

基於上面的原因，主辦地的旅遊管理部門應當目光長遠，堅持可持續發展的思想，制定長期策略，重視基礎設施的建設和服務質量的提高，借體育賽事的機遇提

升當地的旅遊形象。另外，旅遊經營者不要趁機「宰客」，而是應當在對外業務中重視與客源地經營者的長久合作，培養良好的業務關係。

隨著2019年籃球世界杯、2022年冬奧會相繼落戶中國，世界級賽事紛至沓來，體育成為全民的關注熱點之一。作為一種新興的旅遊形式，體育賽事火熱發展，也會帶動體育旅遊的快速發展，這對於中國旅遊業以及其他產業而言，都更有意義。各級組織者和旅遊企業應借鑑其他國家和企業的經驗，結合中國特有的旅遊資源，充分利用各種商機，開發具有中國特色的賽事旅遊活動，為促進中國旅遊業及其他產業的可持續發展打下堅實的基礎。

案例

當旅遊愛上奧運 全球體育旅遊市場規模增至2,052億美元

里約奧運會開幕了，全球的體育迷奔赴巴西，掀起觀賽與旅遊的高潮。根據巴西旅遊協會此前預計，在「奧運季」期間，將有約40萬海外遊客來到巴西，攀登科科瓦多山觀賞基督像，遊歷巴西利亞大教堂，在潔淨松軟的科帕卡巴納海灘衝浪，這些應該都是遊客的必選之項。旅遊產業的溢出效應也已經預示，不僅僅是巴西，包括其周邊的阿根廷、智利、秘魯和烏拉圭等國家，都將在入境遊客數量、入境遊客消費方面得到大幅度的提升。

體育和旅遊越來越像一對戀人，每隔四年的奧運會就是他們高調宣誓愛情的舞臺。根據世界旅遊組織的統計，2010—2015年，全球體育旅遊市場的規模從1,180億美元激增至2,052億美元，每年以15%的速度持續增長。這期間全球旅遊市場的增速最快的年份就是2012年倫敦奧運年。

遙想當年，奧運會與旅遊的第一次邂逅真實而美好。1896年，首屆現代奧運會舉辦期間，牛津大學學生博蘭恰在雅典旅遊，看到賽事越戰越酣，擅長網球的博蘭報名下場比賽，竟然一路過關斬將，連獲首屆奧運會網球單打、雙打兩項冠軍，創造了以遊客身分奪得奧運會冠軍的奇跡。這遊歷途中看似無心的舉動，恰恰印證了奧運精神中「參與比獲勝更重要」的真諦。

如同再相愛的人也不能避免紛爭，同樣不能避免的是，當越來越多來自世界各地的奧運團隊以及國際遊客紛紛來到里約熱內盧時，他們感受到的可能不只是巴西的熱情、熱烈、熱辣，同樣也有炙熱、灼熱。政局動盪不定、經濟下滑、衛生堪憂、

治安問題層出不窮……似乎一切不利的因素都在考驗著旅遊這項具有風向標作用的產業能否堅守著與奧運會愛的誓言。

「唯愛與美食不可辜負。」世界上有許多關於美的體悟無需言語。美食、美景、美人，這些無論信仰、不分膚色和國籍皆可以欣賞的美好的事物，是熱愛生活的人們共同的向往。更高、更快、更強，奧運帶給人們的不斷進取、永不滿足的奮鬥精神和不畏艱險、敢攀高峰的拼搏精神，激勵著全世界的強者克服困難，挑戰自我，取得成功。打破藩籬，開放疆界，是旅遊帶給當今國際秩序最開放、最積極的因素。2016年年初，巴西政府宣布在2016年6月1日至9月18日期間，遊客和運動員可以獲得為期90天的簽證，並且並不需要一定持有奧運會門票，美、加、澳、日四國上述人員可以免簽入境。儘管中國尚未被列入免簽行列，但辦理簽證時間也大為縮短。

無論奧運會與殘奧會的比賽多麼精彩，2016年9月18日后，鮮花和掌聲都會歸於寧靜，孕育新的開始。而前、后奧運時代的旅遊為巴西帶來的影響可能會長久和深遠得多。相對於單純的奧運旅遊收入，巴西政府建造的交通網絡和場館體系創造出更豐富的就業崗位、更成功的國家（城市）旅遊形象、更標準的服務質量將會深遠地推動巴西經濟盡快走出谷底，提振投資者的信心，刺激投資與消費，讓巴西走上一條可持續發展之路。

體育和旅遊之愛應該是熱烈的，在21世紀，這兩種社會活動調動世界各地千百萬人行動起來，走出孤立。體育和旅遊之愛也應該是廣博的，這兩種社會活動促進著不同文化和生活方式的人們之間建立起理解和緊密的關係，並有力地促進世界各國之間的穩定與和平。我們更期待體育和旅遊之愛是堅韌和樸實的，這兩種社會活動都是發自內心，為人性所愛，同樣代表著社會最強大的經濟驅動力，產生了多種經濟衍生物，孕育著巨大的市場潛力。我們有理由期待，這樣的愛能夠誕生「一個全新的世界」。

——資料來源於 http://travel.people.com.cn/n1/2016/0808/c41570-28618797.html

課后思考題

1. 什麼是體育旅遊？什麼是體育賽事IP？
2. 體育旅遊產品的特徵、功能及開發原則是什麼？
3. 國內外體育旅遊業發展現狀如何？

4. 中國當下體育旅遊興起的原因是什麼？
5. 中國體育旅遊目前存在的問題及解決措施有哪些？
6. 體育旅遊經紀人的業務範圍包括哪些？
7. 如何做好體育賽事的開發策略？

第八章
體育媒介與體育贊助

第八章　體育媒介與體育贊助

第一節　體育媒介

一、體育媒介

（一）體育媒介的概念

從傳播的角度看，體育具有倡導新的生活方式、生活觀念，自身備受關注並易與電視、報刊、廣播等媒體結合的特點。體育媒介是指與商業信息和媒體發生一定聯繫的體育精神、人物、組織、賽事等。

具有較大傳播功能的運動明星、運動隊、精彩體育賽事、體育俱樂部、健身娛樂活動等都是體育媒介的重要組成部分。優秀運動員、高水平運動隊、精彩賽事等，因其能夠經常提供新鮮、刺激、極具親和力的形象和事件而備受媒體關注，成為媒體競相報導的對象，媒體也因此而爭取更多的讀者，不斷擴大市場效益；而贊助企業、廣告客戶和廣告代理商則對這個活躍的展示媒介存在一定的品牌宣傳需要，這裡的供需構成了體育媒介市場。

體育媒介由於具有高度的社會關注度、廣泛的傳播面、極大的社會親和力等特點而成為比單純報刊、廣播、電視等更具優勢的廣告傳媒。這種傳播優勢使體育媒介具有巨大的市場潛力。

（二）體育媒介市場

體育媒介市場價值大小的取決於體育媒介的特徵狀況和它所結合媒體的條件、市場狀況等。

1. 體育媒介市場的內容

（1）體育報刊。國家體育總局報業總社的各類報刊，各省市的體育報刊，因傳播體育媒介信息而獲益，以其發行量、廣告體現其價值。

（2）體育電視頻道、欄目。體育頻道、有線電視體育頻道、各地衛視體育欄目、國外體育頻道等，以電視廣告體現價值。

（3）體育網路站點。國家體育總局信息中心網站、各種網路公司網站，以網路收費用戶、網路廣告顯現價值。

體育媒介市場不是體育組織所專有，許多非體育組織也可以在這樣的市場中獲

得一定的份額。

2. 體育媒介的作用

新聞報導、宣傳；傳遞體育專業知識；發展推廣體育事業；開發市場。各種體育媒介因其宗旨、對象、內容、定位不同而具有不同的作用。

3. 市場收入渠道

發行量、收視群體收入；廣告收入；仲介體育活動收入；組建體育俱樂部擁有俱樂部無形資產和特許權等，如電視轉播權等的經營收入。

4. 體育媒介的標誌、稱號、專利等特許權轉讓的無形資產市場

（1）運動員、運動隊媒體市場。由於媒體的宣傳，世界優秀運動員在取得成績后舉世矚目，很容易成為年輕人崇尚、追逐的偶像，這就使得明星運動員成了最佳的廣告載體。運動員的出場費、轉會費在某種程度上也都是其廣告價值的反映。

（2）體育組織媒介市場。由於體育賽事、運動明星的不斷升溫，相關的體育組織如奧委會等也令人耳熟能詳。因此，體育組織的相關稱號、標誌和專利等的特許權也成了很好的傳播載體，而且更加權威和令人信賴。

（3）賽場特許使用權市場。無論是高水平的競技體育比賽，還是大規模的群眾體育賽事，都有可能引起媒體的廣泛關注和傳播，進而使賽事特許使用權成為企業傳播商業品牌的重要載體。賽事特許權主要是指賽事的相關標誌、稱號和專利等無形資產。因此，賽事冠名、會徽和吉祥物使用、指定產品經營和場地廣告等的特許使用權都是傳播商業信息的有效載體。這些特許權多通過企業贊助、廣告等途徑獲得。

5. 賽事電視轉播權轉讓市場

賽事電視轉播權是體育組織很重要的一種無形資產。由於體育比賽具有激烈競爭、結果的不確定性、廣泛的傳播性、符合現代生活方式等特徵，因此能夠吸引全世界觀眾的關注。電視臺競相通過購買體育賽事的電視轉播權，轉播體育賽事來提高自己的節目收視率，增加電視廣告收益。隨著電視轉播範圍的不斷擴大，電視轉播權成為賽事主辦者的一種重要的無形資產。

（三）媒介在體育經紀中的作用

傳媒經濟的本質是「影響力經濟」，如果沒有影響力，傳媒就什麼都不是了。所謂影響力經濟，即從媒介的經營運作角度出發，只有媒介擁有足夠的影響力，才有可能得到足夠的廣告回報；否則，只有注意力而沒有影響力，便成為炒作與宣傳，

達不到市場營銷的目的。影響力經濟與注意力經濟是有區別的：前者性質上是營銷學範疇，而後者是傳播學範疇。影響力經濟的確立，為媒介的受眾導向、服務質量以及廣告經營，提供了堅實的理論基礎。市場實踐證明：沒有一個堅實可靠的盈利模式做基礎，注意力無法轉化成為企業的收入和利潤。

在 21 世紀，從傳媒競爭著眼，應從資源的合理配置與增值的角度來認識傳媒經營，應把傳媒所握有的資源與產生的影響視為可以運作的對象，應把經營視為對傳媒功能的最大效率的發揮，體育與傳媒合作，達到互利雙贏的效果。傳媒影響體育，主要憑藉以下的資源：

（1）品牌號召力和輿論影響力。一方面，傳媒介入體育產業，可以利用自己的品牌號召力；另一方面，傳媒和體育「聯姻」，更能高揚手中的「話語權」。

（2）傳媒資金雄厚的優勢。傳媒業利潤豐厚，傳媒集團的經濟實力不容小覷，掘金體育產業，雄厚的資金方為強有力的后盾。

（3）傳媒「海量」的信息資源。在當今這樣一個社會結構和運行條件下，傳媒徵戰體育產業，可以利用自身渠道多、信息快的優勢，在體育產業的信息戰中先發制人。

（4）借道傳媒廣告發行資源。傳媒開發體育產業，還可以充分利用自身的廣告資源和發行資源，在和對手競爭中，占據優勢地位。

二、大型體育賽事的傳播與策劃

（一）拓寬信息資源

大型體育賽事項目多、時間長、受關注面廣，因此它的傳播任務更為艱鉅，所以在整個傳播工作中需要有周全的策劃和縝密的安排。

體育經紀人和體育經紀機構的行為就是一種傳播行為，是人與人之間信息的傳遞與分享，是一種共享信息的過程。由於傳播的雙向性特徵，體育經紀人在經紀活動中，兼有信息的接受者與傳播者兩種身分。如果沒有體育經紀人這一仲介環節，體育運動與社會也許就無法溝通，體育經紀人的傳播活動正是試圖打破信息的傳輸阻礙，使得信息的傳輸不斷衝破有限的空間阻礙，向外擴張。體育經紀人在傳播鏈中不可或缺的作用是顯而易見的。

對體育經紀人而言，掌握和開拓信息資源，主要從以下兩個方面著手：賽事資源和運動人力資源。

一方面，奧運會市場固然是最有價值的一塊，隨著申奧的成功，中國奧委會與奧運會資源有關的市場開發權和北京2008年奧組委的權利融為一體，不能再獨立開發，但是別的市場如亞運會、大運會等賽事的中國代表團，都是值得考慮和開發的資源。

就單項賽事而言，國內體育比賽的市場潛力也值得認真關注。目前一些國內賽事資源的價值凸顯，體育組織待價而沽，足球、籃球等賽事資源先後賣出了不菲的價格，使得這些項目基本具備了自我造血功能。

還有綜合性賽事，特別是國家體育總局作為主辦單位的賽事，如全國運動會、城市運動會。從它們炙手可熱的現況，可以想像到它們的市場潛力和價值。

另一方面，作為顯性傳播資源的體育明星，具有青春健康、積極向上的精神風貌，是體現公司形象和產品質量的最好活載體。中國的體育明星廣告資源豐富，開發的程度不斷擴大。體育是一種激情四射的特殊文化，體育明星廣告傳播的是體育的獨特魅力。孫雯拍的南孚電池廣告中的那句「堅持就是勝利」，在滿是汗水的臉頰映襯下讓人感到一種震撼，讓人體會到中國女足永不放棄的頑強鬥志。

中國越來越多的新聞傳播媒介開始引入企業形象識別系統（CIS），作為傳播媒介自身優勢的展示，更多的屬於媒介公關範疇，即向社會公眾展示和宣傳媒介的各種資源，包括媒介形象、媒介品牌、媒介的受眾群體、發行量、廣告收入等。企業形象識別系統的本質是以塑造形象為目標的組織傳播行為，它以媒介的名稱、口號、建築物外觀以及媒體的內部管理、對外交流等，構成媒體的總體發展戰略。新聞傳播媒介實施企業形象識別系統也就是向社會展示新聞資源的過程。此外，新聞傳播媒介自身優勢的展示與新聞傳播內容的展示是結合在一起的。新聞傳播媒介的資源展示和新聞資源的轉換與整合是分不開的，這裡面有社會關係、資金、人力資源等向新聞信息資源的轉換，也有各種不同類型資源的整合利用。

（二）設立高效、暢通的新聞中心

大型體育賽事的規模越來越大，比賽項目越來越多，參賽人數直線上升，加之觀眾的要求越來越高，不僅需要及時的賽事報導，還要賽事花絮、深度報導、幕後新聞等來滿足個人所好，簡單的原始報導已經適應不了高強度、高難度的體育報導的需要。因此，與時俱進，不斷全面地提高大型體育賽事的傳播中的科技含量，已成為必然。

作為體育賽事不可或缺的組成部分，賽事經紀是賽事轉播的關鍵，它在市場運

作中起到橋樑和協調平衡的作用，它可以對賽事轉播的時間、價格以及相關的市場運作問題起到溝通與協調作用，對賽事轉播的合法權益起到保護作用。

國際上賽事電視轉播權的各種經營模式表明，賽事轉播中的仲介機構非常重要，體育市場是由賣方、買方和仲介機構三方面構成的。仲介機構是經濟活動不可缺少的中間環節，是聯繫買方與賣方的重要紐帶，但是目前中國各個協會經營水平還不高，企業和客戶有限，無論是對銷售環節的市場調研，對目標市場的把握和定位，對設計優化的營銷組合，還是多渠道營銷、促銷等，都需要非常專業化的營銷仲介機構來協助完成。電視臺、生產企業也同樣對仲介機構協助包裝精品體育賽事電視節目提出了迫切的需求。

(三) 充分發揮大眾傳媒的作用

體育傳播包括人際傳播、組織傳播和大眾傳播。其中的大眾傳播已經成為當代體育賽事傳播空間的重要緯度。大眾傳播自身的高速發展，使其成為大眾生活不可或缺的構成要素，它在現實世界中為人們構築了一張隱形的網路，深入到大眾生活的方方面面，體育也因之滲透到大眾生活的每一個角落。體育經紀人必須對當代體育與大眾傳播的關係作出認真的分析和思考。

1. 考察大眾傳播在賽事前對賽事傳播的策劃情況

現代體育傳播有個雙向互動的規律，受眾的心理傾向是決定體育傳播者意圖的一個重要的因素，而且體育傳播者的意圖要通過受眾心理的接受才能產生作用。因此，把傳播學中的受眾心理傾向和體育傳播的實際操作結合起來，進行系統的研究，是體育傳播學的一大課題。

為了盡量滿足體育傳播中受眾的個性心理需求，要求對受眾進行深入的調查，瞭解不同受眾群體對體育傳播的不同需求。不同性別、不同年齡、不同文化背景、不同職業的體育受眾對體育運動項目的喜好都有差別，所以各類媒體應該有的放矢的策劃，爭取最優的傳播效果。

2. 考察體育大賽前電視轉播權的轉讓策劃

目前，體育組織或者經紀機構要辦一個賽事，贊助商是第一考慮因素，有了電視轉播，贊助商才會出錢，贊助商給錢的前提是有電視轉播；有的賽事目前還沒有市場，需要通過規範操作培養市場，起初規範操作是由主辦者出資來製作電視信號，並提供或轉讓給電視臺播出，把置換來的廣告時段回報給賽事的贊助商，使設獎杯的贊助商能得到貼片廣告時段，由此得到更多的回報。由於開發了轉播權在實現社

會價值和經濟價值方面充分滿足了贊助商，逐漸把市場引入良性循環軌道，把市場慢慢培育起來。第二年的賽事就有可能在這個基礎上進一步增加社會效益和經濟效益。贊助商從中得到了較好回報，電視轉播收到了良好的經濟效益和社會效益，場地廣告的利益也得到了兼顧，從而把市場培育起來。

現在電視插播廣告的專業化程度已經非常高了，電視轉播的開發手段也越來越多樣化。如世界盃足球賽，因為足球比賽不能像籃球比賽那樣插播廣告，賽事主辦者為了實現轉播權價值，有了新的手段，在世界盃足球賽的轉播中，當電視屏幕展示比分時，就出現贊助商的商標，這是在製作賽事時加進去的。

通常，在具體賽事傳播策劃的開始，就會遇到廣播、電視轉播權轉讓的問題。傳播學的奠基人施拉姆在其《傳播學概論》中也認為商業化的大眾傳播媒介，產生了無法控制的社會影響。在市場化的今天，運用商業化的市場手段經營大型體育賽事的轉播已成為必然趨勢。

3. 考察體育大賽前網路媒體的組織策劃

目前互聯網在社會上迅速普及，快速增長的中國網民，開始把網路作為獲取新聞信息的主要渠道之一。當重大事件發生之際，對期待瞭解信息的網民來說，網路的重要性不但勝於廣播，甚至超過了報紙。網路在傳播方面的優勢、強勢主要表現在信息量大、選擇性強、時效性強等令傳統媒體可望而不可即的方面。把公眾的注意力集中於某些事件上，形成議論中心，在傳播學上成為「議程設置」，它是大眾傳媒對社會的積極作用之一，互動的互聯網在這方面具有得天獨厚的優勢，它使得賽事成為大眾的熱點、焦點，也使得賽事的發展得到大眾的有效監督，可以使輿論得到正確的引導。總體來看，現在的傳統媒體已經離不開網路的支持。

第二節　體育贊助

毋庸置疑，體育在當今社會生活中正扮演著越來越重要的角色。隨著傳媒和信息技術的迅速發展打破了體育的時空局限，增強了體育對社會的影響力。據調查，1998年在法國舉行的世界盃足球賽更是獲得全球40億觀眾的青睞，2000年悉尼奧運會有42億觀眾觀看了轉播。精明的商家早已認識到體育背後蘊藏的無限商機，借助體育開展的營銷活動不僅能吸引消費者的目光，更重要的是體育運動所推崇的公

正、公平使商家的宣傳效果和品牌價值提升到較高的水平。

一、體育贊助的發展和作用

（一）體育贊助

贊助活動古已有之，贊助最初的定義基本等同於捐贈、資助，是一種純公益性的社會行為。然而，隨著經濟活動的日益深入，現代社會贊助被認為是一種商業行為。從經濟學的角度，也可把贊助理解為一種市場性的經濟行為。

關於體育贊助的定義，最早的文獻見於1981年在西班牙召開的歐洲體育部長研討會上所達成的共識，認為「體育贊助是個人或組織之間一種具有共同利益的關係。贊助方某些利益的換取與體育活動設施或體育參與者的某種聯繫。」哈格斯泰特（1983）在他的專著《贊助與體育廣告》中，將體育贊助定義為：體育贊助可看成產業和體育雙方共同事業的一個簡要術語，具有商業或其他社會動機，不包括理想化工作和做善事，是體育與企業之間的一種交換方式。廣告是其中一個重要部分。同時，他在書中還強調，不僅是產業與體育之間具有這種共同事業，也包括產業與文化，教育研究和環境等方面的共同事業。

1983年的《豪威爾報告》將體育贊助定義為機構或個人對體育項目、體育比賽、體育組織提供的支持，雙方互惠。該報告最后說，體育贊助服務了整個體育，同時也服務了參與體育的人群，並取得了良好的效果。

現代社會體育贊助是指一方面企業為體育賽事、運動隊、體育明星、體育場館以及體育公益事業提供經費、實物或相關服務；另一方面被贊助方授予提供贊助的企業冠名權、標誌使用權、特許銷售權等特殊權利，或者為贊助商進行商業宣傳，是一種商業合作。

（二）體育贊助的類型

1. 體育賽事的贊助

體育賽事特別是大型的、世界性的賽事，如奧運會、世界杯等是眾多贊助商青睞的對象。因為這些大型賽事不僅觀眾多、影響大、媒體關注率高，而且這些賽事本身就是一種品牌。商家贊助這樣的體育賽事可以顯示其實力，提升知名度和美譽度，打造企業品牌。1996年可口可樂公司贊助亞特蘭大奧運會約耗資6億美元（約占其當年全部廣告預算的47%），在奧運熱潮的推動下其第一季度收益增加12%。韓國三星集團連續三期成為奧林匹克全球贊助計劃（TOP計劃）全球合作夥伴，先

后花巨資贊助漢城奧運會、巴塞羅那奧運會、悉尼奧運會，借助奧運會五環提高了中低檔品牌的形象，在競爭中取勝。

2. 體育明星的贊助

因為體育明星在某種程度上是廣大體育迷心中真正的「上帝」，是他們虔誠的崇拜對象，體育明星的一舉一動都可能產生轟動效應。贊助商對體育明星進行包裝，聘請體育明星成為企業形象代表或代言人，進行一系列的營銷策劃和活動。贊助企業利用贊助體育明星而開展的營銷活動，使運動員的健康、積極、拼搏的形象融入贊助企業的文化中去，贊助企業的產品銷量、企業形象等都有大提升。安德瑪公司與史蒂芬·庫里於2013年簽訂了合約，此后庫里成了安德瑪運動鞋的代言人。在2015年，庫里成為NBA最優秀的球員之一，當選聯盟MVP（美國職業籃球聯賽最有價值球員），帶領勇士隊獲得40年來首座總冠軍獎杯。由於庫里的出色表現，安德瑪運動鞋成為追求運動時尚潮流人士的首選。想必耐克公司會對其沒有續約庫里感到十分后悔。

3. 體育場館設施的贊助

充滿動感的體育場館的廣告效應更是無可比擬。商家耗資購買一個大型體育場館的命名權意味著這家企業的名字將可以通過印刷文字、空中電波和互聯網經常與潛在顧客接觸，效果比起傳統的商業營銷方式更自然、更親切、更加容易被人們所接受。通過對體育場館進行贊助，購買體育場館冠名權的辦法，一家默默無聞的公司，可以立即名揚全國乃至世界。歐洲著名球隊馬德里競技隊在新球場揭幕儀式上宣布，萬達集團將冠名新球場，新球場的名稱定為萬達大都會球場（Wanda-Metropolitano）。該球場2017年落成后投入使用，萬達大都會球場將替代已經使用50年的文森特－卡爾德隆球場。萬達集團在西班牙乃至歐洲的知名度也會隨著新球場的使用而越發知名。美國西雅圖薩菲科保險公司就是在1997年購買了西雅圖海軍陸戰隊棒球場的冠名權而一舉成名的，最后被美國金融服務管理局從地區性公司提升到全國性公司的地位。冠名體育場館的贊助活動發展很快。據統計，到目前為止，北美洲有超過50個職業體育場是用啤酒公司、航空公司、石油公司等企業的名字命名的，歐洲足球五大聯賽裡面，企業冠名的球場就更是數不勝數，如拜仁慕尼黑的安聯體育場、斯圖加特的梅賽德斯奔馳競技場、沃爾夫斯堡的大眾競技場等。

4. 體育媒體節目的贊助

體育巨大的影響力和魅力是隨著各種現代化媒體，特別是電視的出現而日益展現出來的。然而，到現場去觀看體育運動比賽的人畢竟是少數，大多數人只有通過各類媒體（如電視、報紙、網路等媒體工具）來瞭解和欣賞體育比賽的狀況。因此，關注體育的人們自然對各類媒體也格外關注。有的企業在贊助體育賽事的同時，為配合這一贊助營銷，積極購買轉播賽事時段的電視廣告時段。贊助的形式包括節目冠名、以品牌名特約播出、節目背景的大幅品牌標誌宣傳等。而報紙媒體較多的形式為金牌榜、特約刊登等冠名，消費者在關心體育新聞的同時會反覆觸及商品品牌。

5. 體育俱樂部的贊助

贊助體育俱樂部也是體育贊助營銷的一種非常重要的模式。贊助企業向俱樂部提供資金、實物等，俱樂部給予贊助企業各種資格的廣告權利。特別是有的職業俱樂部，有自己的職業隊，這些職業隊要經常參加各種比賽。贊助這種職業俱樂部的贊助商可以取得俱樂部職業隊比賽現場的廣告權利，有的還可以直接取得俱樂部職業隊的冠名權。贊助企業可以充分利用俱樂部及其職業隊來進行各種營銷活動。2010年，恒大集團買斷整個廣州足球運動隊的股權，將俱樂部更名為廣州恒大足球俱樂部。2011年，恒大隊「衝超」成功並上演中國版的「凱澤斯勞滕奇跡」勇奪中超聯賽冠軍，並在2013年和2015年兩奪亞洲冠軍杯冠軍。恒大隊衝超后的六個賽季連續六年奪得中超冠軍。恒大足球俱樂部的戰績斐然，也無形中擴大了恒大集團的影響力和品牌知名度，恒大成為一個家喻戶曉的品牌。

(三) 體育贊助的發展歷程

1. 國外體育贊助的發展

美國新英格蘭鐵路運輸公司於1852年曾免費運送哈佛大學和耶魯大學划船隊參加比賽，與此同時大力宣傳此事，吸引了上千名體育迷搭乘他們的火車前往觀看比賽，從而開了體育贊助之先河。

1896年第一屆奧運會於雅典開幕，柯達公司就對奧運會伸出了贊助之手。而正式的大規模體育贊助始於英國，殼牌、埃索和英國石油公司三家跨國石油公司於1965年共投資1,000萬西德馬克贊助汽車大賽，開創了企業大規模贊助與自身產品有直接關係的運動項目的先例。

第23屆奧運會的主辦者尤伯羅斯當選洛杉磯奧運會主席之后，首開奧林匹克商

業之先河，通過利用企業的贊助，使得奧運賽場擺脫了五環旗下的赤字，變成了企業的「淘金場」，成就了阿迪達斯等諸多國際企業的跨國戰略。

奧運會中的奧林匹克全球贊助計劃（TOP 計劃），就是世界頂級贊助團隊，可口可樂一直以來都是該計劃的核心成員。要進入奧林匹克全球贊助計劃並不容易，只有財力雄厚的大企業集團才有可能支付巨額的贊助費用，但是因此而獲得的各種收益也是相當的可觀。

2. 中國贊助的發展

中國的體育贊助起步較晚，1980 年 10 月在廣州舉辦的萬寶路網球精英賽是中國首次由企業贊助的體育賽事。此后，「555」等品牌也開展了大規模的體育贊助。1984 年中國第一次參加奧運會時，僅有「健力寶」和「海鷗表」兩家企業向代表團贊助了 70 萬元的資金與實物。到了 2000 年悉尼奧運會上，中國代表團收到的贊助額達到了 7,000 萬元人民幣，且其中還不包含實物贊助，16 年中增長了 100 倍之多。1983 年，在由上海市舉辦的第五屆全國運動會，贊助金額只有 11.36 萬元人民幣，而到了 1997 年在同樣由上海承辦的第八屆全國運動會中，贊助金額則達到了 8,921 萬元人民幣，比第五屆全國運動會增長了約 783 倍。由此可見，中國體育贊助在近年來有了長足進展，增長速度驚人。

近年來，借力於體育贊助的國內企業日益增多，飲用水著名品牌「農夫山泉」因贊助中國體育代表團，用從每瓶水中提取一分錢支持申辦奧運會等，在飲用水市場上樹立了嶄新的形象。此后，贊助體育的舉動開始方興未艾。

改革開放后陸續出抬的一系列法律法規，為中國體育贊助事業發展提供了法律保障。特別是自 1995 年頒布《中華人民共和國體育法》后，使體育贊助擁有了合法地位，既鼓勵了單位及個人贊助體育事業，同時也為贊助者享有作為贊助回報的各種體育無形資產的合法性奠定了法律基礎。

但是，中國體育贊助市場還是存在很大的問題。中國體育贊助市場的發展波動較大，投資效益率不高，而且資金主要集中在足球、籃球等項目上，分佈不均，造成了小部分項目的巨額投入和大多數項目的少投入或零投入。另外，還存在著虛假投入和泡沫贊助的情況，企業投入缺乏誠意與遠見。這些問題都嚴重地阻礙著中國體育事業的全面發展。

20 世紀 90 年代中期，足球熱席捲全國，影響極大，各大企業為了創出名聲，不惜重金贊助足球隊，一時間各足球俱樂部如雨后春筍般發展壯大起來，足球運動

員也一舉成為中國各運動項目個人收入的龍頭。同時，法律法規對於菸草企業營銷行為的約束使得足球成為最佳的宣傳載體。中國法律明文規定不允許菸草產品在中國境內的各宣傳媒體中做廣告，因此贊助足球比賽來宣傳企業品牌成為菸草企業的最佳選擇，如「雲南紅塔足球俱樂部」「成都五牛足球俱樂部」等。

（四）體育贊助的作用

1998年法國世界杯賽的電視觀眾高達370億人次，是現場觀眾260萬人次的1.4萬多倍，而且遍及全世界五大洲的各個角落。2002年世界杯賽事僅在中國國內就創造了世界杯64場賽事達到120億人次以上觀眾收看賽事的新紀錄。以上數據足可以說明體育贊助對體育產業的巨大影響。

國外企業普遍認為贊助體育至少有以下幾個方面的好處：

（1）與廣告媒體受眾分流相比，體育能以其激情、刺激、活力與懸念吸引全球不同膚色、種族、性別及年齡觀眾的關注。全球有17億人通過電視觀看1998年法國世界杯決賽就是最有說服力的佐證。這對提升贊助商的形象、擴大品牌知名度及促銷都是十分有利的。

（2）體育比賽積極向上、勇於拼搏的健康形象對企業及其產品的形象有「增值效應」。

（3）贊助商能在情感上與體育愛好者（也即消費者）形成共鳴。

（4）有助於促進企業文化（企業凝聚力與自豪感）的建設。

（5）為企業公關及招待客戶提供了機會。

體育贊助可以是無償的社會公益活動，也可以是有償的商業行為，不過在市場經濟條件下公益性已不太為人所關注，它的商業性卻廣為拓展。體育贊助已經發展為規模龐大的一項商業行為，對體育事業的作用與影響也意義深遠。對於贊助商，能擴大企業和品牌的知名度，美化企業和品牌形象，重新塑造商品個性特徵，使商品差異化，有針對性的與目標顧客溝通，突現贊助商的實力與地位，運用體育明星效應威力大，能繞過某些溝通障礙展示產品和先進技術的良好平臺，同時還能激勵本企業的職工。對於被贊助方，首先它能夠擴大財源，增強活力，改善體育的社會形象，提高體育的社會地位；其次它能有力地激活各類比賽的舉行，從而促進運動水平的提高和競技體育的發展；最后它能滿足人民日益增長的體育觀賞需求，促進群眾性體育活動的開展。

由於長期受計劃經濟體制的影響，多年來中國一直把體育作為純粹福利事業，

國家這一體育事業的唯一投資者主導著整個體育的發展，並完全承擔著中國體育事業的責任。同時，在我們的主導思想上，也一直把體育領域的勞動視為非生產勞動，認為體育不能生產和創造經濟價值，只是在利用和實現投資的社會價值。但隨著中國經濟體制的改革，社會各經濟部門的主導思想有了根本性改變，因而也已不再把體育視為單一的社會福利。體育作為社會經濟生活的重要一部分，被納入到整個社會經濟發展的範疇之中，要把體育推向社會，推向市場。

在體育產業裡，體育贊助扮演著相當重要的作用。有資料顯示，全世界的企業投向體育的費用占其贊助費用總額的74%。目前，在中國國內選擇觀看體育賽事已經成為消費者休閒活動的首選。在15～49歲的人群裡運動人口已高達75%。更令人驚奇的是在這個年齡層中居然有47%的人曾經親往現場觀賞體育賽事。由此可見，隨著人們生活水平的提高以及體育休閒在人們日常生活中地位的上升，體育贊助的魅力會逐漸體現出來，將給無數企業帶來巨大的商機，從而促進體育產業的發展。不得不承認，體育贊助的巨大魅力及它給企業和體育產業帶來的影響，使它在體育產業發展中占了重要的一席之地。

美國的一項調查顯示，64%的受訪者比較願意購買體育贊助廠商的產品，其根源在於廠商的公益性。有統計資料表明：一個企業要想在世界範圍內提高自己的品牌認知度，每提高1%就需要2,000萬美元的廣告費，而通過大型的體育比賽如奧運會、世界杯足球賽等，這種認知度可提高到10%，同時還能獲得很好的經濟效益。所以，大型的企業都不惜花大價錢成為大型比賽的合作夥伴，以此開拓市場來獲取經濟利益。

贊助是一項四位一體的工作——贊助方、被贊助方、仲介、媒體，四方必須一起合作。這四方就像汽車的四個輪子，其中贊助方和被贊助方是動力，仲介和媒體掌控方向。

二、中國體育贊助存在的問題和建議

短短的幾年，中國體育贊助發展的速度就已十分驚人，在經濟全球化的帶動下也逐步地實現了全球化、國際化，逐漸與國際接軌，在世界各種知名的體育賽事中初露鋒芒，產生了不小的影響。但是，由於中國市場經濟體制下體育制度的制約，在體育贊助市場中還存在大量的問題，影響了中國體育贊助的發展。

(一) 中國體育贊助存在的問題

1. 對體育贊助本質的認識不足

(1) 體育贊助與捐贈的混同。目前，人們普遍認為體育贊助就是體育捐贈，就是各種組織或個人等對社會體育事業進行的不含有任何經濟目的的無償幫助和支持。實際上，贊助與捐贈的區別在於被贊助是一種有償的求回報的商業性營利活動；而捐贈是指國家、集體或個人進行的無償幫助和贈送。贊助與捐贈認識上的混同，使體育組織在開展體育贊助活動時，過多地考慮自身的需求，而忽視了贊助者的營利性需求，從而打擊了企業體育贊助的積極性，影響了體育贊助的發展。

(2) 體育公益性贊助與商業性贊助的認識問題。無論是公益性贊助還是商業性贊助，其根本都是通過贊助活動，實現其贊助企業的營利性目的，而並非無償地支持體育公益性事業。企業的公益性體育贊助，其實質是一種社會公共關係的商業性營銷活動。企業通過對體育公益性事業的支持，樹立企業良好形象，提高知名度，從而達到營銷獲利的根本目的。

2. 體育贊助的定位不當

體育贊助和廣告、公共關係的促銷一樣，同屬企業溝通和營銷的商業活動手段。這一點已成為國際社會的共識。在國外，贊助費用都能計入成本稅前開支。對此，法國、義大利等國家甚至有專門的法律給予保障。而中國由於對體育贊助的本質認識不足，稅務部門迄今為止仍把贊助等同於捐贈，把體育贊助看成是非營銷手段，不能和廣告一樣計入成本和稅前開支，使得企業只能變換方式，冒名頂替，改用廣告的名義走帳，或者稅後從利潤或職工的福利費用中開支。體育贊助定位不當，無形中加大了企業體育贊助的成本，挫傷了企業贊助的積極性。另外，由於體育贊助定位不當，政府對體育贊助缺乏必要的政策支持和引導。儘管體育贊助有其商業性的一面，但同時也有其社會性的一面。前英國體育贊助委員會主席丹尼斯豪威爾在1983年的《豪威爾報告》中明確指出：體育贊助服務了整個體育，同時也服務了參與體育的人群。體育贊助所具有的社會效應，使一些國家通過優惠政策予以提倡和鼓勵，有的予以減免稅優惠。而中國卻缺乏這方面的優惠政策。據中國學者蔡俊五對北京43家企業的調查，100%的企業認為政府在體育贊助政策、納稅方面缺乏激勵機制，對體育贊助缺乏科學定位，阻礙了中國體育贊助的發展。

由於體育贊助活動需要與其他組織協調共同進行，因此贊助活動有一定的時機性，如體育比賽並不是根據企業所希望的時機開展的。因此，一時或一地進行的體

育活動並不一定就適合企業進行贊助。中國企業在這方面往往表現出憑感覺拍板的弊病，缺乏合理的、全面的贊助活動分析，結果經常是花了冤枉錢還收不到效益。

　　2003 年夏天，西班牙足球甲級聯賽豪門球隊皇家馬德里足球俱樂部訪問中國，為了提升品牌的知名度，國內休閒服飾企業——七匹狼實業股份有限公司（以下簡稱七匹狼）斥資 400 萬元，成為皇家馬德里中國行第一場「龍馬之戰」的唯一指定服裝贊助商。以唯一指定服裝贊助商的身分，出現在如此龐大宣傳攻勢的體育賽事中，表明了七匹狼在服裝界力爭成為強者的雄心。這種營銷手段堪稱是國內服裝業罕見的「大手筆」。令人遺憾的是，七匹狼投入巨額贊助塑造品牌的行為並未能夠得到應有的回報。七匹狼雖然是這次比賽的唯一指定服裝贊助品牌，但在鏡頭前，皇馬球星卻幾乎從來沒有穿過七匹狼品牌的休閒裝，球星們不僅在賽場上穿的是阿迪達斯的運動服，就連其他活動也都身著阿迪達斯的運動服。更為致命的是，七匹狼在各大媒體和自己專賣店及網站刊登的廣告上，七位巨星身著的都是阿迪達斯的運動服，這實在無異於自己買單為競爭對手做廣告。在看似並不複雜的體育贊助營銷活動中，七匹狼付出了高昂的學費甚至成為業界的笑話，被某雜誌評選為 2003 年營銷十大敗筆之一。由此可見，國內企業在體育贊助過程中，準確把握贊助與企業品牌戰略之間的關係，並加以深入挖掘，就顯得迫在眉睫，提高整體運作能力也更加任重道遠。

　　3. 體育贊助法規的不完善

　　中國雖然在體育贊助方面制定了一些法規，但由於把「體育贊助是體育捐贈」的定位作為體育贊助法規制定的依據，因此很難有效地保護體育贊助企業的合法權益。如國家體育運動委員會 1996 年頒布的《社會捐贈（贊助）運動員、教練員獎金、獎品管理暫行辦法》，該辦法無視體育贊助與捐贈的本質區別，將兩者混為一談，在法規層面上把體育贊助與捐贈同等對待，使贊助者本應享受的合法權益得不到保障。如托普電腦公司在贊助「托普電腦杯 98 世界女子飛人挑戰賽」時，媒體只用「98 世界女子飛人挑戰賽」名稱，而沒有用冠名報導，損害了托普電腦公司的贊助權益。企業贊助權益得不到有效保護的現象，嚴重影響了企業體育贊助的積極性。

　　4. 埋伏營銷的消極影響

　　1999 年，柯拉把埋伏營銷定義為：公司將自己與贊助的賽事聯繫起來，但不付錢的行為。企業實施埋伏營銷的主要途徑如下：

（1）組織一些與比賽結果有關的競猜活動，或者把比賽門票當成獎品送發。
（2）對轉播比賽的媒體進行贊助。
（3）在比賽期間播放廣告，有意通過內容將公司產品與賽事發生聯繫。
（4）在靠近比賽地點發放傳單或宣傳小冊子等。

由於埋伏營銷的成本低、利潤大，使越來越多的企業採用埋伏營銷。然而，埋伏營銷會給消費者造成一種假象，讓消費者誤以為埋伏營銷者才是賽事的贊助者，或在某種程度上與賽事有聯繫，從而削弱了正式贊助商的影響和形象，損害了正式贊助者的合法權益。例如，在1998年的「托普電腦杯98世界女飛人挑戰賽」上，由於沱牌曲酒獨家贊助了這次轉播比賽的12家電視臺，使得這家酒廠的招牌在比賽節目中頻頻出現，削弱了托普電腦公司獨家贊助體育賽事的形象，使沱牌曲酒的埋伏營銷的回報遠遠超過了托普電腦公司的正式贊助回報。而沱牌曲酒對賽事轉播贊助的花費僅30萬~40萬元，遠遠低於托普電腦公司的100萬元的贊助成本。體育贊助成本與收益的失衡，勢必影響企業的體育贊助熱情。

5. 體育贊助品的質量問題

贊助產品的質量是開展贊助活動、提高贊助回報的基礎。由於中國體育贊助發展較晚，賽事水平普遍偏低，檔次、規模相對較差，加之體育組織管理水平低下，使得贊助產品的質量沒有明顯的改變。而體育組織對體育贊助產品的定價又脫離市場需求，要價很高，使贊助方難以接受。據蔡俊五對北京43家企業的調查，98%的企業都認為要價太高。而體育組織為了減輕財政的壓力，紛紛開展和擴大職業俱樂部聯賽制，或不斷擴大贊助性比賽的數量，忽視體育贊助產品「質」的提高。如體育系統1997年全國贊助性比賽的次數從前一年的9,662次猛增到20,786次，增幅高達115%。由於盲目地追求產品數量，而忽視了產品質量，導致贊助總收入不但沒有增加，反而從5,790.1億元降至4,273.9億元，降幅為23%。企業認為體育賽事規模小、宣傳覆蓋面窄、影響面小，抑制了企業的體育贊助需求。

（1）體育贊助短期性行為太強。在北京世界大學生運動會（以下簡稱北京大運會）期間，贊助商中湧現出不少新面孔。有些企業是剛剛成長起來的，首次利用贊助北京大運會的方式為其提高品牌知名度。但是北京大運會之後便銷聲匿跡了，再沒有出現在其他體育賽事贊助商的名單裡。這種曇花一現式的體育贊助行為，在中國企業中並不少見。

（2）贊助活動的組織能力不強。體育贊助是一個複雜的系統活動。只有當參與

的四方，即贊助者、被贊助者、媒體和仲介機構都旗鼓相當、精誠團結、同心協力、密切合作時，才能創造一個體育贊助的良好效益。由於體育贊助活動的規模較大，涉及的營銷工具與宣傳手段豐富，往往不是企業能單獨承擔的，它不僅要求活動組織人員具有全面的、專業的實踐經驗與統籌組織能力，而且需要能獲得各組織機構的支持。中國企業在體育贊助過程中，往往由於某個部門或環節的工作做得不充分，敷衍了事而導致整個贊助活動達不到預期效果，最終使企業蒙受損失。

6. 體育贊助過於商業化

體育贊助是在無形當中讓觀眾、消費者無意識地接受企業的產品。但如果過度商業化，則有違體育運動的本質，也容易引起消費者的反感情緒，從而不接受贊助企業的產品。以2002年韓日世界杯足球賽為例，由於中國隊是首次打入世界杯足球賽決賽圈，讓中國人為之振奮。中國足球協會只顧拉贊助，熱身賽安排不力。足球協會官員、教練忙於各種應酬，球員忙於做廣告，結果在比賽中一球未進淨負九球。因此，有網民評論道：看中國隊進球，到電視廣告裡找。由於過度商業化，球員在2002年韓日世界杯足球賽上的表現差勁，觀眾、消費者對他們產生了一種抵制心態，從而對贊助企業的產品也出現了抑制情緒。

(二) 對發展中國體育贊助的建議

1. 觀念更新

企業進行體育贊助的主要目的就是獲利，缺乏營利性機制的贊助活動將使企業失去贊助的動力。為此，體育組織應該更新觀念，改變那種體育贊助就是體育捐贈的陳舊觀念，使之開展體育贊助活動時，既考慮自身的需求，又充分考慮贊助者的需求。通過體育贊助活動使雙方達到利潤最大化，實現雙贏的結果，從而激勵企業積極參與體育贊助。

2. 體育贊助的合理定位及其政策的優惠

通過對體育贊助「商業性本質」的充分認識，轉變國家有關部門對體育贊助的觀念和定位。使企業的體育贊助費用和廣告費用一樣均可列入成本和稅前開支，以減少企業體育贊助的成本支出。同時，借鑑某些國家的先進經驗，制定企業體育贊助的優惠政策，通過優惠政策激勵和引導企業積極參與體育贊助，推動中國體育贊助的發展。

3. 法制的完善

通過法制的完善，使體育贊助的性質、贊助者、被贊助者以及仲介機構的權益

作出必要的規定和說明；並通過法律的強制實施，保護企業體育贊助的合法權益。通過市場法制環境的改善，激勵企業參與體育贊助，加速中國體育贊助的發展。

4. 減少體育贊助活動中的埋伏營銷

企業作為市場經營的主體，其首要目的就是利潤最大化。既然埋伏營銷的成本低，利潤大，那麼高額利潤的內驅力就會使它們通過各種方式進行埋伏營銷。於是，對埋伏營銷的抑制就顯得十分困難，一定程度上，體育組織者只能通過法律的方式來解決，通過體育執法力度的加強，加大埋伏營銷者的營銷成本，抑制其埋伏營銷的發展，使體育贊助者的權益得到保護。

5. 合理選擇體育贊助的形式，注重贊助的長效性

體育贊助的形式主要有三種：媒體節目贊助、運動隊贊助和賽事贊助。開展什麼層次、項目和規模的贊助都取決於企業的特點、地位、實力和戰略目標，必須慎之又慎。企業需要根據自身的實力以及所要達到的營銷目標結合贊助形式的特點進行決策。

贊助是長時期的投入，其回報的週期也比較長。唯有不斷地給受眾以刺激，才能給受眾留下印象。隨著賽事的臨近，由小到大、由遠及近、由淺至深地加深目標受眾的印象，形成連綿不斷高潮迭起的溝通效果。

由於體育贊助以心理效應為主，各種功能只有經過長期不懈的努力方能實現，很難一蹴而就。因此，體育贊助貴在堅持，無論是贊助目標還是贊助對象都要保持相對穩定，使之形成傳統和氣候，切忌朝三暮四、一曝十寒。

6. 體育贊助品質量的提高

隨著企業體育贊助業務的深入發展，企業體育贊助日益理性化和成熟化，公司對他們從體育贊助中得到的利潤是多少、付出多少，變得越來越精通、老練。為此，只有提高贊助品的質量，增加贊助者的滿意度，才能吸引贊助者、留住贊助者。一方面，應充分利用已有的高層次、高水平、高吸引力的可贊助資源，使之發揮最大作用；另一方面，通過不斷創新，創造出新的賣點、亮點，產生社會轟動效應，提高體育贊助的品牌和檔次。如通過比賽時間、空間、內容和規則的創新，使體育贊助商得到更多、更好的贊助回報，吸引更多的企業參與體育贊助活動。

在進行廣告、公關、促銷等配套宣傳時，要有創意的想法，以創新的手段和方式找到與企業相關的切入點。體育贊助實際是一個帶有很大風險性的行為，只有管理好了，才能給贊助者帶來收益。贊助企業和體育管理部門必須牢牢把握兩個特徵：

第一，贊助雙方是以支持和回報的等價交換為核心的雙贏溝通手段，強調雙贏。第二，贊助只是一種溝通手段。其目的是擴大溝通效果，提高企業知名度和美譽度。體育管理部門又該怎樣完善體育贊助事業呢？首先，體育市場開發部門應建立完善的誠信體系；其次，制定和執行嚴格的贊助排他性原則；最后，體育管理者還應掌握贊助商的贊助動機，瞭解贊助商對受贊助體育賽事的期望，並做好贊助方案。

7. 建構「三贏」的合作理念

在體育賽事中，贊助商、體育主體、媒體應通力合作，建構「三贏」的合作夥伴關係。體育運動是多種價值的載體，除強身健體外，還要調整教育，約束人們形成正當社會規範的有力工具，是競爭與協作的最佳平衡器，它對人們建立崇高的生活目標有著重要的導向作用。媒體尤其是電視，能對體育賽事進行無限複製，一場比賽可同步讓數十億人看到。任何體育賽事現場觀眾畢竟有限，只有通過電視轉播才能讓更多的人欣賞到。如果沒有電視轉播，賽事的影響就會大大降低，贊助商的贊助熱情就會大打折扣。沒有被廣泛關注的體育賽事轉播，電視臺尤其是體育頻道的收視率會大大下降，並最終影響贊助效果。贊助商需要借助合適的體育賽事和電視臺的播放，達到自身的目標。

體育主體、電視臺則需要贊助商提供資金或實物，確保賽事順利進行。因此，贊助商、體育主體和媒體都擁有對方需要的資源，也都能從對方得到自己所需要的資源，從而實現資源共享，各取所需。目前中國體育贊助的最大問題，恰恰是不能使贊助商取得商業利潤。要使贊助商取得成功，應把握以下兩條原則：一條是獲利原則。企業決定贊助之前，往往會與「硬廣告」作比較，贊助利益與贊助金額的均衡是贊助決策的關鍵。奧運會全球贊助商國際商業機器公司（International Business Machines Corporation，IBM）在2000年奧運會后，結束了與奧運會長達38年的贊助關係，此舉是因為該公司覺得投資與報酬不相稱，且與國際奧委會未能達成共識所致。另一條是相似原則。即贊助的體育項目觀眾與贊助商的目標顧客應相似，有較大的關聯性。贊助商通過贊助其目標顧客喜愛的體育項目，與他們建立對話的平臺。如中國郵政速遞公司曾連續多年以郵政特快專遞服務（EMS）冠名，贊助舉辦「甲A（中國足球甲級A組聯賽）最快進球評選」，很好地把公司業務「快速、準確」的特點同足球比賽中最具魅力的時刻「射門」和最講究「速度」聯繫在一起。因為正確地選擇贊助對象而給公司帶來巨額回報的例子不勝枚舉。國內這方面的典型案例便當數上海航星集團贊助遼寧足球俱樂部。1995年，具有「十連冠」光榮歷史的

遼寧足球隊慘遭不幸，從中國足球甲級 A 組聯賽降為甲級 B 組聯賽，陷入低谷。就在他們極度困難的時候，上海航星集團以 400 萬元的高價買下了該俱樂部的冠名權。並且承諾，如果當年能夠重返甲級 A 組聯賽，再獎 50 萬元。雖然遼寧隊 1996 年的戰績不盡如人意，也未能重返甲級 A 組聯賽，但航星集團卻因此而獲得相當大的利益，當年的總產值從頭一年的 2.4 億元猛增至 4 億元，當年增長幅度達 67%。取得如此可觀的業績和贊助遼寧足球俱樂部所產生的巨大廣告效應有很大關係。

體育贊助是產品的市場推廣與民眾的情感溝通的橋樑。由於運動營銷是以運動項目為原動力，以著名的運動員群體為感召體，以產品銷售為終極，對公共關係市場推廣、廣告促銷和產品測試等市場目標加以實施的市場技術，所以體育市場又被稱為「項目市場」或「運動營銷市場」，它是為公眾提供娛樂和消遣服務的一種生活方式市場，以滿足人們的心理需求來進行有效的商業運作。為此，必須認真學習市場運作理念，加強策略研究，提高管理水平。體育贊助不是慈善捐助，尋求市場回報和商業利潤是贊助商的基本傾向。贊助商們在評價體育項目時所使用的規則已由個性化、隨意化向標準化和程式化轉變。

三、體育贊助經紀

（一）體育贊助中體育經紀人的市場營銷微觀環境

體育經紀人的微觀環境因素主要包括供應者、贊助商、媒體、消費者、競爭者。

1. 供應者

在體育經紀人市場中，體育經紀人作為市場主體，必然要同各種組織或個人發生關係。對體育經紀人而言，供應者可以是運動員，他們將其無形資產（姓名權、肖像權等）的商業價值的代理權提供給體育經紀人，體育經紀人通過尋找贊助商對運動員無形資產的贊助，開發運動員的商業價值；供應者也可以是體育部門、體育組織，它們將各類賽事的代理權提供給體育經紀人，體育經紀人通過選擇贊助商贊助體育賽事，獲得賽事的籌備資金以及和賽事相關的資金。體育經紀人通過代理、居間、行紀等方式從供應者處獲取佣金，而供應者一方也可以通過代理權的「出售」，達到簡化營銷程序、提高效率和交易成功率等目的。目前世界上多數體育部門、體育組織都與體育經紀人建立了良好的關係，大量賽事由體育經紀人代理，運動員經紀則更為普遍，體育經紀人在贊助商和供應者之間起到了很好的紐帶作用。

2. 贊助商

體育贊助已成為體育行銷的一種普遍形式，通過投資於體育運動，贊助商可以從中獲得潛在的商機和利潤。據權威的美國國際事件集團（IEG）統計，1995—2001年，世界贊助總額從122億美元增長到220億美元，平均年增長率高達16％。但是，為委託人贏得贊助並不容易，體育經紀人要對運動員委託人了如指掌，對運動員有一個合適的定位，不能隨意地就接受贊助商對運動員的贊助。姚明的經紀人小組——「姚之隊」為姚明的定位是：一個年輕有為、蓬勃向上、勤奮好學、有責任心的青年，凡是與形象不符的廣告一概不做，不管出多高的價，姚明都不會簽約。對賽事經紀，體育經紀人也要對賽事有充分的瞭解，瞭解體育贊助市場情況，確定目標贊助商，評估賽事中的預期消費群體和贊助商的目標消費群體是否符合。在與贊助商的談判中，體育經紀人應與贊助商分析賽事項目和對方產品類型之間的吻合度、雙方風格之間的吻合度，並提供給贊助商詳細的行銷計劃，從而引起贊助商的興趣，促成雙方達成合作意向。

3. 媒體

媒體的參與是體育比賽吸引贊助商的重要因素之一。沒有各種媒體的宣傳、報導、配合和造勢，體育賽事獨有的魅力就會失色不少。同時，它可以擴大比賽影響力、提高贊助商的聲譽、吸引潛在的消費者。隨著社會的發展、科技的進步，媒體的數量和種類（包括電視、廣播、報紙、雜誌、網路等）日益增多。其中，電視媒體以其覆蓋面廣、曝光度高等優勢，在眾多媒體中備受青睞。賽事電視轉播的方式主要有：體育部門付費轉播、電視臺無償轉播、體育部門與電視臺聯合策劃賽事、向電視臺銷售電視轉播權（商業價值較高的賽事等）。體育經紀人應根據賽事的水平、受關注程度等選擇適當的媒體參與。在美國職業體育賽事中，電視轉播權的出售在職業聯賽的收入中佔有很大的比重。雖然中國的電視轉播權幾乎被中央電視臺所壟斷，但是隨著中國職業體育的發展，電視轉播權的自由買賣會逐漸發展起來，打破一臺獨攬的局面，這時就需要體育經紀人的介入，在媒體和賽事組織者中間斡旋，使得最后達成轉播協議。網路已經深入到人們的生活之中，網路電視的觀看使得網路贊助也成為可能，且會有越來越強烈的趨勢。

4. 消費者

消費者是市場營銷環境中最重要的環境力量。體育產品供應者、體育經紀人、贊助商、媒體所做的一切活動都是為了使體育產品最終能夠到達目標受眾——消費

者的青睞。所以,消費者是體育產品經營和營銷的出發點和歸宿點。體育消費者主要通過兩種途徑欣賞比賽:現場觀看和通過媒體欣賞。體育經紀人在這個過程中,要對贊助實施進行檢查監督(如廣告牌的安置、商品展覽的陳列等),維護贊助商的權益。廣告牌安置得當、商品陳列合宜會在消費者心中留下積極的印象,他們並不認為這是一種商業廣告,反而會覺得贊助企業的形象具有公益性,比較容易接受贊助企業的產品,促使他們傾向於消費贊助企業的商品。

5. 競爭者

隨著體育職業化、商業化的發展,體育經紀人正逐漸發展成為一個令人羨慕的職業。越來越多的人加入到這個前景美好的行業中來。從業人員的增多意味著競爭的加劇,誰能夠以自己的優勢打動吸引委託人,誰就能在競爭中勝出。營銷活動的根本任務就是要比競爭對手更好地滿足目標顧客的需求,因此體育經紀人必須瞭解競爭對手的情況,認清自身在競爭中的優勢和劣勢,正所謂「知己知彼,百戰不殆」。只有在競爭中充分發揮自己的優勢,才有可能處於不敗之地。

(二) 體育贊助中體育經紀人的市場營銷宏觀環境

體育經紀人的市場營銷宏觀環境主要包括政治環境、經濟環境、法律環境等。

1. 政治環境

政治環境是指對企業產生影響的政黨、社會集團、社會勢力等在國家生活和國際關係方面的政策和活動。對中國的體育經紀人而言,體育經紀人伴隨市場經濟體制的確立而產生,隨著體育職業化、商業產業化的發展而發展。國家對職業體育變革的支持,也促進了體育經紀人行業的發展。

隨著中國加入世界貿易組織、經濟全球化以及體育運動的國際化趨勢,體育經紀人面臨著前所未有的發展機遇。體育經紀人必須研究國際政治環境對營銷活動的影響,並努力適應其影響,在國際體育行為中,贊助變得尤為重要,若可以贊助這種國際大型賽事,對中國企業的發展有著積極的意義。

2. 經濟環境

一個國家和社會經濟運行狀況及其發展變化趨勢將直接或間接地對企業市場營銷環境產生影響。與其他環境力量相比,經濟環境對企業的營銷活動有著更為直接的影響。一個國家經濟環境的好壞將直接影響國內居民的消費方式和內容,較好的經濟環境意味著居民擁有較高的收入,高收入讓消費者可以有更多的錢用於支付娛樂、休閒、參與和觀賞體育比賽。居民對體育比賽的需求增加,也就意味著體育經

紀人有了更大的發展空間。中國自市場經濟體制建立以來，國民經濟持續高速增長，人民生活水平不斷提高，經濟得到了飛速的發展。居民消費結構的變化，良好的宏觀經濟環境，為中國體育經紀人的市場營銷活動鋪設了寬闊的發展道路。

3. 法律環境

法律環境對企業的營銷活動起到約束和限制的作用。世界各國對於體育經紀人的法規管理有所不同。美國目前有24個州制定了體育經紀人管理的專門條例。歐洲的許多國家則在民法和商法中對經紀人有專門的論述，一些國家還制定了專門的經紀人法。隨著中國經濟體制的不斷完善，法律體系日趨健全。從1982年起，中國已經陸續頒布了大量的經濟法規，法律環境對企業市場營銷活動的作用越來越大。但是專門針對體育經紀人及其經紀活動的法規較少。儘管國家和一些地方政府頒布了部分經紀人管理辦法，一些項目管理中心也頒布了本項目的經紀人管理辦法，但從總體來看，中國體育經紀人的立法體系尚未形成，管理法規很不完善。在這種情況下，違規操作等現象時有發生，管理困難，對中國體育經紀人的發展十分不利。體育經紀人應以現有的法律法規為準則，並遵守和體育經紀活動相關的法律法規及有關的體育規章制度，從事經紀活動。

（三）體育贊助仲介

體育贊助仲介機構（或經紀人）無論在促成贊助交易，還是在優化贊助資源配置、提高贊助質量和效益等方面都起著巨大的、不可代替的作用。此外，體育贊助許多優勢的形成和發揮都離不開媒體，如果沒有媒體通過鋪墊、包裝、炒作、轉播、報導和評論等多種手段的大力配合、渲染和推波助瀾，體育贊助幾乎就會失去其獨有的魅力而無法存在。因此，仲介機構和媒體是體育贊助的天然同盟軍，在發達國家已經成為體育贊助聯合體中的兩個不可或缺的組成部分。而在中國，這兩者的力量還沒有得到應有的重視。由於贊助方和被贊助方是兩個主要的利益主體，贊助的成敗得失與他們的關係更大，因此，他們更應該多多依靠和借助仲介機構和媒體的力量，主動尋求與他們合作。

在體育贊助營銷過程中，經紀人有兩個方面的作用：一方面是有利於促成贊助雙方的交易。贊助雙方沒有能力也沒有必要去詳細地收集有關贊助市場的情況。經紀人由於專門從事這方面的工作，掌握了大量有關贊助市場的信息，對於市場的行情和雙方的心理有比較好的把握，因此能夠較好地促成雙方的交易。另一方面是有利於提高贊助的策劃和實施水平。經紀人擁有關於體育贊助的豐富的專業知識和贊

第八章　體育媒介與體育贊助

助實踐，他們可以根據雙方的要求和賽事的特點，設計可行的、有效的贊助方案，並參與整個贊助方案的實施，從而提高了贊助活動的質量和水平。對贊助商來說，提高了贊助投資的收益；對被贊助方來說，節約了大量的時間和人力，獲得了滿意的融資效果，並使其可以專注於工作質量和工作效率。因此，強化與經紀人的合作與溝通，對體育贊助營銷的實施就顯得十分重要。

缺少專業的體育贊助仲介組織是制約中國體育贊助發展的瓶頸。中國體育贊助的仲介機構與國外同行在成功銷售贊助這一關鍵點上相比，差距較大，主要體現在：第一，我們的贊助方案中沒有對每一個贊助內容都標出價格，也沒有體現出給贊助者帶來的市場價值和與媒體廣告相比的真正優點。第二，對於贊助商來說，贊助評估是判斷賽事贊助能否對公司的銷售、形象以及公共關係提高的一個量表；而對於體育組織及體育贊助的仲介自身來說，則是瞭解贊助計劃成功與否的一個有效途徑。要幫助贊助商建立贊助賽事效果的評估，體現贊助評估過程與贊助商在此階段的銷售計劃相一致。第三，努力吸引贊助商的高層管理人員參與到賽事的組織中來，這是保證贊助計劃銷售成功順利履約以及維繫與贊助商關係的一個關鍵。第四，建立積極有效的反饋機制，在賽前、賽中、賽後都要與贊助商建立積極有效的溝通，及時將賽況及賽事的觀眾人數、媒體報導的廣度、頻度發送給贊助商。這一點對於保證贊助商順利履約，建立長期良好的合作關係是非常重要的。與之相比，更重要的是賽後的溝通，在賽後將賽事的整個賽況、賽事中有關贊助商的圖像資料，以及贊助商贊助賽事的評估報告及時傳送給贊助商。

贊助商最關心的是回報，也就是關心贊助行動對樹立企業形象，推廣企業產品到底能起多大作用。就中國目前的體育市場狀況而言，贊助代理屬於體育經紀領域中前景較好的一項業務，有一定的社會認同感和良好的企業支持環境。作為代理企業投放贊助或尋求贊助對象的體育經紀公司，必須瞭解客戶的需求及其想要達到的目的。從事企業贊助代理的體育經紀公司或體育經紀人應遵循一定的基本原則。

（1）堅持排他性原則。企業在贊助某項比賽或某個俱樂部之後，最不希望看到競爭對手擁有同等的權利，或是與贊助的球隊或比賽發生任何的利益關係。在球隊或比賽接受贊助的時候，不可以同時接受競爭對手的贊助行為。國際奧委會的奧林匹克全球贊助計劃規定：一個類型的項目只能有一個計劃贊助商。比如，阿迪達斯公司本來與英國奧委會達成了服裝使用方面的專有協議，但在悉尼奧運會舉辦前，由於很多游泳運動員喜歡「斯畢都」牌的泳衣，英國奧委會只好請斯畢都提供游泳

服裝。為避免損害指定贊助商阿迪達斯公司的利益，英國奧委會不允許斯畢都公司在遊泳服上印出該公司的商標。但即使是這樣，還是對原協議造成了不良后果。

（2）防止他人在非授權情況下與比賽或俱樂部扯上關係。這種情況通常很難避免。總是有人想搭便車，隱晦利用比賽或球隊為自己獲利。他們可能會盜用比賽或球隊的專用標語或圖案，或者直接使用無明顯區別的標誌進行商業促銷，誤導顧客認為該公司與比賽組織者或俱樂部有著某種聯繫。比如，在未簽合同的情況下，在比賽轉播過程中插播廣告，或者在比賽場地之外出現與比賽有關的廣告牌等。如遇到上述情況，體育經紀人與贊助商應聘請律師及時採取相應的法律行動。

（3）注重運用分散和集中的辯證關係。企業在制訂贊助計劃的時候，通常不會與太多的項目協會發生協議關係，因為那樣做反而會降低贊助的實際價值。尤其當一個新產品創牌的時候更要注意，在資金有限的情況下應該針對某一個項目或某一項賽事集中投入，最大範圍內獲得消費者的注意，從而對目標市場產生一定的衝擊力。當然，也有許多著名企業採取了分散策略，把贊助資金投向盡可能多的項目和比賽或者運動員，可謂大手筆。但在通常情況下，這些都是世界一流的大公司，如麥當勞、耐克等。它們贊助體育的目的已經超越了樹立企業形象或推出新品牌的初級目標，而是將體育作為企業靈魂和企業文化的一部分。因此，當我們談起這些公司的時候，想到的不僅僅是某一個具體的比賽或某一名運動員，更多的是它與體育存在著不可分割的聯繫。

（4）注意贊助商之間的力量對比，合理保護各級贊助商的利益。一般來說，企業在體育贊助決策中不願在同一層次，或相似條件下與同一行業內的競爭對手共同成為贊助商，即使是由於資金或實物的等同被比賽主辦方劃為同一類贊助商時，他們仍希望能與其他行業或其他領域，具有同一檔次、同一規模的企業成為贊助夥伴。比賽或球隊應該自覺不與贊助商的競爭企業發生關聯，這也是國際奧委會推出奧林匹克全球贊助計劃的原因。目前這種贊助等級劃分制，已經被各單項體協及各國體育組織所借鑑。奧林匹克全球贊助計劃將贊助商劃分為三個等級：一是為全球合作夥伴，只在一個行業或領域中選取唯一一名贊助商；二是國家層次的贊助商，也具有行業排他性；三是標誌使用權贊助商，他們可以使用奧運會的特殊標誌。實踐證明：這種模式能夠有效地保護各級贊助商的利益，同時募集更多的贊助資金。

（5）防止意外事件發生，做好多種應變準備。企業無論是贊助某個賽事、某名運動員或是某個項目，都希望他們能夠在接受贊助支持後取得更好的成績或者是保

持優勢地位。運動員的成績下降、突然退役、甚至死亡、俱樂部被降級等都會直接影響贊助商的利益，因此體育經紀人和贊助商均必須預先考慮到種種可能發生的情況以及解決辦法，並明文寫在協議中。作為體育經紀公司只有確保委託方與贊助商雙方的權益，而又能推出符合贊助商所需要的贊助項目時才能有所作為。

在 2004 年全球最有價值品牌的評選中，韓國的三星品牌名列第 21 位，這個十年前名不見經傳、一直是在大多數西方人眼中廉價商品代名詞的品牌一舉成長為可以與微軟、索尼和諾基亞等巨人相比肩的國際大品牌，三星品牌從醜小鴨到白天鵝的蛻變令人嘆為觀止。而在此過程中，三星的體育贊助商在品牌成長過程中的營銷戰略功不可沒。

1997 年，在飽受亞洲金融危機衝擊、負債高達 170 億美元的窘境下，當時的三星會長李健熙力排眾議，斥巨資成為奧運會奧林匹克全球贊助計劃的贊助商之一，使深陷危機中的三星贏得挽回頹勢、面向世界宣傳其新形象的絕好良機。自此以後，三星與奧林匹克運動結下了不解之緣，先後成為長野冬奧會、悉尼奧運會和雅典奧運會的主贊助商。事實證明了三星的選擇是正確的。多年來，隨著象徵奧運精神的五環標誌與三星標誌在世界範圍內的頻頻同臺亮相，三星品牌日益擺脫了在國際市場中低檔品牌的尷尬處境，「年輕、流行、時尚數字先鋒」的品牌形象逐漸深入人心。三星的巨大成功充分顯示了體育贊助在企業的品牌戰略中的重要地位。

案例一

體育運動的廣告媒介特徵分析

在現代商業社會中，具有社會傳導功能的體育賽事不僅僅只是作為傳播大眾文化的媒介而被我們認識。現代商品經濟社會中體育的職業化、商業化，將其造成了連接商業和媒體的仲介橋樑。與媒體結合後的體育，因其能夠攜帶、傳播商業信息而成為現代商品經濟社會的市場新「媒介」。其作為廣告媒介所創造出的價值更為凸顯。

隨著社會的發展，傳統媒體的傳播環境日益惡化，由於個人化和媒體的細化，受眾被分流，人們的注意力被分散，大量的廣告充斥在強勢媒體上，使這些媒體的空間越來越狹窄擁擠，與消費者的溝通反而造成了障礙。在這種情況下，許多企業紛紛尋求新的廣告媒介。具有對大眾眼球超大吸附力的體育賽事脫穎而出，成為廣

告媒介中的新寵。其千人成本比在傳統媒體做廣告要低得多，此外也為生產香菸、酒飲料等國家禁止在傳統媒體上做廣告的企業提供了傳播途徑。全球體育賽事贊助的飛速增長正是反映了體育媒介較之與其他廣告媒介具有無可比擬的優勢。

1. 與傳統媒體的共生與激活

體育賽事的現場觀眾是極為有限的，儘管它精彩刺激、信息豐富，如果僅靠自身的能力其傳播範圍和效果將會大打折扣。「運動作為大眾文化的組織部分，自然有著大眾文化的基本特徵。最為顯著的特徵是工業化複製。一場賽事，要被億萬人看到，就得靠傳媒的加工、複製。」

日本株式會社電通副局長兼國際體育業務部部長海老冢先生也對體育和傳媒的關係提出了自己的看法，他認為：體育因報導而普及，更多的人關心使體育固定為一種「觀賞性」項目。電視之前的媒體是報紙、收音機及電影，1936年的柏林奧運會就用了收音機廣播。電視的出現使體育運動更為普及。電視的特色就是訴諸「視覺和聽覺」的現場性，而體育運動本身具有不確定性，賽場局勢瞬息萬變，最適於電視的現場轉播。之後的高速攝像技術讓體育節目變得更有趣味性，網路及通信衛星又使體育節目能夠覆蓋到全世界。電視直播形成另外獨特的傳播場，使觀眾如臨其境，耳聞目睹正在進行的比賽，從而產生現場感、參與感、動態感、新鮮感，使體育的魅力得到空前的發掘和張揚。體育賽事本身製造體育信息傳播體育精神文化的同時，廣播、電視的直播將賽場的動畫、音響、氣氛無限地複製並傳送給千家萬戶；報紙、雜誌為觀眾提供與比賽的深度報導和專業分析。互聯網不僅提供比賽的即時信息還為運動員與觀眾、媒體與觀眾、觀眾與觀眾之間提供了自由的溝通空間。總而言之，傳統媒體不但「克隆」了體育賽事，它同時還延伸、放大、美化了比賽過程。因此，「運動作為一個媒體，必須得到其他媒體，如廣播、電視、報紙的支持，運動的媒體特性才能突顯出來」。

但是，體育媒介與傳統媒介並非單一的依賴關係，而是互惠互利、相得益彰的關係。「廣泛的媒體傳播，有助於促進體育運動的普及發展和競技水平的提高；而運動水平的提高，明星的產出，也有助於引起各種媒體客戶的關注，促進提高媒體效益；反過來這又有助於促進媒體對體育運動的發展給予關注和全方位的支持。傳播媒體與體育媒介是互為促進、共同發展的市場關係。」

大型的體育賽事不僅是體育迷的節日，更是傳媒的盛宴。2002年激情6月的韓日世界杯上，毫無疑問，斥資2,498萬美元買下2002和2006年世界杯轉播權的中

第八章 體育媒介與體育贊助

央電視臺是最大的贏家。央視索福瑞媒介研究公司公布的監測數據顯示,在5月31日世界杯開幕式和揭幕戰的當天,中央電視臺體育頻道在全國8大城市的平均收視率為9.7%。6月5日中國隊首戰哥斯達黎加隊,觀眾人數更是創下歷史新高——收視率達到24%。專家估計,全國有2/3以上的收視人口觀看了6月8日的「中巴之戰」,絕對人數將超過7億。從廣告額來看,已有4.5億元廣告收入進帳。1998年世界杯中央電視臺廣告收入不到1億元,而這次廣告收入是其5倍還不止。印刷類媒體中,世界杯期間《北京青年報》零售量增加了15%以上,廣告額淨增4,000萬~5,000萬元。而專業媒體《東方體育日報》的廣告收入在往年基礎上翻了兩倍還不止。本已經提前進入「冬季」的網路媒體也借世界杯「火」了一把。調查顯示,73.79%的網民在世界杯期間曾上網看世界杯相關報導,新浪網世界杯專題網站的訪問量則突破1億人次的記錄。

在體育傳播活動中,各個媒體各其所長,達到媒體資源的優化配置,產生巨大的傳播效果。業界人士也已形成這樣的共識:把信息、娛樂和商業融合在一起的新媒體,信息複製的成本大大降低,傳播的速度大大提高,領域大大拓寬。據專家估測,如果報紙、電視、網路、雜誌全套著做,成本大約能節省30%。從降低成本的角度看,這種跨媒體融合的競爭力可見一斑。體育運動為傳統媒體注入了新的活力,和體育的共生與激活一樣為媒體帶來了巨大的市場效益。

2. 媒介資源的整合傳播

無論是報紙、廣播、電視還是霓虹燈、廣告牌、燈箱、氣球,這些媒介的形式是具有相對固定、單一形態的媒體。而體育媒介不同於這些媒介單一的各自為政的傳播特點,體育媒介是整合了眾多大眾傳媒和廣告媒介的綜合性的、立體的傳播媒介。體育媒介就像一艘裝備了所有傳播媒介的航空母艦,在相對集中的時間內,面向相對集中的受眾,進行轟炸性攻勢的廣告信息傳播活動。

體育媒介與大眾傳媒的整合為企業實施整合營銷戰略提供了廣告信息發布的平臺。贊助商通過贊助體育賽事獲得冠名權以及獨家廣告信息發布優先權,從而成為與體育賽事息息相關的事件主體之一,以此來樹立企業熱心公益事業,慷慨解囊的公眾形象。與此同時,在體育賽事進行期間,配合事件炒作,整合廣播、電視、網路等傳統媒體渠道大量投放廣告,形成廣告信息立體地、大規模地傳播陣容,達到轟炸性、密集性的造勢效果。

體育媒體融合了各種形態的廣告媒介,使廣告信息得以整合傳播,達到低成本、

廣覆蓋、強效果的目的。體育運動的賽場上，廣告就像五彩繽紛的閃光燈，他無處不在、無時無刻不刺激著你的感官。

當你觀看一場溫斯頓杯（溫斯頓雪茄）N全國賽車聯合會（ASCAR）的賽車比賽時，賽道兩側全是贊助商的廣告牌，頭頂盤旋著印著韓國國民銀行（Nations Bank）廣告的汽艇，賽道上奔馳的賽車車身除了車頂印有車號外其他部位全是廣告。修理站工作人員靜立待命，他們的工作制服上都顯眼地印著車隊贊助商的標誌，構成一幅幅人體廣告牌。而你呢，正頭戴阿迪斯提供的紀念遮陽帽，手持佳能相機，吃著麥當勞的漢堡，喝著百事可樂，為你所鍾愛的豐田車隊或是寶馬車隊助威吶喊。聰明的贊助商總在提醒你：「某某產品是本賽事專用產品」「某某企業是本賽事獨家贊助商」，你是如此的需要他們。

體育媒介幾乎整合了電子廣告媒介、印刷廣告媒介、事物廣告媒介、戶外廣告媒介和人際傳播媒介等所有廣告媒介，使觀眾在觀看比賽的同時無時無刻不感受到廣告的熱情召喚。

體育媒介正是具有了這種整合性，才使得企業不惜重金贊助體育活動，利用體育媒介實行整合行銷傳播戰略。整合傳播就是媒體調動一切傳播手段與資源對一個「有用信息」進行立體報導主題引導的市場拓展方式。整合傳播的目標是致力於經營品牌關係，以次獲得顧客的信賴和忠誠，達到累積強大品牌資產的目的；「整合傳播」就是研究向別人有效並高效地傳遞信息，以致最終改變目標受眾的認識和行為的理論。為了達到「有效」，就必須瞭解受眾想瞭解什麼信息，什麼樣的信息最容易被接受並最終影響到其行為的產生；為了達到「高效」，就必須把多種傳播方式手段整合起來，達到傳播的最佳效果。

體育是一個相當大的傳播系統，體育贊助也是一種非傳統的傳播工具，它開拓了現代營銷傳播的新領域。因此，企業紛紛將目光轉移到體育媒介上來，爭先恐後贊助體育賽事。據一份報告稱，全球體育贊助額1990年為77億美元，而1997年為了181億美元，7年間體育贊助增長了135%。美國本土1996年有4,500餘家企業花費了近40億美元贊助體育。然而也有的專家認為這一數據與實際情況還是有不小差距的。統計資料表明：體育贊助已占到全球贊助總額的88%，是贊助領域的「絕對權威」。

3. 獨特的體驗性傳播方式

在「信息爆炸」「媒體爆炸」「廣告爆炸」的時代，傳統大眾媒體的傳播效果

越來越有限。因為傳統媒體的信息傳播方式都是單句、強迫、灌輸式的。也就是說，傳播者發布了什麼樣的信息，受眾就是接受怎樣的信息，而沒有選擇的權利，除了互聯網具有一定互動性外，觀眾唯一的辦法就是一概不看。大量廣告充斥在傳統媒體上，不僅沒有達到傳播效果，反而使受眾產生抵觸情緒。如何應對這種尷尬的局面呢？企業利用體育媒介的體驗性，為打破僵局尋找到了新的突破口。

體驗經濟學家派恩先生指出，所謂體驗就是指人們用一種從本質上說以個人化的方式來度過一段時間，並從中獲得過程中呈現出的一系列可回憶的事件。看（See）→聽（Hear）→使用（Use）→參與（Participate）共用，讓他們的感覺支配他們的大腦。在體驗中傳播廣告的方式，猶如將產品信息轉變成為參與者的一段體驗回憶直接植入了大腦，無論是從傳播效果還是從引導消費行為的效果來看都是其他媒介難以企及的。於是企業通過體育媒介大打體驗營銷牌。體驗營銷是對應於消費者行為流程的營銷策略流程的整合與一體化管理，它試圖打開消費者所有的感官並間接包括理性器官，從而使營銷者的感官與理性感官更加貼近消費者的脈動特點，以次博得消費者對於體驗營銷者行為的認同。

體育賽事本身就是大眾廣泛參與其中的事件，他為受眾接受信息提供了一個體驗的舞臺。設想在一場籃球比賽中，參賽者身著阿迪達斯的運動服，腳穿耐克的籃球鞋，酣暢淋漓的比賽過後再來一瓶可口可樂。沉浸在這種痛快之中的人還用你告訴他耐克籃球鞋有多麼舒適，可口可樂有多麼解渴嗎？也許北京沃天籃球娛樂發展有限公司（TBBA）的體驗營銷模式能夠提供許多值得借鑑的經驗。該公司通過對賽事的贊助，借助廣泛的參與者，讓更多的人親身體驗與參與到運動中。激烈的比賽中，主角不再是那些明星，而是所有報名就可以參賽的普通學生。零點公司研究董事範文女士認為：「三人籃球運動的參與是多方面的，可以吸引多種情趣的人來參與，這樣就賦予了它廣泛的帶動面，使普通人都能參與進來，為企業和所有的目標消費者建立一個平等交流的平臺。」許多商家認為這種讓所有人親身體驗的、與運動的「零距離」的運動營銷模式起到了事半功倍的效果。

4. 傳播效果的排他性所具有的集中性優勢

廣告效果很大程度上取決於其排他性和異質性。傳統媒體上的廣告組合通常雜亂無序，同類產品中不同品牌產品的廣告常常一起播出，都說自己的產品好，結果選擇多了反而使消費者混淆迷惑不知如何選擇。而體育媒介只允許有限的合作者（主贊助商）做廣告，排斥其他同行企業，提升其廣告價值。於1984年在洛杉磯舉

行的第23届奥运会采取了争取商业赞助并限定赞助商的做法，使奥运会开创了扭亏为盈的新篇章。这便是奥运会的奥林匹克全球赞助计划，又名「奥林匹克夥伴计划」，是国际奥委会为保证奥林匹克运动充足和稳定的财源，於1985年推出的一个市场开发计划，从全球范围内选择各行业内最著名的大公司作为国际奥委会的正式赞助商。每四年一个周期，企业需交纳高达4,000万～5,000万美元的赞助费才能获得这一计划的「入场券」，之后便享有很多「特权」，比如在奥林匹克运动范畴内享有各自产品类型的排他性，其他企业想赞助奥运会不得与这些赞助商还享有在奥运会期间电视广告宣传等方面的优先权。其他体育赛事的广告发布亦是如此，只是不同规模的比赛其赞助商各有差异。这种能够成为体育赛事中某类领域的唯一赞助商的资格，本身就意味著该产品在同类竞争者中的至尊地位。从1985年第一期奥林匹克全球赞助计划启动以来，可口可乐和维萨（VISA）等公司就一直未中断过赞助，在每一新的周期都与国际奥委会续约。有资料显示，可口可乐在赞助了1996年亚特兰奥运会后，当年第三季度的盈利增加了21%，而同期竞争老对手百事可乐的利润下降了77%。因此，当一个产品的广告带动该产品往上走的时候，如果该产品的广告同时能发挥抑制其他产品广告传播效率的作用，那将是打击对手最有威力的武器。

具备了排他性的优势广告信息在体育媒介集中性的特殊环境中犹如一颗信息炸弹，一时间产生巨大的信息辐射。体育媒介为广告信息封锁性投放提供了可行性。所谓「封锁性」是指在广告投放的一段施加内消费者看到的、听到的、谈到的，几乎都是本企业的产品或者广告，它类似於集中性又有所超越。排他性首先将同类产品的竞争者拒之门外，体育赛事又为广告信息提供了集中的传播时间、集中的空间、集中的受众，这使得在这一时间、空间内受众只受到这些广告信息垄断似的轰炸，这种传播效果除了体育媒介几乎没有哪种广告媒介可以实现。

——资料来源於余艳波. 体育运动的广告媒体特征分析［J］. 广告人，2004（9）：88-90.

案例二

埋伏营销

2008年北京奥运会的官方体育合作夥伴是谁？是耐克、阿迪达斯、安踏，还是

第八章 體育媒介與體育贊助

李寧？

大家腦海裡可能浮現出的是這個畫面：李寧先生手舉祥雲火炬，吊著威亞點燃2008年北京奧運會主火炬。那麼，北京奧運會官方體育合作夥伴到底是誰呢？其實，阿迪達斯才是2008年北京奧運會的官方體育合作夥伴，李寧並不是北京奧運會的體育贊助商。

有這樣認知錯誤的，並不在少數。根據央視市場調研（CTR）的一項針對運動服飾的調研結果顯示，37.4%的受訪者同樣認為李寧是2008年北京奧運會的贊助商，而真正的北京奧運會官方體育合作夥伴阿迪達斯的認知率只有22.8%。

為什麼李寧可以達到如此之高的認知度？究竟用了什麼方法呢？這就涉及埋伏營銷的概念。

埋伏營銷（Ambush Marketing）也叫伏擊營銷，是指非贊助企業開展與贊助對象相關聯的營銷活動，使消費者誤以為其為官方贊助商。埋伏營銷多使用在體育賽事之中，如奧運會、世界杯等。這類營銷手段利用了消費者的認知錯覺和慣性思維，讓消費者主動地把品牌與賽事進行關聯。

這正如廣告大師葉茂中說的：「很多消費者不知道誰贊助了奧運，只是感覺誰贊助了奧運。」

益索普（Ipsos）的北京奧運會贊助效果跟蹤研究報告顯示，被提及率最高的十個品牌中，蒙牛、百事可樂和李寧均不是奧運會贊助商，但是其通過各類宣傳手段（如贊助運動員、主持人，開展活動型的競賽等），使其品牌與奧運會搭上邊，從而使消費者主動將品牌和當時舉行的奧運會聯想起來。

如果說「火炬手」李寧還有點無心插柳的成分，那李寧公司贊助央視主持人和記者的行為則是赤裸裸的「埋伏」了。

在阿迪達斯以近2億美元的價格拿下北京奧運會贊助權的3天後，李寧公司就與中央電視臺體育頻道簽訂了兩年協議——節目主持人和記者出境時必須身穿李寧牌的服飾。這也意味著，雖然運動員的服裝是由阿迪達斯提供，但是主持人、記者所用的設備和服裝都會有大大的李寧公司的標誌。李寧公司抓住了運動員可接觸的外部環境，通過演播室和採訪這兩個窗口，增加了品牌的曝光度從而為消費者的聯繫埋下了伏筆。

耐克和阿迪達斯這兩大國際體育品牌，在埋伏營銷上也是各種「死磕」。耐克在足球領域的頭牌代言人是克里斯蒂亞諾·羅納爾多（C羅），而阿迪達斯則有

「球王」梅西坐鎮。

　　有意思的是，C羅效力的皇家馬德里隊的球衣是阿迪達斯贊助的，耐克則贊助了梅西所在的巴塞羅那隊。為了使消費者盡可能地把耐克與梅西聯繫起來，耐克不惜在2013年與巴塞羅那隊續約，以3,300萬歐元的天價繼續贊助巴塞羅那隊的球衣。因此，在西班牙國家德比時，我們看到的往往是耐克的頭牌明星穿著阿迪達斯的球衣對陣穿著耐克球衣的阿迪達斯的頭牌明星這一詭異的景象。

　　當然，埋伏營銷並不只是運動品牌的專利。最近火熱的Beats耳機也通過2014年的巴西世界杯「埋伏」了老大哥——索尼（SONY）。Beats耳機在世界杯前推出了一則名為「比賽前的比賽」（The Game before The Game）的廣告片，邀請了巴西的頭牌球星內馬爾作為代言人。雖然Beats並不是世界杯的官方贊助商，但廣告一經推出，其品牌關係指數（Brand Affilation Index）一路激增，遠遠甩開了官方贊助商索尼。

　　　　——資料來源於http：//www.52114.org/wx/show-1335159.html

課后思考題

1. 什麼是體育媒介？
2. 簡述媒介在體育經紀中的作用。
3. 如何做好大型體育賽事的傳播和策劃？
4. 如何做好埋伏營銷？
5. 體育贊助的類型有哪些？
6. 如何挑選合適的贊助對象？

第九章
體育經紀合同

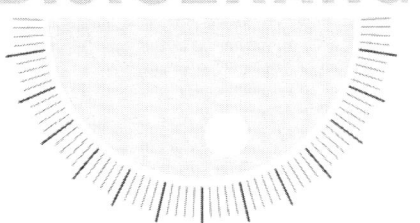

第一節　合同與體育經紀合同

一、合同

依照《中華人民共和國合同法》（以下簡稱《合同法》）的規定，合同是指平等主體的自然人、法人、其他組織之間設立、變更、終止民事權利義務關係的協議。

（一）合同是一種民事法律行為

合同是合同當事人意思表示的結果，是以設立、變更、終止財產性的民事權利義務為目的，且合同的內容即合同當事人之間的權利義務是由意思表示的內容來確定的。因而，合同是一種民事法律行為。

（二）合同是一種雙方或多方或共同的民事法律行為

首先，合同的成立須有兩個或兩個以上的當事人；其次，合同的各方當事人須互相或平行作出意思表示；最後，各方當事人的意思表示須達成一致，即達成合意或協議，且這種合意或協議是當事人平等自願協商的結果。因而，合同是一種雙方、多方或共同的民事法律行為。

（三）合同是以在當事人之間設立、變更、終止財產性的民事權利義務為目的

一方面，合同當事人簽訂合同的目的，在於為了各自的經濟利益或共同的經濟利益，因而合同的內容為當事人之間財產性的民事權利義務；另一方面，合同當事人為了實現或保證各自的經濟利益或共同的經濟利益，以合同的方式來設立、變更、終止財產性的民事權利義務關係。

（四）訂立、履行合同，應當遵守法律、行政法規

這其中包括：合同的主體必須是合法，訂立合同的程序必須合法，合同的形式必須合法，合同的內容必須合法，合同的履行必須合法，合同的變更、解除必須合法等。

（五）合同依法成立，即具有法律約束力

所謂法律約束力，是指合同的當事人必須遵守合同的規定；如果違反，就要承擔相應的法律責任。

二、體育經紀合同

體育經紀合同是合同的一種，是體育經紀人接受委託人的委託，以委託人的名義或以他自己的名義，為委託人辦理委託事務，並按規定或約定收取報酬和其他費用的協議。

體育經紀合同具有以下特徵：

（1）體育經紀合同是一種提供體育服務的經濟合同。體育經紀人通過與委託人訂立經紀合同，從事經紀活動，為委託人提供經紀服務。

（2）體育經紀合同是雙務合同，即體育經紀人和委託人相互負有義務和享有權利。

（3）體育經紀合同是有償合同，委託人權利的實現必須以支付給體育經紀人一定的報酬為代價。

（4）體育經紀合同是諾成性的合同，一經雙方達成協議即可成立。

三、體育經紀合同的形式

合同的形式是指合同的各方當事人之間相互明確權利和義務關係的方式，是當事人意思表示一致的外在表現，即當事人所達成的協議的表現形式。根據中國的經濟生活實踐和法律的規定，合同的形式分為口頭形式和書面形式兩種。其中，書面形式又可以分為普通書面形式和特殊書面形式。凡法律要求必須採用某種形式的，當事人必須採用該形式，否則合同無效。

口頭合同由於簡便易行，在日常生活中被廣泛運用。但因無文字憑據，在發生糾紛時難以舉證，不易分清責任。所以，一般經濟合同除即時清結者外，均採用書面合同。體育經紀合同也應採用書面合同，經當事人協商一致以文字表述的形式達成協議。雖然與口頭合同相比較為複雜，但可以加強合同各方當事人的責任心，督促其全面認真履行合同，也便於合同管理機關的監督檢查，發生糾紛時舉證方便，容易分清責任。

中國目前的體育經紀合同多為普通書面形式。一般不要求必須採用固定的格式，但應當寫明當事人的全部權利和義務，並由當事人簽名、蓋章。法人訂立書面合同，應加蓋法人的公章或合同專用章，並由法定代表人或代理人簽名、蓋章。

國際上也通常採用書面形式的體育經紀合同，有些體育組織將訂立書面形式的

體育經紀合同明文寫入《體育經紀人管理規定》，有的甚至還要求使用該組織的標準合同文本。國際性單項體育組織，如國際田徑聯合會；國家體育項目管理機構，如義大利足球協會為簡化手續，根據該組織的有關規定，將經紀合同的必備條款制成表格和文本，作為標準格式合同，讓當事人填寫使用。

在體育經紀中，比賽、組織、贊助、傳媒等幾個方面都需要法律服務，經常涉及的幾個合同有：電視轉播合同、主辦城市合同、贊助合同、球員轉會合同、聘用合同、售票合同、仲介（經紀）合同、保險合同、安保合同、場館建設合同、指定器材合同、協會加盟合同等。

體育經紀人在日常運動員經紀活動中接觸的合同主要有：經紀人與委託人之間簽訂的委託辦理轉會事務的委託合同；體育經紀人受運動員委託為運動員簽訂的與俱樂部之間的工作合同，其中包括運動員與原屬俱樂部之間的工作合同和運動員與接受俱樂部之間的工作合同；為順利實現轉會，經紀人代理的原屬俱樂部與轉入俱樂部間的轉會合同。

第二節　體育經紀合同的訂立

在合同簽訂階段，主要的工作是合同文本的撰寫與組織簽訂合同。本節介紹了合同文本的內容、撰寫方法以及組織簽訂合同的程序和合同簽訂過程中應當注意的事項。

一、體育經紀業務合同性質的法律分析

從合同法理論上劃分，體育經紀合同的性質是雙方、有償和諾成合同。

（一）雙務性

雙務合同是指雙方當事人既享有權利，又同時承擔義務的合同。根據合同當事人雙方權利、義務的分擔方式，合同可分為雙務合同和單務合同。單務合同是指合同當事人一方只負擔義務而不享受權利，另一方只享受權利而不負擔義務的合同。

在體育經紀合同中，委託人和體育經紀人既享有權利又同時履行義務。對於經紀人來說，其主要義務是辦理委託人委託的事務，其權利則主要是從委託人處收取報酬（即佣金）。對於委託人，其主要義務是向經紀人支付佣金，其權利主要是要

求經紀人處理委託給經紀人的事務，並且享受經紀人處理委託事務的成果。因此，體育經紀合同是雙務合同。

（二）有償性

有償合同是指當事人一方享有合同規定的權益，必須向對方償付相應的代價的合同。這種代價可以是給付貨幣，也可以是給付實物或提供勞務等，但必須是有價值的。根據當事人取得利益有無代價，可將合同分為有償合同和無償合同。無償合同是指一方給予他方利益而自己並不取得相應利益的合同。

在體育經紀合同中，委託人委託經紀人辦理事務，必須向經紀人支付一定的佣金；體育經紀人獲取佣金的代價則是向委託人提供服務。因此，體育經紀合同是有償合同。

（三）諾成性

諾成合同是指雙方當事人就合同的主要條款達成一致即可成立的合同。根據合同成立是否以義務的實際履行為要件，合同可分為諾成性合同和實踐性合同。凡除當事人意思表示一致外，還需實際履行義務才能成立的合同，為實踐性合同。

對於體育經紀合同，體育經紀人和委託人就委託事務達成一致意見即成立，而不需要在合同成立時實際履行義務。因此，體育經紀合同是諾成合同。

二、體育經紀合同的種類、內容與格式

（一）體育經紀合同的種類

根據不同的標準可以對體育經濟合同進行不同的分類，主要有以下兩種分類：

1. 按體育經紀的方式劃分

按體育經紀的方式劃分，體育經紀合同可分為委託合同、行紀合同和居間合同。從目前國際及國內體育經紀活動的狀況來看，委託合同最為常見。

委託合同又稱委任合同，是指一方委託他方處理事務，他方允諾處理事務的合同。委託他方處理事務的，為委託人；允諾為他方處理事務的，為受託人。

行紀合同又稱信託合同，是指一方根據他方的委託，以自己的名義為他方從事貿易活動，並收取報酬的合同。其中，以自己的名義為他方辦理業務的，為行紀人；由行紀人為之辦理業務，並向行紀人支付報酬的，為委託人。

居間合同是指雙方當事人約定一方為他方報告訂約機會或提供訂立合同的媒介服務，他方給付報酬的合同。報告訂約機會的居間，稱為報告居間；媒介合同的居

第九章 體育經紀合同

間，稱媒介居間。在居間合同中，居間人是作為促進交易雙方成交而從中取得報酬的中間人。

以上三種合同都是一方受他方委託為他方辦理一定事務的合同，都屬於提供服務的合同。但它們之間有著顯著的區別。這些區別主要表現在：第一，居間人僅為委託人報告預約機會，或為訂約媒介，並不參與委託人與第三人之間的關係；在委託合同中，委託人以委託人的名義或自己的名義活動，代委託人與第三人訂立合同，參與並可以決定委託人與第三人之間的關係內容；在行紀合同中，行紀人以自己的名義為委託人與第三人完成交易事務，與第三人發生權利義務關係。第二，儘管三者都為有償合同，但佣金的具體取得有細微差別。居間合同的居間人只有在有居間結果時才可以請求佣金，並且在為訂約媒介居間時，可從委託人及其相對人雙方取得佣金；行紀合同的行紀人和委託合同的受託人僅從委託人處收取佣金。第三，居間人沒有將處理事務的后果移交給委託人的義務，而在委託合同和行紀合同中都有委託人取得事務處理結果的問題。

2. 按體育經紀的內容劃分

根據經紀內容的不同，體育經紀合同主要分為運動員經紀合同、教練員經紀合同、體育賽事經紀合同、體育組織經紀合同和體育保險經紀合同等。

運動員經紀合同是指委託人（即運動員）和體育經紀人就運動員轉會（代理轉會簽約和事務）、運動員參賽（安排委託人的比賽和表演）、運動員無形資產開發（運動員形象的商務開發）、運動員日常事務（為委託人提供全方位的個人服務）等方面的經紀事務達成的協議。

教練員經紀合同是指委託人（即教練員）與體育經紀人就教練員轉會、教練員無形資產開發和教練員日常事務等方面的經紀事務達成的協議。

體育賽事經紀合同是指委託人（即賽事的主辦方）與體育經紀人就體育比賽和體育表演的策劃、組織、宣傳、推廣（電視轉播權、贊助廣告、特許使用權開發等商務開發）的經營活動達成的協議。

體育組織經紀合同是指體育經紀人和體育組織就體育組織的品牌包裝、經營策劃、無形資產開發等事務的經紀達成的協議。

體育保險經紀合同是指體育保險經紀人與委託人就運動員保險、賽事保險事務的經紀達成的協議。

(二) 體育經紀合同的內容

體育經紀合同有不同的種類，各種體育經紀合同具有共同屬性。體育經濟合同一般包括以下內容：

(1) 委託人和體育經紀人的名稱或姓名、住所、身分證號、聯繫方式。單位客戶應載明單位名稱及法定代表人或主要負責人的姓名。根據有關法律規定，有下列情形之一的單位和個人不得成為體育經紀人的客戶：

①無民事行為能力或限制行為能力的自然人。

②體育監管部門的工作人員。

③體育經紀市場禁止進入者，如違規運動員等。

(2) 體育經紀的事項和具體要求。根據不同的標的及不同的經紀工作內容，經過雙方或多方協商，制定經紀雙方的具體服務事項，每項都要闡明具體要求。例如，運動員形象權開發的具體事項及開發過程中受託人的權利和義務等。

(3) 體育經紀合同的完成期限。體育經濟合同的完成期限包括合同生效期限、修改期限和終止期限。

(4) 體育經紀人和委託人雙方的權限範圍。體育經濟合同應逐條闡明體育經紀人的權利和義務以及委託人的權利和義務，如委託人應指明委託權利中具體包括哪些內容、不包括哪些內容等。

(5) 佣金的數額及支付的時間、方式。

(6) 違約責任、糾紛解決方式。

(7) 免責條款。通常，自然災害等不可抗力因素，可適用免責條款。

(8) 其他。雙方認為應當約定的其他事項。

不同種類體育經紀合同的內容，不同的是標的的內容。體育經紀合同的標的不同於一般商品，而是體育比賽、俱樂部、運動員勞務等。

體育經紀勞動合同標的可以是俱樂部、運動隊、運動員等；體育經紀項目合同標的可以是體育比賽、表演、體育會議、體育旅遊、體育考察等；體育經紀權利轉讓合同標的可以是電視轉播權、廣告贊助權、特許標誌經營權等。

(三) 體育經紀合同的格式

體育經紀合同的格式由以下幾部分內容組成：

(1) 標題。標題的種類多種多樣，有指明合作雙方名稱和合作內容的，如中國奧林匹克委員會和2008年奧運會候選城市北京市聯合市場開發協議等；有指明體育

經紀合同種類的，如運動員代理合同等；有指明合同性質的，如協議書委託書等。

（2）合同雙方基本信息。該部分要求寫明合同簽訂雙方的名稱（公司全稱或姓名）、地址、電話、傳真、聯繫人（主要負責人）等。

（3）必要的說明和名詞解釋。一些較規範的體育經紀合同，為使簽訂雙方清楚瞭解合同的內容，需要對一些具體狀況、前提條件做出詳細說明，也需要對一些名詞做出詳細解釋，以確保合同雙方簽訂合同的公正、公平、公開。

（4）合同的生效。合同生效的要件如下：

①合同的生效時間或具體標誌性生效事件。

②合同的中止條件。

③合同的終止條件。

④合同的修改條件。

（5）體育經紀合作內容。這是指詳細、逐條描述體育經紀業務的經紀內容，並逐條解釋相關要求。其中，權利分配、收益分配等部分要特別注意，在措辭和文法結構上均應符合要求，不產生歧義，意思表達寧可重複不能遺漏。

（6）經紀收益額定。這是指佣金、服務費用、代理費、返點等相關收益內容，付款時間和付款方式，如現金還是電匯（帳戶），是否有定金，是否有預付款，是否分期付款等。

（7）雙方權利和義務。這是指詳細、逐條說明合作雙方享有的權利和應盡的義務。

（8）違約的責任和糾紛的解決。

（9）免責條款。

（10）合作期限。

（11）其他事宜。例如，保密協議、合同數量、如何保管、未盡事宜處理辦法、注意事項等。

（12）落款。合作雙方公司名稱、授權代表、聯繫方式等，標明蓋章有效。

（13）相關附件。闡明或協助闡明合作內容的相關文件以附件的形式放在合同最後。

三、體育經紀合同的簽訂程序

合同的簽訂是從雙方有意向合作開始，經過一定時間的多次協商最終訂立書面

合同，使雙方的合作內容受法律保護的過程。一般來說，合同雙方就合同的內容、條款等協商要經過法律規定的要約邀請、要約、反要約和承諾四個步驟。其中，要約和承諾是任何一份合同簽訂所必須經歷的過程。

合同的簽訂必須符合《合同法》的規定程序。

（一）雙方洽談

合作雙方當事人（法人或自然人）相互洽談，就合作內容一起磋商，基本形成統一意見。

（二）訂約提議

訂約提議是指當事人一方向另一方提出的訂立合同的要求或建議，也稱要約。訂約提議應提出訂立合向所必須具備的主要條款和希望對方答覆的期限等，以供對方考慮是否訂立合同。提議人在答覆期限內不得拒絕承諾，即提議人在答覆期限內受自己提議的約束。

訂約提議類似體育經紀業務合作意向書，不同之處在於體育經紀業務合作意向書因為需要經過多次洽談而商定，因此其法律約束性不如訂約提議強。

（三）接受提議

接受提議是指提議被對方接受，雙方對合同的主要內容表示同意，經過雙方簽署書面契約，合同即可成立。接受提議也叫承諾。承諾不能附帶任何條件，如果附帶其他條件，應認為是拒絕要約，而提出新的要約。新的要約提出後，原要約人變成接受新的要約人，而原承諾人成了新的要約人。實踐中簽訂合同的雙方當事人，就合同的內容反覆協商的過程，就是要約→新的要約→再要約……直至承諾的過程。

體育經紀業務活動在合同撰寫前會出現多個合作意向書，並經過多次談判協商才能達成最后的合作意向，這正是多次「要約」的結果。

（四）撰寫合同文本

這是指根據合同文本格式要求和最終的要約結果撰寫體育經紀業務合同。

體育經紀業務合同撰寫人應將合同草案報主管領導審核，或者向專業的法律顧問諮詢，形成完善的正式合同文本，以避免體育經紀業務活動的風險。

（五）履行簽約手續

當事人雙方組建簽約團隊，確定簽約代表，在約定的時間和地點簽字並蓋章。

（六）報請公證機關公證

法律規定的體育經紀合同還應獲得主管部門的批准或工商行政管理部門的核實。

對沒有法律規定必須公證的合同，雙方可以協商決定是否進行公證。

四、體育經紀合同簽訂的注意事項

體育經紀合同的簽訂是體育商務活動過程中的一項重要內容，可以說有時候一份經紀合同的好壞，往往牽涉巨大的經濟利益，甚至直接關係一個體育經紀公司的生死存亡。因此，體育經紀人要充分認識到合同的重要性。

簽訂合同的注意事項主要分為合同簽訂前注意事項和合同簽訂中注意事項。

（一）合同簽訂前注意事項

1. 充分的市場調查與預測

簽訂體育經紀合同前，應當對體育經紀合作項目進行充分的市場調查，全面、詳細地瞭解項目的基本情況，並調查相關的行業、產業、經紀環境等信息。然後再對體育經紀項目進行客觀合理的評估預測，冷靜地分析體育經紀業務整個過程涉及的人、事、物等各項事務，再確定是否簽訂合同或變更合同。

2. 明確簽約當事人的簽約資格

體育經紀合同是具有法律效力的法律文件，因此要求簽訂合同的雙方都必須具有簽約資格。否則，即使簽訂合同，也是無效的合同。在簽約前，要調查對方的資信情況，應該要求當事人相互提供有關法律文件，證明其合法資格。例如，要瞭解是否有開展體育經紀活動的相關資格，是否有授權或委託體育經紀標的的權力，是否有違反國家法律或有關部門規定的操作行為等。

3. 盡量爭取起草合同

在談判中，應重視合同文本的起草，盡量爭取起草合同文本，如果做不到這一點，也要與對方共同起草合同文本。因為起草合同文本一方的主動性在於可以根據雙方協商的內容，認真考慮寫入合同中的每一條款。而對方則毫無思想準備，有些時候，即使認真審議了合同中的各項條款，但由於文化上的差異，對詞意的理解也會不同，難以發現對己方不利的地方。

涉外體育經紀合同更需特別注意，如果用外文文本作為基礎，也有諸多不利，不僅要在翻譯內容上反覆推敲，弄清外文的基本含義，還要考慮法律上的意義，一些約定俗成的用法，包括外文的一詞多義，弄不好就會造成麻煩，出現意想不到的問題。因此，在談判中，應該爭取擬成合同談判的草稿，在此基礎上談判就會有利得多。

4. 涉外合同，爭取在我方所在地舉行合同的締約或簽字儀式

比較重要的談判，雙方達成協議后，舉行的合同締約或簽字儀式要盡量爭取在己方舉行。因為簽約地點往往決定採取哪國法律解決合同中的糾紛問題。根據國際法的一般原則，如果合同中對出現糾紛採用哪國法律未進行具體規定，一旦發生爭執，法院或仲裁庭就可以根據合同締結地國家的法律來做出判決或仲裁。

（二）合同簽訂中注意的事項

1. 詳讀合同文本，反覆推敲文字

合同文字如果含糊不清、模棱兩可，在執行過程中，往往爭議紛紛，扯皮不斷，甚至遺禍無窮。此外，對合同中的一些關鍵詞句一定要謹慎推敲，不能含糊遷就，有時僅一字之差，卻「失之千里」。例如，某一合同中有這樣一條：「合同生效后不得超過45天，乙方應向甲方繳納××萬美元的履約保證金。超過兩個月如未能如期繳納，則合同自動失效。」這裡「兩個月」究竟從哪一天開始算起，是合同生效之日開始算起？還是合同生效45天以后算起，寫得不準確。

因此，我們對於體育經紀合同文本應咬文嚼字，反覆推敲。如有必要，應請法律專業人士撰寫、審閱體育經紀合同文本。

2. 合同中的條款必須具體詳細、協調一致

合同條款太籠絡也不利於合同的履行。同時，也應注意合同中的條款不能重複，更不能前后出現矛盾。例如，中國一體育用品企業與外商簽訂了一份合同，在價格條款中有這樣一條規定：「上述價格包括賣方裝運船艙的一切費用。」而在交貨條款中卻又出現了這樣的規定：「買方負擔裝船費用的1/2，憑賣方費用單據支付。」這種前后矛盾的現象，最容易被人抓住漏洞。

第三節　體育經紀合同的風險評估

體育經紀人如果不重視合同風險的評估，就會導致大量的合同糾紛、知識產權糾紛、應收帳款糾紛的發生。

事實上，一份詳細完備、合法合理的合同是對當事人進行有效約束的需要，也是避免風險、保護合法權益不受非法侵害的需要。

合同風險評估的主要內容如下：

第九章 體育經紀合同

一、合同主體資格的合法性

按照《中華人民共和國民法通則》（以下簡稱《民法通則》）的有關規定，分支機構不具有獨立法人資格，一般不能獨立對外承擔民事責任。但在實際工作中，往往又是分支機構或部門工作人員運行合同業務操作。這樣的話，就需要對合同簽訂雙方進行主體資格確定，切記不能與企業內部的職能部門簽訂合同，應該與其企業法人簽訂合同。如果企業法人授權分支機構簽訂合同，則應當要求對方出示法人授權證明文件。也就是說，先要瞭解對方是否具備法人或者代理人資格及有沒有簽訂合同的權利。否則合同往往會因為主體不合格而無效。

二、合同標的物的約定應盡可能詳盡

（一）在合同的約定中，標的物的名稱、型號不能籠統

例如，電視機有「彩色」與「黑白」之分，平面電視有「純平」與「超平」之分，因此在購買彩色超平電視時就不能想當然地認為反正現在大多是彩色電視機，而推定合同標的物就是彩色電視機，漏寫「彩色」兩字，或者只簡單地寫「平面彩色電視機」，就會被別有用心的人鑽了空子，導致爭議的發生。

（二）標的物要明確不會侵犯他人的知識產權

目前，大家對知識產權的保護意識越來越強，企業稍有不慎，就有可能陷入知識產權的侵權糾紛中。對企業而言，如果購買的是有商標的產品，就要注意對方是否是合法持有其提供的產品的商標權；如果是為對方生產、加工產品，就要注意該產品是否會侵犯他人的商標、專利權。同時，最好要求對方作出不會侵犯他人知識產權的承諾約定。

（三）標的物的數量應明確

標的物的數量應盡量細化到它最小的計量單位，因為同樣的產品，如果其包裝方法不同的話，可能就會出現不同的結果。例如，酒類買賣中，如果只約定購買「1,000箱啤酒」，就有可能出現「一箱12支」或「一箱24支」這樣兩種相差巨大的結果。

（四）明確包裝標準

標的物需要包裝時，應明確其包裝標準，包括外包裝的材質、內包裝或者填充物保護的說明以及對防潮、防火、防撞擊顛簸的要求等。如果採用國家標準或行業

標準的，應該寫明該標準的名稱、代號或編號。同時，還要確定包裝費用的承擔方式。

（五）注意列明每項商品的單價

有些企業在購銷合同中，標的是多類商品，但只在合同中明確各類商品的總價款，而未明確具體每種商品的單價，一旦合同部分履行后發生爭議，就難以確定尚未履行的部分商品的價款。

（六）標的物的交貨時間應明確

例如，合同中約定「保證在第二季度交貨」就是很不規範的說法。如果標的物是按政府指導價計算價格的，在這段時間內價格如果發生變化，就會使交貨期限對合同雙方的利益產生很大影響。在簽訂合同時如果不明確時間期限，那麼合同雙方在價格發生變化的時候，就可能在履行時間上發生糾紛。因此，在簽訂合同中應對時間加以明確，實踐中當然也可以留下一定的餘地，但是絕不可以有像「季度」之類過於寬泛的時間表述。

三、質量條款的約定應明確

在合同糾紛中，因為質量問題發生的爭議占很高的比例，因此對質量條款的約定絕對不能粗心大意。一旦發生質量爭議，就需要一個客觀標準進行衡量來確定責任。按照《合同法》的有關規定，質量要求不明確的，按照國家標準、行業標準履行；沒有國家標準、行業標準的，按照通常標準或者符合合同目的的特定標準履行。因此，為防止爭議發生，建議在合同中要約定一個質量檢驗標準。此外，對產品質量的異議必須要有時間與條件的限制。為此在合同中雙方還應就承擔質量責任的時間和期限作出明確的規定。只要在規定的時間和期限內發生的質量問題，就有權利要求對方承擔責任；超過這一限度，就不再承擔質量責任。

四、約定違約責任時的注意事項

（一）注意定金與訂金的區別

定金是合同擔保的一種方式，按照《合同法》的規定，債務人履行債務後，定金應當抵作價款或者收回。給付定金的一方不履行約定的債務的，無權要求返還定金；收受定金的一方不履行約定的債務的，應當雙倍返還定金。定金的這種懲罰性功能又被稱為「定金罰則」。在實踐中，不少人將定金寫成了訂金，而訂金在法律

上被認定為預付款，不具有擔保功能，是不能要求雙倍返還的。

（二）定金與違約金不能相競合

按照《合同法》的規定，當事人既約定違約金，又約定定金的，一方違約時，對方可以選擇使用違約金或者定金條款。也就是說，不能作出既要違約金，同時又要適用定金罰則的約定，否則就可能會因這樣的約定與法律相抵觸而導致無效。

五、合同爭議解決的方式應具體明確

按照《中華人民共和國民事訴訟法》的規定，合同的雙方當事人可以在書面合同中協議選擇被告住所地、合同履行地、合同簽訂地、原告住所地、標的物所在地人民法院管轄，但不得違反本法對級別管轄和專屬管轄的規定。因此，在選擇了「訴訟」的方式來解決爭議時，建議進行「協議管轄」。在簽訂合同時，雙方一般比較友好，比較容易達成一致意見，如果事先確定了管轄法院，就不必在事後因管轄問題發生爭執而耗費大量的時間和精力了。

如果選擇了「仲裁」方式來解決爭議時，仲裁機構名稱要具體明確。有的合同在約定仲裁事項時，只是籠統地寫一旦發生糾紛在甲方（或乙方）所在地仲裁部門解決。這樣的仲裁條款只是約定了仲裁地點而對仲裁機構沒有約定，實際上不具有任何法律效力。根據《中華人民共和國仲裁法》的規定，當事人在訂立仲裁協議或約定仲裁條款時，應當選定仲裁委員會。因此，對仲裁機構必須寫具體的名稱，如上海市仲裁委員會、廣州市仲裁委員。另外，由於仲裁是沒有地域管轄的，所以雙方如果擔心在各自所在地進行仲裁會發生地方保護傾向時，完全可以找其他地方的仲裁機構進行仲裁。

六、注意用詞嚴謹

不要在合同中用模棱兩可的詞句或多義詞，如「還」字可以讀為「huán」，也可讀為「hái」。在理解「還欠款1萬元」時，就會導致有「歸還欠款1萬元」和「還有1萬元未歸還」這樣兩種截然不同的理解。

很多合同在結尾中都會這樣寫：「合同在雙方簽字蓋章后生效。」但是一方如果只簽了字而沒有蓋章，那麼在發生糾紛時一方就可以提出由於合同只簽了字而沒有蓋章，雙方約定合同成立的要件不全，因此合同不成立。

七、合同履行時應注意保留好相關的證明資料

在履行合同時最好有比較完整的書面往來文件，而且都必須有對方當事人的確認。例如，供貨方在送貨時，應注意送貨單讓對方貨倉人員簽收並加蓋收貨章，如果沒有加蓋收貨章，則每月應進行結算，並讓對方公司加蓋公章或財務章確認，這樣才能確保自身的權益。否則，一旦因對方賴帳起訴到法院，由於只有送貨單，對方又否認送貨單上的收貨人是其公司員工，在沒有其他相關證據證明的情況下，則有可能會敗訴。因此，在履約過程中要盡量完善手續，保留好相關的書面材料，才能把握主動權。

在實踐中，經常是在供貨後先開出發票給對方公司，讓對方做好帳後再去收款。但在把發票交付給對方公司時，往往沒有註明該發票的貨款實際還沒收到。在這種情形下，如果對方公司鑽法律空子以收到的發票作為已付貨款的憑證，在供貨方舉不出相反證據證明對方公司還沒支付貨款時，就可能會輸掉官司。

八、尋求司法救濟時應注意訴訟時效

中國《民法通則》對訴訟時效作了明確規定：向人民法院請求保護民事權利的訴訟時效期限為2年。如在購銷合同簽訂后，若有一方延期付款或延期交貨，就應當從合同約定的履行期限屆滿之日起2年內提出訴訟。但要特別注意的是，下列訴訟時效為1年：第一，延付或者拒付租金的；第二，出售質量不合格的商品未聲明的；第三，寄存財物被丟失或者損毀的。如果過了訴訟時效才來主張合同權益，就會喪失勝訴權，致使原本合法的權益受損而無法得到法律的支持。

第四節　合同的履行與變更

一、無效合同

無效合同是相對有效合同而言的。無效合同是指雖然已經成立，但因欠缺合同生效要件，其在內容和形式上違反了法律、行政法規的強制性規定和社會公共利益，因此確認為無效的體育經紀合同。無效合同不具有法律效力，不受法律保護。

（1）違反法律和行政法規的合同。其原因有合同主體不合格、合同內容不合法、合同意思表示不完備。

（2）採取詐欺、脅迫等手段所簽訂的合同。這違反了合同訂立的平等自願原則，因此是沒有法律效力的。

（3）代理人超越代理權限簽訂的合同或以被代理人的名義同自己或自己所代理的其他人簽訂的合同。

（4）違反國家利益或社會公共利益的合同。

體育經紀合同被確認無效后，尚未履行的不得履行，正在履行的應立即終止履行。對於已履行的部分，應分不同情況進行處理，返還、賠償、收歸國庫、自行負責等。

二、合同履行

如體育經紀合同依法成立，確認為有效合同，即具有法律約束力，當事人必須全面履行合同規定的義務。合同履行的各方面當事人應該按照合同規定的條款，全面地、適當地完成各自承擔的義務，從而使各自的權利也得到完全的實現。

經紀合同是經紀行為的具體體現，也是經紀活動的核心。為保證經紀合同的履行，各級工商行政管理機關負責經紀合同的監督管理，制定統一的經紀合同文本，並負責經紀合同的鑒證工作。體育經紀合同也應該接受國家各級工商行政管理機關的管理和監督。

在國外，某些體育組織為加大體育經紀合同的管理力度採取了一些特殊措施。如美國籃球運動員工會要求經紀人使用規範的「經紀人/運動員」委託合同範本；棒球運動員工會則把每年呈交「委託合同」作為經紀人保留繼續從業資格的硬性規定。

三、體育經紀合同的變更、轉讓和解除

根據中國《合同法》規定，對經紀合同的變更、轉讓和解除的具體解釋如下：

（一）合同變更

合同變更是指在法律上有效成立的合同在尚未履行或未履行完畢之前，在承認其法律效力的前提下，對其進行修改或補充。中國《合同法》規定，當事人協商一致，可以變更合同。當事人對合同變更的內容約定不明確的，推定為未變更。從合

同自由原則出發，允許合同的當事人適應社會經濟及客觀情況的變化，對於尚未履行或尚未全部履行的合同的內容予以修改，以符合當事人的最大利益。

（二）合同轉讓

合同轉讓是指合同依法成立后，訂立合同的一方經另一方同意，可以將合同的權利、義務部分或全部轉讓給第三人的法律行為。合同轉讓只是合同主體發生變化，並不改變原合同的內容，轉讓后合同的權利義務內容應與原合同相同。

（三）合同解除

合同解除是指在合同有效成立之後，因一方或雙方的意思表示，使基於合同發生的債權債務關係歸於消滅的行為。合同解除的對象是已經有效成立的合同。合同解除需通過當事人的解除行為來實現。合同解除后，尚未履行的，終止履行；已經履行的，根據履行情況和合同性質，當事人可以要求恢復原狀、採取其他補救措施，並有權要求賠償損失。

體育經紀合同範本

甲方（運動員）：　　　　　　乙方（代理人）：

一、委託

運動員委託代理人以他的名義在本協議規定的條款和條件下行使權利。代理人有權行使本協議中直接提到的或與運動員有書面協議的內容，其他無權做。

二、條款

1. 代理人受委託時限為一年，截至＿＿＿＿年＿＿＿＿月＿＿＿＿日。

2. 如果代理人與國家聯合會之間的合同因任何原因終止，代理人與運動員的協議即不再有效。

3. 本協議不可自行續簽。如果雙方均有意續約，須待代理人續約後方可進行，並且必須在前協議到期前發出書面通知。

三、代理權限

1. 代理人授權安排運動員的任何比賽，包括運動員參賽費用的協商和談判。

2. 代理人有權實施調查，與贊助商進行談判，並最終代理運動員簽訂合同。

3. 代理人從運動員的利益出發，可採取任何有效措施，發現和調查新的商業機會。

4. 代理人不得越權行使委託權，在沒有事先獲得運動員同意的情況下，不能簽訂任何商業協議。

5. 代理人有權以運動員的名義處理財務，但必須遵守運動員的指導，同時對他處理的資金嚴格記帳。以這種方式處理運動員的財務也必須符合國際田聯和國家聯合會的有關條例。

四、費用

＿＿＿＿＿＿。（在遵守國際田聯有關運動員代理人的管理條例下，由運動員與代理人共同協商確定，商定后的數字必須明確寫入協議中去。收費標準遵守國家協會的有關規定）

五、相關成本

1. 代理人須負責所有正常支出的雜費（比如租用辦公室、電話和郵費），成本和其他處理有關運動員事務的開支。代理人對非正常支出不負責任。代理人在獲得運動員的同意之前，不得隨意支付上述費用。

2. 如果代理人直接開支上述有關運動員的費用，如差旅費、住宿費、生活費等，由運動員在收到費用支出收據的＿＿＿＿＿天內補給代理人。

六、代理人的義務

代理人的義務如下所述：

1. 有足夠的知識和技能履行代理合同，同時有強烈的責任心。

2. 對運動賽程安排了如指掌，與運動員的教練、所在俱樂部、國家聯合會一起，共同協商和制定該運動員的競賽安排。

3. 遵守國際田聯和國家聯合會的章程及有關條例。

4. 幫助運動員遵守國際田聯關於資格的適用條例，尤其是第17條、第18條和第53條。

5. 在運動員授權範圍內行使權利，讓運動員及時、全面地瞭解代理人所從事的商業活動和各項安排。

6. 代理運動員的原則是不影響其運動訓練和參加比賽。

7. 避免發生利益衝突，無論是表面還是私下的。

8. 採取一切有效措施代理運動員收回所有合同的款項。代理人有義務這樣做，但如果第三方在獲得代理人同意後不交納時不負任何責任。

9. 及時支付所有協議費用。

七、運動員的義務

運動員必須履行以下義務：

1. 讓代理人瞭解其競賽安排及其商業興趣和投資意向；

2. 參加所有代理人為其安排的比賽或公眾集會，除非因為傷病或發生意外情況；

3. 如果代理人談判決定，或運動員同意為比賽做推廣，必須依合同要求參加所有的推廣活動；

4. 遵守國際田聯和國家聯合會有關代理人的規定；

5. 及時支付協議中所提的費用；

6. 參加所有國家聯合會及國際田聯指定的比賽，即：

A. 地區錦標賽

B. 室外錦標賽

C. 世界杯賽

D. 奧運會

7. 對運動賽程安排了如指掌，與教練、所在俱樂部、國家聯合會共同協商和制定本人的競賽安排。

八、機密

1. 代理人保證對所有關於運動員的事務保密。不論是正在為該運動員做代理，或已經結束與運動員的委託合同，除非運動員授權揭露事實。

2. 如果代理人向國家聯合會或國際田聯揭露運動員資格問題或其服用違禁藥物的事實，則不屬於違反了以上第1款的規定。

九、保證和承諾

1. 代理人必須向運動員保證並承諾，其擁有運動員所屬國家聯合會及國際田聯的認可。

2. 運動員必須向代理人保證並承諾，代理人是該運動員的唯一委託方，直到本協議到期。運動員不能雇用其他人或允許第三方來從事本協議商談的條款。

十、終止

在下列情況下可終止本合同：

1. 代理人的執照被運動員所在國家聯合會收回；

2. 代理宣告破產；

3. 在其中一方破壞協議時，無辜方向破壞方發出通知，但不能對原協議進行修改；

4. 其中一方向另一方提前3個月發出書面通知，表明要終止合同的意願。

十一、爭議和仲裁

在發生與協議有關的爭議時，合同雙方必須遵守運動員所屬國家聯合會現成條例的申訴程序。如果該申訴沒有取得任何結果，雙方可以向國際田聯仲裁小組提出申請，該組織的決定將對雙方產生約束力，並成為最終決定。

十二、本協議依據地區聯合會所在地的法律執行和解釋，服從法庭普通判決。

甲方（簽字）：_____　　　　乙方（簽字）：_____

_____年___月___日　　　　　　_____年___月___日

體育賽事商業開發經紀合同範本

甲方（賽事組委會）：　　　　乙方（經紀人）：
辦公地址：　　　　　　　　　　辦公地址：
聯繫電話：　　　　　　　　　　聯繫電話：
傳真：　　　　　　　　　　　　傳真：
郵政編碼：　　　　　　　　　　郵政編碼：

為了促進_____體育賽事商業開發，提高賽事資源的商業價值，甲乙雙方根據各自職能簽署_____賽事商業開發居間合同。本協議中，甲方系_____賽事的組織機構；乙方是中國境內依法註冊的合法企業法人，具備經紀資質，且熱衷並積極參與中國體育事業的仲介代理機構；乙方願意向甲方報告訂立贊助協議的機會或是提供甲方與贊助單位簽訂贊助協議的媒介服務，甲方同意支付報酬。經甲乙雙方友好協商，根據《中華人民共和國合同法》《中華人民共和國體育法》以及有關法律法規的規定，為明確雙方權利義務，就乙方提供仲介服務事宜達成如下條款，以資信守。

第一條　定義和解釋

1.1 「贊助單位」：是指與甲方訂立贊助協議，向甲方提供資金/產品並獲得贊助權益回報的單位和廠商。

1.2 「佣金」：是指乙方促成贊助協議成立后，甲方依據本協議的約定，向乙

方支付的報酬。

1.3 「區域」：是指在中國內地境內。

1.4 「贊助賽事」：是指＿＿＿＿＿＿＿＿＿＿＿＿＿＿＿＿＿。

1.5 「贊助協議」：是指甲方與贊助單位簽訂的，贊助單位無償向甲方提供資金/產品，甲方授權贊助單位使用相關權利的協議。

1.6 「協議期限」：是指在本協議第十一條第11.1項規定的期限。

第二條 合同期限

本協議於簽署之日起生效，並於＿＿＿＿年＿＿＿＿月＿＿＿＿日期滿，除非根據本協議的規定提前終止。

第三條 甲方的權利和義務

3.1 甲方按照本協議的約定按時向乙方支付佣金。

3.2 乙方進行介紹活動中，應乙方的要求，甲方可以提供相關幫助。

第四條 乙方的權利和義務

4.1 為履行本合同所賦予的權利和義務，乙方應當努力尋找相關捐贈和贊助機會，並就有關訂立贊助協議的情況向甲方如實報告。

4.2 乙方應當盡力促成甲方與贊助單位訂立贊助協議。

4.3 乙方應當就有關贊助單位的情況和訂立贊助協議的事項隨時向甲方如實報告。

4.4 乙方應督促贊助單位履行贊助協議使其贊助資金和實物按時到位，幫助贊助單位依法進行有關產品推廣活動，同時協助、傳遞和實現甲方和贊助單位的意思表示。

4.5 未得到甲方的書面許可，乙方不能向贊助單位做任何與捐贈和贊助有關的承諾、許可。

4.6 乙方不得以甲方的名義從事任何本協議約定事項之外的活動，不得損害甲方的名譽。

4.7 不得以本協議仲介服務為由進行任何商業宣傳。

4.8 乙方承諾具有履行本協議的資質、能力和法律許可。

第五條 佣金的支付和返還

5.1 乙方促成甲方與贊助單位訂立贊助協議，並且贊助單位已經按期足額向甲方支付了協議約定的資金和/或產品后＿＿＿＿日內，甲方按約定比例一次或分次給乙方

支付佣金。

5.2 甲方按贊助單位向甲方實際提供資金額的____%向乙方支付佣金。贊助單位向甲方提供產品的，甲方按贊助協議中約定的產品市場價值的____%向乙方支付佣金。

5.3 乙方沒有促成贊助協議訂立的，不得要求甲方支付任何佣金、報酬和費用。

5.4 除佣金和雙方另有書面約定外，甲方不再向乙方支付任何款項。

5.5 如贊助協議因不可抗力終止，甲方退還贊助單位提供的相應資金/產品的，乙方則應當立即返還給甲方上述退還資金額的____%部分。

第六條 商標、名稱和服務標誌的使用

在本協議有效期內，甲乙雙方僅為履行本協議之目的，經甲方書面授權後，乙方可以使用甲方的商標、名稱和服務標誌。該權利只能在執行本協議範圍內，雙方均不能將該權利延伸到本協議內容以外。

第七條 保密

甲乙雙方應當對本協議中的所有內容和對在本協議履行過程中所獲悉的有關對方的保密信息進行嚴格保密。除經對方事先書面同意或根據有關法律法規的規定必須向第三方披露外，接收保密信息的一方不得向其他任何第三方（聘請的律師、會計師除外）披露保密信息或其中的任何部分。

第八條 區域限制

本協議僅在本協議約定的區域範圍內有效，乙方在區域範圍外不享有本協議規定的任何權利。

第九條 違約責任

9.1 如果一方未能遵守或履行本協議規定的義務，守約方可以書面形式通知違約方的違約行為，並有權要求違約方賠償損失。

9.2 乙方故意隱瞞與訂立贊助協議有關的重要事實或者提供虛假情況，損害甲方利益的，不得要求支付佣金並應當承擔損害賠償責任。

9.3 因乙方怠於履行義務致使贊助單位提供的資金和產品沒有按本協議約定的時間到位，贊助資金和產品每延期交付一個月的，乙方應向甲方象徵性地賠償贊助資金和/或產品市場價值的一定比例作為罰款。罰款不影響乙方義務的繼續履行和甲方單方面解除本協議的權利。

第十條　有效期和終止

10.1　本合同自雙方簽署蓋章之日起生效，有效期至合同終止或者雙方權利義務均履行完畢之日（以較晚發生者為準）。

10.2　除了本合同中或根據法律規定的補救方法以外，在不影響提出終止的一方的其他法律權利的前提下，任何一方有權在出現下列情況時終止本合同，自另一方收到終止通知時生效。

10.2.1　另一方在執行本合同條款時發生重大違約，而且在違約方收到違約通知的＿＿＿＿天內未能糾正；或＿＿＿＿＿＿＿＿。

10.2.2　另一方在本合同中的任何陳述或保證被證明有重大的不正確或不準確。

10.3　本合同因為在此所述的任何原因而終止，都不解除任何一方履行至終止日前的責任，或者是履行終止後仍然有效的條款的責任。

10.4　發生以下情況，本合同可以隨時終止。

10.4.1　代理人的執照被有關部門取締；

10.4.2　代理人宣告破產；

10.4.3　在其中一方破壞協議時，守約方向違約方發出通知，但不能對原協議進行修改；

10.4.4　其中一方向另一方提前三個月發出書面通知，表明要終止合同的意願。

第十一條　保證陳述

雙方互相陳述、保證和承諾如下：

11.1　雙方均具有完全的權利和法律權限或有效的授權簽訂和履行本合同。

11.2　本合同經雙方簽署，即依其中條款構成對雙方合法、有效和有約束力的責任。

第十二條　遵守法律

如果有合理的原因相信本合同的任何條款違反了國家或地方的法律法規，那麼雙方須及時修改本合同以遵守法律。但是如果修改令本合同喪失了其根本目的，那麼將認同雙方同意終止。如果本合同因本條而終止，款項應支付至終止日的履行程度。那些為將來而已支付的款項應按比例退還，除了明確規定在協議終止後仍然有效的條款以外，任何一方將不就本合同而負任何義務或責任。

第十三條　不可抗力

13.1　由於水災、火災、地震、暴亂、罷工、勞工運動、疾病或本屆賽事比賽

日程正式公布后政府部門頒布的命令等不可預見、無法避免和無法控製，不是由於一方的過失而引起的情況（不可抗力事件），致使無法履行或延遲履行本合同，遇有上述不可抗力事件的一方不應被視為違約和應對另一方就無法履行或延遲履行負責。

13.2 受不可抗力影響的一方須及時將不可抗力的性質、影響程度通知另一方並提供證據。雙方在所有合理情況允許下為減輕影響或制定替代安排而進行真誠的協商。

第十四條 爭議解決

因本合同引起或與本合同有關的任何爭議，由雙方協商解決，協商不成，雙方均可選擇以下爭端解決機制：

14.1 提請北京仲裁委員會按照該委員會仲裁規則進行仲裁；

14.2 訴至有管轄權的人民法院。

第十五條 其他

15.1 所有根據本合同要求和許可發出的通知都必須是書面的，在親手送達或在以特快專遞（需要有回執）發出三天后視為正式生效。

15.2 本合同構成雙方之間就本合同所述內容的全部理解，取代所有先前其他或同期的有關所述內容的協議。

15.3 甲乙雙方確認，在合作期間，一方可能得到另一方的保密資料。甲乙雙方同意除非為了履行本合同而需要使用保密資料，雙方將保護保密資料，只在履行本合同時對同樣知道該資料是保密資料並同意保密的人等披露保密資料。披露以所需知道的範圍為限。保密責任不包括非經一方違反保密責任而已為公眾所知或根據法律要求披露的資料，本合同終止之后保密責任繼續有效。

15.4 本合同未經雙方同意並特別指明是對本合同的修改，以書面形式經雙方授權代表簽署，不得修改。

15.5 一方未對另一方違反本合同條款行為或之后的違約行為作出反對或採取行動不得視為棄權。本合同中的權利和補救方式是累積性的，任何一方行使一項權利或補救不排除或放棄其對其他權利和補救方式的行使。

15.6 本合同中的標題是只為方便查閱，不構成本合同的實質內容。

15.7 任何一方沒有另一方的事先書面許可不得轉讓或授權本合同下的權利和/或責任。本合同和其中所有條款對雙方有效，也對雙方各自的繼承和批准的轉讓人

有效。在任何情況下，允許的轉讓都不能免除出讓人的責任。

15.8 本合同附件構成本合同的一部分，與合同條款同樣有效，對合同雙方構成約束力。

15.9 本合同正本一式____份，雙方各執____份。

15.10 本合同未盡事宜，由雙方另行協商解決。

甲方_____（公章）　　　　乙方_____（公章）

代表_____（簽字）　　　　代表_____（簽字）

電話：_____　　　　　　　電話：_____

____年____月____日　　　　　　____年____月____日

體育賽事承辦經紀合同範本

甲方：_____　　　乙方：_____

辦公地址：_____　　　辦公地址：_____

聯繫電話：_____　　　聯繫電話：_____

傳真：_____　　　傳真：_____

郵政編碼：_____　　　郵政編碼：_____

為了推動中國_____項目體育運動的發展，增進運動技術的交流與合作，甲乙雙方根據各自職能簽署_____賽事承辦協議。協議中，甲方是組織實施賽事的_____運動管理中心，乙是負責開發、推廣和經營_____賽事的經紀管理公司。經甲乙雙方友好協商，根據《中華人民共和國合同法》《中華人民共和國體育法》以及有關法律法規的規定，為明確雙方的權利義務，就有關事宜達成如下協議：

第一條　定義

1.1 _____賽是指由國家體育總局_____運動管理中心組織實施，並由_____經紀管理有限公司承辦完成的比賽；

1.2 _____經紀管理有限公司（乙方）受國家體育總局_____運動管理中心授權和委託，擁有中國_____賽的獨家承辦權；

1.3 ＿＿＿＿＿＿賽的比賽時間為＿＿＿＿＿＿年＿＿＿＿＿＿月＿＿＿＿＿＿日至＿＿＿＿＿＿日，具體日期協商確定；

1.4 比賽地點為＿＿＿＿＿＿省＿＿＿＿＿＿市。

第二條　比賽時間

該項賽事從＿＿＿＿＿＿年開始每＿＿＿＿＿＿年舉行一屆至＿＿＿＿＿＿年共舉辦＿＿＿＿＿＿屆。具體比賽時間依照雙方的要求協商確定。

第三條　比賽費用與付款方式

3.1 對於該項賽事的每屆比賽由乙方按每屆賽事組織費支付給甲方，金額分別為每年競賽組織費人民幣＿＿＿＿＿＿萬元；

3.2 乙方在每屆賽事開始前五個月將先期競賽組織費人民幣＿＿＿＿＿＿萬元匯入甲方指定帳戶，在賽事開始前一個月將每屆競賽組織費餘款匯入甲方指定帳戶。

第四條　甲方權利義務

4.1 依照賽事要求由甲乙雙方共同組建賽事籌備執行機構，負責整個比賽活動的籌備、組織實施；

4.2 根據賽事宣傳及推廣需要由甲乙雙方共同組織和實施賽事新聞發布會、賽事開、閉幕式和站點歡迎儀式；

4.3 負責向國家有關部門、上級單位辦理賽事的有關立項審批工作；

4.4 負責整個賽事的組織、實施及救護工作，以及制定比賽規程和現場組織、管理工作；

4.5 協調有關單位辦理境外人員入境簽證所需的正式邀請函件，以及參賽人員、比賽船隻、設備的入、出境手續；

4.6 為整個競賽工作提供所需的裁判、仲裁和技術人員以及所需的裁判設備，並提供裁判、仲裁和技術人員在比賽期間的人身意外保險，提供整個比賽期間甲方邀請的裁判、仲裁、技術人員、官員的交通及食宿費；

4.7 及時向乙方提供賽事商務開發和宣傳推廣的正式委託函件；

4.8 對乙方的商務開發及宣傳工作進行協調和配合。

第五條　乙方權利義務

5.1 擁有獨家開展該項賽事的商務開發和宣傳推廣的權利；

5.2 合作期滿後，乙方擁有與甲方繼續合作該項賽事的優先權；

5.3 負責提供給甲方＿＿＿＿＿＿年至＿＿＿＿＿＿年每屆競賽組織費，並按照雙

方協議的結算方式將該項資金及時支付給甲方，用於該項賽事的組織實施；

5.4 負責該項賽事宣傳品的製作和印刷工作，前期賽事圖案設計由雙方共同完成。

5.5 邀請內地和中國港澳臺地區的主流電視媒體、平面媒體等單位記者對賽事進行全面報導並負責接待任務；

5.6 負責參賽人員、裁判、官員等人員入住酒店的預訂。

第六條 合作期限

從本協議書簽訂之日起至_____年該項賽事結束止。

第七條 保證陳述

雙方互相陳述、保證和承諾如下：

7.1 雙方均具有完全的權利和法律權限或有效的授權簽訂和履行本合同；

7.2 本合同經雙方簽署，即依其中條款構成對雙方合法、有效和有約束力的責任，因為破產、清盤或其他影響債權人權利的法律對履行造成的影響除外。

第八條 有效期和終止

8.1 本合同自雙方簽署蓋章之日起生效，有效期至合同終止或者雙方權利義務均履行完畢之日（以較晚發生者為準）；

8.2 除了本合同中或根據法律規定的補救方法以外，在不影響提出終止的一方的其他法律權利的前提下，任何一方有權在出現下列情況時終止本合同，自另一方收到終止通知時生效：

8.2.1 另一方在執行本合同條款時發生重大違約，而且在違約方收到違約通知的_____天內未能糾正；

8.2.2 另一方在本合同中的任何陳述或保證被證明有重大的不正確或不準確。

8.3 如乙方單方面終止本合同，則乙方仍須向甲方支付本合同約定的競賽組織費，如甲方無故單方面終止本合同，則應將已收取的本合同約定的競賽組織費返還給乙方；

8.4 本合同因為在此所述的任何原因而終止，都不解除任何一方履行至終止日前的責任，或者是履行終止後仍然有效的條款的責任。

第九條 遵守法律

如果有合理的原因相信本合同的任何條款違反了國家或地方的法律法規，那麼雙方須及時修改本合同以遵守法律。但是如果修改令本合同喪失了其根本目的，那麼將認同雙方同意終止。如果本合同因本條而終止，款項應支付至終止日的履行程

度。那些為將來而已支付的款項應按比例退還,除了明確規定在協議終止後仍然有效的條款以外,任何一方將不就本合同而負任何義務或責任。

第十條 違約責任

10.1 在合同期內,甲方不得與其他單位或組織進行與本合同約定的賽事相同或相似的比賽,並保證本賽事名稱和形式的唯一性和權威性;

10.2 甲、乙雙方均應嚴格遵守國家有關法律法規及本協議書的規定,切實保護甲乙雙方各自的利益。本協議簽訂後,雙方不能違約,若一方違約,則必須向守約方支付違約金,守約方有權要求違約方賠償相應損失。

第十一條 不可抗力

11.1 由於水災、火災、地震、暴亂、罷工、勞工運動、疾病或本屆賽事比賽日程正式公布後政府部門頒布的命令等不可預見、無法避免和無法控製,不是由於一方的過失而引起的情況(不可抗力事件),致使無法履行或延遲履行本合同,遇有上述不可抗力事件的一方不應被視為違約和應時另一方就無法履行或延遲履行負責,而且履行時間應相應延長;

11.2 受不可抗力影響的一方須及時將不可抗力的性質、影響程度通知另一方並提供證據。如果不可抗力持續或累計超過一個月,雙方在所有合理情況允許下為減輕影響或制定替代安排而進行真誠的協商。

第十二條 爭議的解決

因本合同引起或與本合同有關的任何爭議,由雙方協商解決,協商不成,雙方均可選以下爭端解決機制:

12.1 提請北京仲裁委員會按照該會仲裁規則進行仲裁;

12.2 訴至有管轄權的人民法院。

第十三條 其他

13.1 所有根據本合同要求和許可發出的通知都必須是書面的,在親手送達或在以特快專遞(需要有回執)發出三天後視為正式生效;

13.2 本合同構成雙方之間就本合同所述內容的全部理解,取代所有先前其他或同期的有關所述內容的協議;

13.3 乙方和甲方確認,在合作期間,一方可能得到另一方的保密資料,雙方同意除非為了履行本合同而需要使用保密資料,雙方將保護保密資料,只在履行本合同時對同樣知道該等資料是保密資料並同意保密的人等披露保密資料,披露以所

需知道的範圍為限，保密責任不包括非經一方違反保密責任而已為公眾所知或根據法律要求披露的資料，本合同終止之後保密責任繼續有效；

　　13.4　本合同未經雙方同意並特別指明是對本合同的修改，以書面形式經雙方授權代表簽署，不得修改；

　　13.5　一方未對另一方違反本合同條款行為或之后的違約行為作出反對或採取行動不得視為棄權，本合同中的權利和補救方式是累積性的，任一方行使一項權利或補救不排除或放棄其對其他權利和補救方式的行使；

　　13.6　本合同中標題只為方便查閱，不構成本合同的實質內容；

　　13.7　任何一方沒有另一方的事先書面許可不得轉讓或授權本合同下的權利和/或責任，本合同和其中所有條款時雙方有效，也對雙方各自的繼承和批准的轉讓人有效，在任何情況下，允許的轉讓都不能免除出讓人的責任；

　　13.8　本合同附件構成本合同的一部分，與合同條款同樣有效，對合同雙方構成約束力；

　　13.9　本合同正本一式＿＿＿＿份，雙方各執＿＿＿＿份；

　　13.10　本合同未盡事宜，由雙方另行協商解決。

甲方＿＿＿＿＿（公章）　　　　　乙方＿＿＿＿＿（公章）

代表＿＿＿＿＿（簽字）　　　　　代表＿＿＿＿＿（簽字）

電話：＿＿＿＿＿　　　　　　　　電話：＿＿＿＿＿

＿＿＿＿年＿＿＿月＿＿＿日　　　＿＿＿＿年＿＿＿月＿＿＿日

國際田聯運動員經紀合同示例

甲方（運動員）：＿＿＿＿＿＿　　地址：＿＿＿＿＿＿

身分證號：＿＿＿＿＿＿　　　　　聯繫方式：＿＿＿＿＿＿

乙方（代理人）：＿＿＿＿＿＿　　地址：＿＿＿＿＿＿

身分證號：＿＿＿＿＿＿　　　　　聯繫方式：＿＿＿＿＿＿

一、委託

運動員委託代理人以他的名義在本協議規定的條款和條件下行使權力。代理人

有權行使本協議中直接提到的或與運動員有書面協議的內容，其他無權行使。

二、條款

1. 代理人受委託時限為一年，截至_____年12月31日。

2. 如果代理人與國家聯合會之間的合同因任何原因終止，代理人與運動員的協議即不再有效。

3. 本協議不可自行續簽。如果雙方均有意續約，須待代理人續約后方可續約，並且必須在前協議到期前發出書面通知。

三、代理權限

代理權限由談判而定。在很多情況下，運動員不只希望代理人安排其競賽日程，而且要求代理人兼顧其他方面，提供全套服務。

1. 代理人授權安排運動員的任何比賽，包括運動員參賽費用的協商和談判。

2. 代理人有權實施調查，與贊助商談判，並最終代理運動員簽訂合同。

3. 代理人從運動員利益出發，可採取任何有效措施，發現和調查新的商業機會。

4. 代理人不得越權行使委託權，在沒有事先獲得運動員同意的情況下，不能簽訂任何商業協議。

5. 代理人有權以運動員的名義處理財務，但必須遵守運動員的指導，同時對他處理的資金嚴格記帳。以這種方式處理運動員的財務也必須符合國際田聯和國家聯合會的有關條例。

四、費用

在遵守國際田聯有關運動員代理人的管理條例下，由運動員與代理人共同協商確定，商定后的數字必須明確寫入協議書。收費標準遵守國家協會的有關規定。

五、相關成本

1. 代理人須負責所有正常支出的雜費（比如租用辦公室、電話和郵費）、成本和其他處理有關運動員事務的開支。代理人對非正常支出不負責任。代理人在獲得運動員的同意之前，不得隨意支付上述費用。

2. 如果代理人直接開支上述有關運動員的費用，如差旅、住宿、生活費等，由運動員在收到費用支出收據的21天內補給代理人。

六、代理人義務

代理人的義務如下所述：

1. 有足夠的知識和技能履行代理合同，同時有強烈的責任心。

2. 對運動賽程安排了如指掌，與運動員的教練、所在俱樂部、國家聯合會一起，共同協商和制定該運動員的競賽安排。

3. 遵守國際田聯和國家聯合會的章程及有關條例。

4. 幫助運動員遵守國際田聯關於資格的適用條例，尤其是第17、18和53條。

5. 在運動員授權範圍內行使權力，讓運動員及時、全面地瞭解代理人所從事的商業活動和各項安排。

6. 代理運動員的原則是不影響其運動訓練和參加比賽。

7. 避免發生利益衝突，無論是表面的還是私下的。

8. 採取一切有效措施代理運動員收回所有合同的款項。代理人有義務這樣做，但如果第三方在獲得代理人同意後不繳納協議費用時不負任何責任。

9. 及時支付所有協議費用。

七、運動員義務

運動員必須履行以下義務：

1. 讓代理人瞭解其競賽安排及其商業興趣和投資意向。

2. 參加所有代理人為其安排的比賽或公眾集會，除非因為傷病或發生意外情況。

3. 如果代理人談判決定，或運動員同意為比賽做推廣，必須依合同要求參加所有的推廣活動。

4. 遵守國際田聯和國家聯合會有關代理人的規定。

5. 及時支付協議中所提費用。

6. 參加所有國家聯合會及國際田聯指定的比賽，即：

（1）地區錦標賽；

（2）室外錦標賽；

（3）世界杯賽；

（4）奧運會。

7. 對運動賽程安排了如指掌，與教練、所在俱樂部、國家聯合會共同協商和制定本人的競賽安排。

八、機密

1. 代理人保證對所有關於運動員的事務保密。不論是正在為該運動員做代理，

或已經結束與運動員的委託合同,除非運動員授權揭露事實。

2. 如果代理人向國家聯合會或國際田聯揭露運動員資格問題或其服用違禁藥物的事實,則不屬於違反了以上第1款的規定。

九、保證和承諾

1. 代理人必須向運動員保證並承諾,其擁有運動員所屬國家聯合會及國際田聯的認可。

2. 運動員必須向代理人保證並承諾,代理人是該運動員的唯一委託方,直到本協議到期。運動員不能雇用其他人或允許第三方來從事本協議裡商談的條款。

十、終止

在下列情況下可終止本合同:

1. 代理人的執照被運動員所在國家聯合會收回。

2. 代理人宣告破產。

3. 在其中一方破壞協議時,無辜方向破壞方發出通知,但不能對原協議進行修改。

4. 其中一方向另一方提前3個月發出書面通知,表明要終止合同的意願。

十一、爭議和仲裁

在發生與協議有關的爭議時,合同雙方必須遵守運動員所屬國家聯合會現成條例的申訴程序。如果該申訴沒有取得任何結果,雙方可以向國際田聯仲裁小組提出申請,該組織的決定將對雙方產生約束力,並成為最終決定。

十二、本協議依據地區聯合會所在地的法律執行和解釋,服從法庭普通判決。

甲方(簽字或蓋章):　　　　　　　　乙方(簽字或蓋章):

課后思考題

1. 體育經紀合同有哪些種類?
2. 起草體育經紀合同時有哪些事項需要注意?
3. 合同簽約之前有哪些注意事項?
4. 無效合同是什麼?
5. 體育經紀合同的基本格式是什麼?

第十章 體育經紀人管理

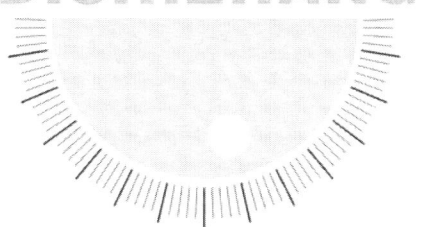

第一節　體育經紀資格認定

只有明確了體育經紀的法律含義，並首先取得了體育經紀資格，才能合理、合法地從事體育經紀活動。體育經紀資格包含兩個層面：一方面是從事體育經紀活動的人員資格；另一方面是經營體育經紀業務的主體資格。前者是要獲得體育經紀人資格證書，后者是要獲得經營體育經紀業務的許可。下面將就兩種資格的認定程序和要求加以說明。

一、體育經紀人從業資格的認定

體育經紀屬於非物質產業，體育經紀人行為的規範主要取決於對從業人員素質的把握。因此，《體育經紀人管理辦法》將體育經紀從業人員的資格認定放在了重要位置，對從業人員的申請、培訓、考核、發證等作了具體規定。

通過體育經紀從業人員的資格認定也就是取得體育經紀人資格證書。簡單地說，要經過以下幾道程序：申請→培訓→考試→發證。

（一）申請

取得體育經紀人資格證書的第一步是提出申請。體育經紀人分為三級（一級為最高級），每一級相對應有不同的申請資格。

國家職業資格三級申請資格（具備以下條件之一者）：

（1）高中畢業（或同等學力），連續從事本職業工作6年以上。

（2）具有大學體育類專業專科及以上學歷證書。

（3）具有相關專業大學專科及以上學歷證書（註：相關專業是指經濟學、管理學和法學）。

（4）具有其他專業大學專科及以上學歷證書，連續從事本職業工作1年以上。

（5）具有其他專業大學專科及以上學歷證書，經三級體育經紀人正規培訓達規定標準學時數，並取得結業證書。

國家職業資格二級申請資格（具備以下條件之一者）：

（1）連續從事本職業工作13年以上。

（2）取得本職業三級職業資格證書后，連續從事本職業工作5年以上。

（3）取得本職業三級職業資格證書后，連續從事本職業工作4年以上，經本職業國家職業資格二級正規培訓達規定標準學時數，並取得結業證書。

（4）取得相關專業大學本科及以上學歷證書后，連續從事本職業工作5年以上。

（5）具有相關專業大學本科及以上學歷，取得本職業國家職業資格三級證書后，連續從事本職業工作4年以上。

（6）具有相關專業大學本科及以上學歷，取得本職業國家職業資格三級證書后，連續從事本職業工作3年以上，經本職業國家職業資格二級正規培訓達規定標準學時數，並取得結業證書。

（7）取得研究生學歷或碩士以上學位證書后，連續從事本職業工作2年以上。

國家職業資格一級申請資格（具備以下條件之一者）：

（1）連續從事本職業工作19年以上。

（2）取得本職業國家職業資格二級證書后，連續從事本職業工作4年以上。

（3）取得本職業國家職業資格二級證書后，連續從事本職業工作3年以上，經本職業國家職業資格一級正規培訓達規定標準學時數，並取得結業證書。

（4）取得相關專業大學本科及以上學歷證書后，連續從事本職業工作13年以上。

（5）具有研究生學歷或碩士以上學位證書，連續從事本職業工作10年以上。

（二）培訓

在符合基本條件的情況下，即申請被認可之后，要參加國家體育總局和國家工商行政管理總局統一組織的體育經紀人培訓課程。為保證體育經紀人的質量及其規範行為，並幫助他們通過考試，國家體育總局和國家工商行政管理總局將授權相關組織進行體育經紀人的培訓、考試，並下發體育經紀人資格證書。

（三）考試

取得體育經紀人資格證書必須參加國家體育總局職業技能鑒定指導中心統一組織的體育經紀人資格考試，考試合格者方能取得國家體育總局頒發的體育經紀人資格證書。考試內容通常包括兩個部分。體育經紀人國家職業資格考試分為理論知識和專業能力兩個科目。兩個科目全部考試合格即可取得體育經紀人國家職業資格證書。考試方式為閉卷、筆試考試。考試時間分別為理論知識90分鐘，專業能力120分鐘。理論知識試卷題型為單項選擇題、判斷題，合計100分；專業能力試卷題型

為綜合分析題，合計 100 分。理論知識主要考核體育產業與體育市場、體育經紀人活動、運動項目、體育管理、體育市場營銷、體育贊助、體育無形資產、信息技術、法律法規以及體育經紀人員職業道德等方面的基本理論與實踐知識；專業能力主要考核體育經紀實務。

(四) 發證

體育經紀人資格證書的發證機關是國家體育總局，該證書由國家體育總局統一制定並核發。符合申請條件，參加了體育經紀人培訓，並通過了體育經紀人資格考試就能取得體育經紀人資格證書。此外，根據《體育經紀人管理辦法》的規定，體育經紀人資格證書實行年度檢驗制度，由國家體育總局授權的機構辦理。無故不參加年審或年審不合格者，其體育經紀人資格證書將自動失效。

在現代體育的全球化發展趨勢之下，跨地區、跨國界的體育經紀活動已經十分普遍。因此，體育經紀人在遵守國內有關法律法規之外，還必須瞭解並遵守國際法則，有時還必須同時獲得國際體育組織的有關資格認定，方能從事國際體育經紀活動。這裡作一些簡要的介紹。一般來講，取得國際體育組織經紀人的資格也要通過一定的基本程序：申請、考核和發證。與此同時，有相當一部分組織還提出了保證金的要求。

1. 資格認定

一般情況下，國際體育組織對申請人的基本條件要求並不十分嚴格，主要是考察申請人的信譽度。如國際足球聯合會要求申請人必須附上可以證明其信譽的文字材料。此外，國際體育組織為避免出現壟斷和作弊行為，要求申請人不能在相應的體育組織內任職，也不能與這些體育組織存在任何夥伴關係。體育組織官員或雇員如果要成為該組織認可的體育經紀人，必須要在原工作結束一定時間后才能提出申請。

滿足上述條件后，體育組織會向申請人發出考核通知。考核可以是書面筆試，也可以是口頭面試。考核目的主要是考察申請人對項目及其管理規定的瞭解、對有關法律的掌握和運用以及是否具備為委託人提供諮詢服務的能力。在某些情況下，國際體育組織並不直接對申請人進行考核，而是委託成員協會對其管轄地區的申請人進行考核。

申請人通過考試后，再經過一個專門機構進行資格審定。例如，國際田徑經紀人和國際網球經紀人的資格審定分別由國際田徑經紀人和國際網球經紀人聯合會進

行；義大利足球經紀人的資格審定權在義大利足球協會設立的足球經紀人事務委員會。

2. 註冊登記制度

申請人經資格認定后，須到相應的體育組織或經紀人聯合會註冊，並同時交納註冊費。有些項目還實行年度註冊制度，體育經紀人須接受年審，並交納年度註冊費。美國州立法規規定，體育經紀人必須到州政府指定的經紀人管理機構註冊，填寫申請表（包括工作經歷、實際工作經驗和培訓證書），並繳納從 50～1,000 美元不等的註冊費。

為了保護自身及其成員的利益，許多體育組織規定，體育經紀人只有在取得其承認的經營許可證后，方可組織其名下的比賽或代理其名下的運動員。

3. 保證金制度

由於體育經紀人的行為具有一定的隱蔽性，容易滋生經紀活動中的詐欺行為，國外廣泛使用了保證金制度。這是一種通過經濟手段，約束和規範體育經紀行為的有力措施和制度。

通過申請註冊的同時，申請人必須在註冊機構指定的銀行存入一定數額的保證金，作為押金來約束體育經紀人履行義務，規範經營。體育經紀人一旦違約，將從其銀行保證金中扣除部分或全部作為罰款，之后體育經紀人還必須立即在銀行內補足這筆錢，否則將被取消其經紀資格。

二、體育經紀主體經營資格的認定

體育經紀活動是以收取佣金為目的的經營活動，獨立從事體育經紀活動的個人或組織必須經縣級以上工商行政管理機關註冊登記后，才能成為合法的市場經營主體。體育經紀人的經營主體可以有三種形式：個體體育經紀人、合夥體育經紀人以及體育經紀公司。經考試合格並符合國家工商行政管理總局頒布的辦法中有關個體經紀人、合夥經紀人或經紀公司設立條件的，可以向所在地工商行政管理部門申請登記註冊，確定其經營主體資格。工商行政管理機關在受理登記註冊之日起 30 天內，作出核准登記註冊或不予核准登記註冊的決定。

（一）個體體育經紀人

符合下列條件的人員，可以在當地工商行政管理機關申請領取個體工商戶營業執照，成為個體體育經紀人。

（1）有固定的經營場所。

（2）具有符合經營條件的資金。

（3）取得體育經紀人資格證書。

（4）個體體育經紀人以自己的名義從事體育經紀活動並以個人全部財產承擔無限責任。

（二）體育經紀人事務所

體育經紀人事務所有兩名以上獲得體育經紀人資格證書的合夥人通過訂立合夥協議，共同出資，共同組成，並合夥經營，共享收益。合夥人對企業的債務承擔無限責任。申請設立體育經紀人事務所應具備以下條件：

（1）有自己的名稱和固定的營業場所。

（2）有一定符合經營條件的資金。

（3）有兩名以上具有體育經紀人資格證書的人員作為合夥人發起成立。

（4）合夥人之間訂有合夥協議。

（5）有組織章程和服務規範。

（三）體育經紀公司

體育經紀公司是根據《公司法》成立的專門從事體育經紀活動並承擔有限責任的企業法人。設立體育經紀公司必須具備以下條件：

（1）擁有符合法律規定的註冊資本金。

（2）有與其經營規模相適應的一定數量的專職人員，其中取得體育經紀人資格證書的人員不得少於五人。

（3）有相應的組織機構和固定的業務場所。

（4）符合《公司法》及有關法律法規的規定。

體育經紀公司需要按照工商行政管理機關核准的經營範圍從事經紀活動。除個體體育經紀人、合夥經紀人、體育經紀公司外，其他公司和經濟組織兼營體育經紀業務的，也需經工商行政管理機關註冊登記后，才能成為合法的市場經營主體，並有與其經營規模相適應的一定數量的專職人員，其中取得體育經紀人資格證書的人員不得少於兩人。

案例

國際足聯廢除牌照制

好消息：如果你和職業球員關係不錯，從 2015 年 4 月開始，你就能成為他的經紀人了。不需要執照？不需要考牌？根據國際足聯（FIFA）的新規定，都不用，你只要品行端正，無犯罪前科和破產紀錄，就能成為經紀人。國際足聯在 2014 年 5 月的全體大會上通過決議：放棄施行 14 年多的經紀人牌照制度，代之以更寬鬆簡便的仲介。

這項決議是國際足聯「深度改革」步驟的一部分，「深度改革」最終得出結論：鑒於超過七成全球轉會交易由非國際足聯持牌經紀人運作，堅守牌照制度已無意義，乾脆徹底開放，將監管仲介的責任轉嫁給各國足協。

佣金封頂助長回扣？

英格蘭足球聯盟主席哈維指出，國際足聯「大撒把」的做法非常不負責任，「好比國際足聯舉手投降，『我們是沒轍兒啦，各位保重吧』。」受打擊最大的是目前的持牌經紀人，英國的足球經紀人協會擬與英足總會晤，商討在英國國內維持現狀的可能性。

他們還通過歐盟委員會試圖制止國際足聯的佣金制度，國際足聯建議，從 2015 年 4 月開始，「仲介」在每筆轉會交易中不得收取高於 3% 的服務費（目前沒有上限，慣例是 5%～10%）。經紀人協會認為這有悖競爭法，對由此必然產生的暗箱操作深感不安和氣餒，其法律顧問稱國際足聯此舉其實是「人為限價」，將導致行業腐敗叢生且黑市猖獗。「哪怕英足總不強制執行佣金封頂，俱樂部將以此為撒手鐧拒絕經紀人要求更多佣金，讓回扣等行賄大行其道。」

青訓教練：救救孩子！

最具爭議的是開放經紀人市場將危害年輕球員和球會的利益，鼓勵仲介放肆盤剝青少年球員。一位英超球會青訓負責人表示：「如果仲介花錢收買不懂行的父母（法律監護人），仲介可以終生控制一位球員！」現行規定允許仲介和未成年球員簽約，但不得在球員滿 18 歲之前收取佣金，卻又對仲介和球員的合約長度沒有限制。

英足總比國際足聯嚴厲，將年齡下調至 16 歲之前，並且合約不得超過兩年。英足總還規定，在英國國內執業的仲介，需通過內政部通行的「信息披露暨禁止從業條例」檢查背景。西布朗足球總監建議成立一家類似職業球員工會的組織，在青少年球員與球會簽署第一份職業合約前，肩負起給他們拿主意的責任。另有業內人士

建議，對球員的第一份合約薪水封頂，這樣仲介就沒那麼熱心操縱他們的轉會了。

積極因素：增加透明度

除了未成年球員面臨被仲介控制和盤剝，球會還是雙重仲介的受害者——仲介同時代表球會和球員兩頭收錢。雙重代表一度被禁，但沒過多久便又還魂，許多經紀人借此發了橫財。俱樂部對此既無對策又叫苦不迭，他們呼籲效法美國職業競技的做法：「只有球員才能控制這個局面，球員應該通過其行業工會約束經紀人。如果是球員掏仲介費，他們肯定對轉會更有發言權。」

開放經紀人市場雖受到業界批評，但也有積極因素：仲介必須在每筆交易中現身，註冊自己的身分后才可以運作。這樣一來，多少增加了點透明度。

國際足聯放棄監管經紀人，不僅讓英國的足球經紀人感到被出賣和受威脅，全歐洲的同行也是如此。德國足協在法蘭克福召開歐足聯旗下足協及其經紀人組織會議，共商如何搭建行業高品質服務統一框架。梅爾施泰因曾任英格蘭國腳加斯科因和沃德爾的經紀人，現在是英國足球經紀人協會主席，他指出：「國際足聯放棄監管，那麼行業必須自我監管，一如律師和會計師行業的監事會制度。」

——資料來源於 http://www.chinadaily.com.cn/hqcj/xfly/2015-03-30/content_13460079.html

第二節 體育經紀人管理制度

一、體育經紀人的自我管理制度

對於從事體育經紀人活動的個人或團體，其管理制度包括資格認定制度和培訓制度。

（一）資格認定

只有先取得體育經紀資格，才能合法地從事體育經紀活動。體育經紀資格包括兩個層面：一方面是從事體育經紀活動的人員的資格；另一方面是體育經紀主體經營資格。兩者的認定程序不同，在前一章中已經詳述、在此不再贅述。

（二）培訓制度

在前面已經提到，體育經紀人這一職業對從業者的業務素質和綜合能力的要求

很高。很多符合基本從業資格的人在實際從事體育經紀活動時，會發現自身在很多方面都存在欠缺。為了推動這一職業的健康發展，保證體育經紀人的質量和規範其行為，給予從業者更多正確的指導，許多體育組織和經紀人聯合會在舉行經紀資格考試前，往往會組織申請人進行相應的培訓，其中很多資格認定組織甚至規定，參加培訓是獲取從業資格的必要組成部分。體育經紀人培訓內容大多集中在相關法律法規、市場營銷、經濟合同、公共關係和行業規範等多個內容。

二、體育經紀人的組織管理制度

（一）註冊登記制度

申請人經資格認定后，須到相應的體育組織或經紀人聯合會註冊，並同時交納註冊費。要求實行年度註冊制度的，經紀人還須在特定期限內到體育組織或者體育經紀協會接受年審，並交納年度註冊費。如美國州立法規規定，體育經紀人必須到州政府指定的經紀人管理機構註冊，填寫申請表（包括工作經歷、實際工作經驗和培訓證書），並交納 50～1,000 美元不等的註冊費。

為了保護自身及其成員的利益，許多體育組織規定體育經紀人只有在取得其承認的經營許可證后，方可組織其名下的比賽或代理其名下的運動員。

在中國，獲得體育經紀人資格證書后還必須到工商行政管理部門登記註冊，以獲取營業執照；在領取營業執照 15 天內要到當地體育行政管理部門或與所從事的經紀業務有關的運動項目管理部門備案。此外，根據中國的《體育經紀人管理辦法》的規定，體育經紀人資格證書實行年度檢驗制度，由國家體育總局和國家工商行政管理總局授權的機構辦理。無故不參加年審或年審不合格，其體育經紀人資格證書將自動失效。

個體體育經紀人從事經紀業務時必須向運動員出示營業執照（副本），以及通過體育行政管理部門或工商行政管理部門年檢有效的體育經紀人資格證書。

體育經紀人事務所、體育經紀公司統一對外接受委託，收取佣金。其業務人員不得以個人名義對外接受委託從事體育經紀活動。體育經紀機構業務人員從事經紀業務時必須出示單位授權委託書和本人的通過體育行政管理部門和工商行政管理部門年檢有效的體育經紀人資格證書。

體育經紀人事務所、體育經紀公司業務人員不得同時在兩個以上的體育經紀機構執業。同時，個體體育經紀人也不得在體育經紀人事務所和經紀公司執業。

(二) 保證金制度

在申請註冊的同時，申請人一般還須在註冊機構指定的銀行存入一定數額的保證金，作為押金來約束體育經紀人履行義務、規範經營。體育經紀人一旦違約，將從其銀行保證金中扣除部分或全部作為罰款；之后，體育經紀人還必須立即在銀行內補足這筆錢，否則將被取消體育經紀資格。

保證金制度是體育經紀人及其體育經紀行為管理中一項非常重要的制度。由於經紀人行為具有一定的隱蔽性，容易滋生經紀活動中的詐欺行為，通過保證金制度這種經濟手段，可以約束和規範體育經紀人的經紀行為。

(三) 合同管理制度

為保障經紀人和委託人雙方的合法權益，體育經紀人在實施代理前必須與委託人簽訂體育經紀合同，將雙方的責、權、利以合同的形式確定下來，以便受到法律的保護。根據體育經紀活動方式的不同，可簽訂書面的委託合同、行紀合同或居間合同。該合同書通常包括雙方的基本情況、服務範圍、經紀期限、佣金支付、合同終止、爭議解決等條款。所用體育經紀合同示範文本由雙方協商選定。

體育經紀合同是體育經紀人接受委託人的委託，以委託人的名義或以他自己的名義，為委託人辦理委託事務，並按規定或約定收取報酬和其他費用的協議。體育經紀合同是一種提供體育服務的經濟合同，體育經紀人通過與委託人訂立經紀合同，從事經紀活動，為委託人提供經紀服務。體育經紀合同是雙務、有償合同，即體育經紀人和委託人相互負有義務和享有權利，且委託人權利的實現必須以支付給體育經紀人一定的報酬為代價。體育經紀合同是諾成性的合同，一經雙方達成協議即可成立。

(四) 佣金制度

體育經紀人在完成其經紀活動后有權利得到合理的報酬，即佣金。根據不同的代理事務和運動項目，佣金有不同的支付方式和標準。

(1) 按比例收費。這是最常用的收費方式，體育經紀人按事先談好的比例從運動員收入中提成。一般來說，代理運動員與俱樂部或職業體育組織進行勞資談判的佣金比例較低，通常在 0.5%～5%，負責運動員的財務管理一般收取總額的 5%，比賽獎金提取 10%；運動員名字或形象的商業開發，包括廣告、贊助和電視轉播合同等，佣金比例較高，可達 15%～30%；如果由經紀人公司代理，佣金提成的比例會更大，達到 25%～40%。

（2）按時間收費。按時間收費是指收費以小時計算。

（3）綜合收費。這是一種將比例收費與時間收費結合起來計算的收費方式。

（4）固定收費。固定收費，不論談判耗費的時間及合同款數額，均按事先談好的費用收取。

（五）仲裁制度

體育經紀活動出現爭議和糾紛時，一般都要提請相關的機構進行調解和仲裁。不同的運動項目和不同的國家有不同的仲裁方式，一些國家已經頒布瞭解決體育爭議問題的專門法規。當運動員與經紀人之間出現爭議的時候，由於國家情況和項目的不同，仲裁權可能屬於運動員工會、體育組織的仲裁小組或者體育法庭。仲裁程序如下：起訴人首先通過書面方式向相應的仲裁機構陳述事實及起因，並且出示相應的證據，同時向仲裁機構繳納一定的仲裁費。仲裁機構在進行裁決前，往往會先進行調解。如果調解不被接受，仲裁機構將根據調查結果在規定的期限內進行裁決。

值得注意的是，在一些職業聯賽體系比較完善的國家，如英國、義大利，委託人與經紀人之間出現的糾紛主要還是根據有關的公共立法提請法院按司法程序進行處理，體育組織一般不介入。英格蘭足球協會的官員介紹說，除了涉及球員比賽資格的問題外，運動員與其經紀人之間出現的其他糾紛，都由法院進行處理，足球協會一般不進行干預。

（六）違規處罰制度

對體育經紀人的違法違紀行為，由工商行政管理部門或有關體育組織給予處罰。輕者有通報批評、經濟制裁，重者要責令停業、取消體育經紀人資格、吊銷執照，甚至給予刑事處罰等。

第三節　中國體育組織對體育經紀人的管理

一、國家體育總局對體育經紀人的管理

（1）組織制定和推行有關政策法規。

（2）授權有關下屬單位負責體育經紀人的資格認定和簽發體育經紀人資格證書。

（3）指定體育經紀人培訓和考試部門並指導培訓和考試的實施。
（4）對體育經紀活動進行管理和監督。
（5）扶持成立有關組織，如體育經紀人協會。
（6）對各項目管理中心的體育經紀人業務進行統籌管理和協調等。

二、運動項目管理中心對體育經紀人的管理

運動項目管理中心是國家體育總局對本項目體育經紀人和經紀活動實施管理的授權部門，負責對本項目體育經紀人活動的全面管理，承擔國家體育總局委託的具體工作和職能。

（1）制定本項目體育經紀人管理制度和規章，特別是對運動員轉會、代理、形象開發以及本項目無形資產代理開發等制定出明確的管理規定和辦法。
（2）審查和批准項目體育經紀人的資格。
（3）組織本項目體育經紀人的教育、培訓和考核。
（4）對本行業內體育經紀人的行紀行為進行監督管理，保護公平競爭。
（5）創造條件開發培育體育經紀人市場，推動本項目體育經紀人事業的發展等。

運動項目管理中心的職能和責任應隨著體育經紀人制度的不斷完善而逐漸擴大。由於各項目的職業化和商業化發展程度不同，各項目對體育經紀人管理的程度也應有所區別。

三、具體操作部門對體育經紀人的管理

受國家體育總局或運動項目管理中心的委託，由教育或培訓單位、法律和仲裁機構、信息部門以及體育經紀人協會等事業單位或社會團體進行體育經紀人的培訓和考試、經濟糾紛的仲裁、自律性規章制度的制定、信息的收集和交流等工作。

體育經紀人和經紀公司的營業執照獲取、登記管理、行紀檢查則應由工商行政管理部門負責，並接受稅務、審計等有關部門的監督管理。

由此形成工商行政管理部門、業務主管部門、行業協會、行政事業單位及司法、物價、審計等各類監督機構共同組織的責任明確、互為銜接的科學而有效的管理體系，充分發揮國家的宏觀調控管理作用，保障中國體育經紀活動的順利實施。

四、體育經紀人行業協會的管理

體育經紀人行業協會又稱體育經紀人聯合會。體育經紀人聯合會是一種相對較為鬆散、協會性質的自律組織，是由一些共同職業、共同利益的經紀人組成的聯合組織，有一定的自發性。雖然不同項目的體育經紀人發展狀況各不相同，但這些組織的基本職能都在於保護體育經紀人的切身利益，嚴格遵守職業道德準則，推廣繼續職業教育以保持競爭力等。隨著體育商業化和國際化程度的不斷深入，獨立體育經紀人（即個體體育經紀人）意識到單憑個人力量已不足以掌握龐雜的體育市場信息，不足以有效地保護自己及委託人的商業利益，於是他們開始走向聯合，形成日益強大的體育經紀人聯合會。

目前在歐洲體壇，最有影響力的體育經紀人聯合體，是國際田徑經紀人聯合會，參加這些組織的所有成員都是運動員的個體體育經紀人，而不是公司體育經紀人。國際田徑經紀人聯合會有60多名成員，他們各自代理著十幾名到幾十名不同等級的世界著名運動員的多項事務。該組織聲稱，他們掌握著全世界最優秀的田徑運動員中的80%，這個組織曾經與國際奧委會和國際田徑聯合會公開對抗，就運動員的資金問題威脅抵制世界田徑錦標賽。其執行秘書詹寧斯由國際田徑聯合會發給薪水。這個體育經紀人行業協會性質的組織主要行使以下管理職能：負責確定田徑經紀人的佣金標準，負責田徑經紀人的行業規範，負責對違反有關規定的田徑經紀人進行處罰，甚至有權將違規的田徑經紀人從組織中除名。該組織每年還要評選年度世界最佳田徑經紀人，意在規範田徑經紀人的行為，維護田徑經紀人的聲譽。

義大利等國的足球經紀人主要由足球經紀人聯合會來進行具體的管理工作。這些聯合會與該國足球協會密切合作，直接參與足球經紀人的資格認定、經紀人資格考試、爭議仲裁等工作。該協會在足球經紀人的管理中起著十分重要的作用。

在中國要想成為國際足球聯合會足球經紀人，須具備以下條件：

（1）申報者必須經過工作所在地體育和工商行政管理部門聯合舉辦的體育經紀資格培訓，獲得體育經紀人資格證書，從事體育經紀活動一年以上時間，並經當地主管部門年檢。

（2）具有工商行政管理部門頒發的從事體育經紀活動公司的營業執照。在2002年參加中國足球協會國際足球聯合會足球經紀人考試中，要求申報者必須是該體育經紀公司的法定代表人，但是從2003年開始，中國足球協會放寬了這個條款，取消

了「法定代表人」的要求。

（3）申報者必須具備大專以上學歷，並具有國家教育部門頒發的學歷證書和學位證書。

（4）申報者不能在中國足球協會、中國足球協會會員協會、足球俱樂部或與這些機構相關的組織中擔任職務。

（5）申報者需要出示由當地公安部門提供的無犯罪記錄的證明。

第四節　國際上對體育經紀人的管理

職業體育開展好的國家集中在歐美，職業體育開展好的項目主要有足球、籃球、棒球等。同時，這些國家和國際體育組織在管理體制（包括經紀人管理體制）方面是比較健全的，因此，我們有必要瞭解他們的體育經紀人管理體制狀況，取其長棄其短，為建立中國體育經紀人管理體制做參考。

國際上，體育經紀人的管理根據項目的職業化和發展程度不同，對體育經紀人的管理形成了國際體育組織管理和國家管理兩個層次。

一、國際體育組織對經紀人的管理

（一）單項體育組織管理

田徑、網球、拳擊、高爾夫等項目的體育經紀人人數有限，通過體育經紀人自律性組織經紀人聯合體比較容易進行集中管理。但足球項目的情況就完全不同。足球是世界第一大運動，是職業化開展得最好的運動項目之一，同時也是獲利最豐厚的項目之一，因此吸引了大批經紀人——足球經紀人參與其中。國際足球聯合會作為該項運動的最高國際管理機構，擁有巨大的權力。為了充分發揮體育經紀人的積極作用，盡量減少其負面的影響，保證足球運動健康地發展，以期獲得整體的最大利益，國際足球聯合會建立了由國際足球聯合會、各洲足球聯合會、各國足球協會三級管理體系，由國際足球聯合會經紀人管理條例和各國足球協會經紀人管理條例組成的法規體系。其中，國際足球聯合會的法規具有強大約束力和廣泛的適用範圍，不僅對代理不同國家協會間運動員轉會的體育經紀人有約束力，同時對國家協會也進行了部分規定，並且國家協會指定的條例必須經國際足球聯合會認可。

国际足球联合会设立了专门的体育经纪人管理部门,对全行业进行宏观管理和指导。其主要职责是:制定本项目体育经纪人管理条例,包括对所属各国家协会的体育经纪人管理提出要求,并具有很强的约束力;负责仲介国际运动员转会和比赛事务的体育经纪人的管理,包括明确经纪人、运动员和俱乐部各方的权利和义务,实施监督和裁决等。但国际足球联合会不具体颁发经纪人执照,从事国际转会和比赛经纪事务的经纪人必须经各国家协会批准获得执照后,到国际足球联合会注册并获得国际足球联合会颁发的许可证。目前,经国际足球联合会批准的有资格从事国际运动员经纪活动的个体经纪人已达500多人,分布在40多个国家和地区,其中英国最多,为67人,西班牙、德国、义大利、法国等都在30~50人,亚洲的日本、韩国、沙特阿拉伯等国也都有国际足球联合会批准的经纪人。

(二) 体育经纪人行业协会管理

国际田径经纪人联合会则是相对松散的经纪人自律性的国际管理组织,它在组织上独立于国际田径联合会,但实际上与国际田径联合会和各国田径协会有著千丝万缕的联系。它也制定了有关的管理条例和制约监督机制,进行资格审定,但对经纪人的约束力不及国际足球联合会,有待更多国家田径协会的承认和合作。该组织目前已有60余名田径经纪人注册。网球的情况与此类似。

二、各国对体育经纪人的管理

还有一些国家则通过自律性的不同项目体育经纪人协会进行具体管理工作。这些协会往往与该国的单项协会密切合作,参与体育经纪人的资格认定、资格考试、争议仲裁等,在体育经纪人的管理中起著十分重要的作用。

西方国家对体育经纪人进行管理的主体包括政府和体育组织,无论是政府还是体育组织,在对体育经纪人的管理中,均以法律方法为主,采用法制手段对体育经纪人进行调控和管理。

(一) 美国对体育经纪人的管理

为了对体育经纪活动进行规范管理,美国好几个州和各职业体育联盟以及全国大学体育联盟,制定了一系列的管理规定。这些管理规定的范围、内容及强调的重点,在州与州之间、不同体育联盟之间,都有所不同。

1. 政府对体育经纪人的管理

美国对体育事业的管理属于分权型体制,联邦政府不设专门的主管行政机构,

直接管理任務由各體育單項協會、體育聯合會、大學生體育協會等體育社會團體共同完成。隨著體育經紀行業中不規範的問題逐漸增多，運動員工會、大學生體育聯合會等紛紛在各自管轄範圍內制定了體育經紀人的管理辦法，美國各州政府也極為重視，部分州政府已經實行體育經紀人法規條例。美國聯邦憲法規定，各州政府有權生效並強制實施健康、安全和福利方面的法律，而且受到了美國最高法院的承認。目前美國已有24個州在體育經紀人管理上制定了專門條例。其中，要求體育經紀人註冊的州占大多數，並指定了「相應的註冊管理機構」。各州設置的體育經紀人管理機構主要有四類：勞工會、行業管理部門、州政府專門秘書處、立法委員會法律辦公室。州政府的規定主要針對目前體育經紀活動的各種違規行為，從法律的角度規定了從事體育經紀人的基本條件、業務等級、從業資格和工作質量的標準。政府主要通過政策的力量和要求來保護公民的利益。

2. 社會團體對體育經紀人的管理

（1）運動員工會。保護職業運動員的利益不受損害，各運動員工會相繼推出了體育經紀人條例。各運動員工會在管理辦法上大體一致。

（2）大學生體育協會。大學生體育協會是管理美國各大學體育運動的專門組織，對美國絕大多數大學生運動員具有管制力和約束力，一方面通過設立運動員職業諮詢小組，為大學生提供職業諮詢建議，提高他們自我保護能力；另一方面通過取消參賽資格和給予經濟罰款對違規成員實施處罰。

（3）體育組織管理。國家體育組織或單項協會對從事本行業經紀活動的經紀人實施直接或間接的管理。美國國家橄欖球聯盟運動員聯合會是第一個建立的對本聯盟運動員的體育經紀人進行管理的組織。它明確規定了體育經紀人的業務範圍和合同顧問的基本條件。

3. 美國體育經紀人的管理特點

雖然美國不同管理系統對體育經紀人的管理規定不一、方法各異，但從管理內容看，都含有資格審定、合同管理、佣金管理、違法處罰四個基本的要素。

（1）資格審定。進行合法體育經紀活動之前必須先辦理正式的登記註冊手續。美國州立法規規定，體育經紀人必須到州政府指定的經紀人管理機構註冊，首先填寫註冊表，然后繳納註冊費，為保證經紀人履行合同義務。有一些州還要求體育經紀人在註冊的同時必須交納保險金，以押金的形式儲存在註冊機構，作為經紀人一旦違約的賠償。還有一些相關利益的機構和體育團體，如大學、單項協會、俱樂部

等為了保護自身及成員利益，規定體育經紀人只有在取得其承認的經營許可證后，方可組織其名下的比賽或代理其名下的運動員。

（2）合同管理。經有關機構認定后，獲得執業資格的經紀人就可以由尋找客戶開始尋找各種經紀活動了。由於體育經紀人的活動範圍逐漸擴大，與運動員客戶的聯繫日益緊密，雙方在收費金額和方式、投資及稅收建議提供等方面的爭論越來越多，很容易產生誤解。為保障體育經紀人和運動員的合法權益，美國政府及有關體育組織規定，體育經紀人在代理運動員之前必須與之簽訂委託合同，將權、責、利以合同的形式確定下來，使得雙方的利益受到有效地法律保障。為加大管理力度，各運動員工會還採取了一些特殊的措施。如全國籃球運動員工會要求經紀人使用標準的「經紀人/運動員」委託合同範本。

（3）佣金管理。體育經紀人向委託人收取合理佣金是對自身活動價值的肯定，是合法的勞動所得。美國體育經紀人通常以服務的質量和數量為標準向運動員收取佣金，並採取不同的收費方式，其中最常用的是按比例收費的方式，即經紀人按事先談好的比例從運動員收入中提成。一般的比例為：職業運動談判收取合同款的3%～5%；財務管理收取總額的5%；比賽獎金提取10%；產品代言提取合同款的20%。為監督和管理體育經紀人收費，各運動員工會紛紛制定措施。如美國籃球運動員工會實行經紀人收費記帳管理制度，要求經紀人將各種收費記錄下來以備運動員工會的檢查。

（4）違法處罰。對體育經紀人的違法行為，美國州立法規採取民事和刑事相結合的綜合性處罰手段，側重於經濟制裁。有的州以輕罪、重罪論處，如罰款，金額從1,000～10,000美元不等，牢獄期限為90天到2年左右；有的州靠收保險金實施處罰。運動員工會為解決體育經紀人和運動員之間的爭議，專門設有仲裁機構。對違紀體育經紀人的處罰有通報批評、取消成員資格、責令其停業及吊銷執照等。

美國體育經紀人管理體制已經形成從政府到社會各級體育組織，以法律為主要調控手段的多層次管理體系。州政府、運動員工會、大學生體育聯合會均明文規定了體育經紀人的法規和條例，對體育經紀人的資格審定、委託合同、佣金和處罰等進行了規範化的管理。

美國體育經紀人制度經數十年的發展，已形成自身的特色和優勢，對體育經紀人行為的規範和監督起到了積極的作用。許多方面值得中國借鑑和學習。

(二) 歐洲主要國家對體育經紀人的管理

在歐洲，不少國家的民法和商法對體育經紀人都有專門的論述，一些國家還制定了專門的《體育經紀人法》。有些國家在重新修改的《體育法》中增加了針對體育經紀人的有關條款，如法國1992年修改的《體育法》中，就增加了有關經紀人的規定。義大利、英國等一些國家的足球協會根據國際足球聯合會的有關規定，建立了國內經紀人隊伍，制定了具有約束力的《經紀人管理條例》，經紀人事務成立了專門的經紀人事務委員會負責具體事務。經紀人事務委員會的成員由經紀人協會的代表等多方面的人員組成。

課后思考題

1. 體育經紀人管理制度有哪些內容？
2. 中國的體育經紀人一共分為幾個級別？
3. 中國體育組織如何對體育經紀人進行管理？
4. 你認為中國體育經紀人管理制度存在哪些問題？
5. 美國體育經紀人管理有哪些特點？

附

中國籃球協會籃球經紀人管理辦法

(中國籃球協會於2006年9月8日發布)

第一章 總則

第一條 為規範籃球項目體育經紀活動行為，保障經紀活動當事人的合法權益，促進籃球項目健康發展，根據國家有關法律、法規和國家體育總局有關規定，特制定本辦法。

第二條 籃球項目體育經紀活動（以下簡稱籃球經紀活動）是指個人或組織在籃球項目活動中收取佣金、促成籃球活動順利開展的居間、行紀或代理等經營活動。

第三條 籃球項目體育經紀人（以下簡稱籃球經紀人）指依法取得籃球經紀人執業證書、從事籃球經紀活動的法人或自然人。

第四條 本辦法適用於中國籃球協會（以下簡稱中國籃協）管轄範圍內涉及的國內外籃球經紀活動。

第五條 籃球經紀人必須遵守國家法律、法規，依照國家體育行政管理部門和中國籃協的有關規定、辦法從事籃球經紀活動，接受中國籃協的業務指導和日常監督管理。

第二章 從業資格

第六條 任何法人或自然人應具備以下各項條件後方可以籃球經紀人的名義從

事籃球經紀活動：

（一）取得國家各級工商行政管理部門頒發的體育經紀資格證書；

（二）在國家各級工商行政管理部門辦理註冊登記手續，領取從事體育經營活動的營業執照；

（三）向中國籃協申請並註冊，並通過中國籃協組織的籃球經紀人資格培訓並考試合格，領取中國籃球協會籃球經紀人執業證書；

（四）最近五年沒有犯罪記錄或因違反相關規定而被中國籃協處以警告以上處罰的不良記錄。

第七條 中國籃協定期組織籃球經紀人資格考試。考試內容主要包括：籃球項目知識、國際籃聯、亞籃聯、中國籃協的章程及行業規則和各項管理規定、有關法律知識、公共關係知識和經紀方面知識等考試。考試合格后，由中國籃協統一頒發中國籃球協會籃球經紀人執業證書。資格證書的有效期為五年。有效期滿后，須重新參加資格考試。

第八條 在國際籃聯、亞籃聯、中國籃協、中國籃協團體會員單位的專職工作人員不得兼任籃球經紀人。

第九條 根據籃球經紀人經紀活動類別，在註冊申請中國籃球協會籃球經紀人執業證書時可選擇以下兩個級別並從事不同的經紀活動：

（一）A類（涉外類）籃球經紀人：

1. 可從事涉外球員轉會及商務代理和商務推廣活動；

2. 可從事國家隊隊員轉會及個人商務代理和推廣活動；

3. 可從事國際籃聯、亞籃聯及中國籃協主辦賽事的商務代理和商務推廣活動；

4. 其他籃球經紀活動。

（二）B類（一般類）籃球經紀人：

從事除A類規定的第1、第2和第3項目活動以外的其他籃球經紀活動。

第十條 申請中國籃球協會籃球經紀人執業證書中A類籃球經紀人，需向中國籃協繳納執業保證金10萬元人民幣。申請中國籃球協會籃球經紀人執業證書中B類籃球經紀人，需向中國籃協繳納執業保證金1萬元人民幣。

執業保證金主要用於下列情況：

（一）對經紀人在經紀活動中因過錯而給第三人造成的損失的賠償。

（二）經紀人因其違法或違規籃球經紀人的經紀活動而應承擔的罰款制裁。

該執業保證金將在該經紀人自願放棄籃球經紀人資格或被取消籃球經紀人資格時，或該經紀人連續五年從事籃球經紀工作中（從本規定下發後該經紀人註冊之日起）無任何違紀違規行為時，予以退還。

第十一條　中國籃協對籃球經紀人的執業資格實行年審培訓制度，主要內容包括對籃球經紀人予以年度註冊、培訓、登記備案，每年公開發布經年審合格的籃球經紀人名單等。年審培訓時籃球經紀人必須書面匯報上年度籃球經紀活動項目工作情況，繳納年審及培訓費500元人民幣。年審培訓時間為每年的12月1日至31日。

第十二條　籃球經紀人連續兩年未參加年審或沒有從事經紀活動，中國籃協將取消其籃球經紀人資格；被取消籃球經紀人資格的如欲從事經紀活動，必須再次參加考試合格領取執業證書後，方可繼續從事經紀活動。

第三章　經紀活動

第十三條　籃球經紀人接受當事人的委託，在符合本辦法第九條規定的前提下可從事以下籃球經紀活動：

（一）國內外球員、教練員轉會；

（二）球員、教練員及球隊商務代理和商務推廣；

（三）推廣商務賽事；

（四）贊助仲介活動；

（五）其他籃球經紀活動。

第十四條　籃球運動員不得雇用未執有中國籃球協會籃球經紀人執業證書的自然人或法人作為經紀人行紀。國際球員、教練員轉會須通過A類籃球經紀人進行。轉會人員所簽署的合同應使用中國籃協合同範本，並報中國籃協備案。

第十五條　中國籃協每年底將公布註冊和被註銷執業證書的籃球經紀人名單。中國籃協不直接為國家隊運動員進行經紀活動，可推薦、委託中國籃協註冊認可的籃球經紀人為運動員行紀，其佣金為該經紀人所得。

第十六條　籃球經紀人在籃球經紀活動中須向當事人和管理部門出示體育經紀資格證書和中國籃球協會籃球經紀人執業證書。籃球經紀人完成經紀活動后有權收取合理佣金。

第十七條　籃球經紀人在經紀活動中必須履行如下義務：

（一）遵守國際籃聯、亞籃聯、中國籃協的與籃球經紀活動有關的章程、規程以

及有關的規定、辦法；

（二）如實、及時向當事人介紹有關情況，為當事人保守商業秘密；

（三）接受中國籃協有關管理部門的監督檢查；

（四）依法繳納稅款並履行法律和規章規定的其他義務。

第十八條 籃球經紀人不得有下列行為：

（一）向當事人隱瞞與委託人委託的籃球經紀活動有關的重要事項；

（二）超越其經核准的經紀業務範圍進行經紀活動；

（三）偽造、塗改交易文件和任何憑證；

（四）採取詐欺、脅迫、賄賂、惡意串通等手段損害當事人的利益；

（五）通過詆毀其他經紀人等不正當手段承攬經紀業務；

（六）法律法規和規章禁止的其他行為。

第十九條 未取得中國籃球協會籃球經紀人執業證書的外籍、旅外華人體育經紀人可委託中國籃協認可的籃球經紀人從事相關經紀活動。

第四章 爭議處理和罰則

第二十條 籃球經紀人與當事人發生爭議，可以協商解決，也可請中國籃協出面進行調解。協商或調解不成，任何一方皆有權依照約定申請仲裁機構仲裁或直接向人民法院起訴。

第二十一條 中國籃協根據籃球經紀人在籃球經紀活動中違反本辦法的具體情況，對其做出如下處罰：

（一）警告、嚴重警告；

（二）責令賠償經濟損失；

（三）罰款1,000元至10,000元人民幣；

（四）中止或吊銷中國籃球協會籃球經紀人執業證書。

上述處罰可同時並罰。

第二十二條 對於違反本辦法的籃球俱樂部，中國籃協將視情給予如下處罰：

（一）勸告或警告；

（二）罰款；

（三）禁止參與國內或國際運動員轉會活動；

（四）禁止參與國內或國際籃球活動。

上述處罰可同時並罰。

第二十三條　對於違反本辦法的籃球運動員，中國籃協將視情給予如下處罰：

（一）勸告或警告；

（二）罰款；

（三）不超過一年的停賽處罰。

上述處罰可同時並罰。

第五章　附則

第二十四條　本辦法解釋權屬中國籃協。

第二十五條　本辦法自公布之日起執行，二〇〇二年四月五日公布的原《籃球項目體育經紀人管理暫行辦法》同時作廢。

中國足球協會球員經紀人管理辦法

（中國足球協會於2013年8月8日發布）

引言

為規範足球運動員轉會活動中經紀人的經紀行為，保障足球俱樂部和足球運動員的合法權益，根據《國際足聯球員經紀人規則》的基本原則和有關法律、法規，特制定本辦法。

本辦法適用於在中國足球協會（以下簡稱中國足協）管轄範圍內，從事球員轉會經紀活動的球員經紀人。

第一章　總則

第一條　球員和俱樂部與其他球員和俱樂部進行轉會協商時，有權聘請球員經紀人。該經紀人必須持有中國足協頒發的足球經紀人許可證或國際足聯球員經紀人許可證。球員經紀人是指一名自然人，以獲取佣金為目的，在正常範圍內向俱樂部介紹其有意簽約的球員，或介紹兩家俱樂部進行球員轉會活動。該經紀人的活動必須符合本條例有關條款。

第二條　球員和俱樂部不允許雇傭未取得許可證的球員經紀人。

第三條　第一條、第二條不適用於以下情況：

一、球員經紀人是球員的近親。

二、球員或俱樂部經紀人是國內或其永久居住國的註冊律師。

第二章　申報、批准與註冊

第四條　符合下列條件的自然人可以向中國足協遞交申請：

一、希望成為經紀人的自然人，且具有完全民事行為能力。

二、已取得體育經紀資格證書，並通過當地主管部門年檢。

三、具有工商行政管理部門頒發的從事體育經紀活動的企業法人營業執照，申報人必須是該公司法定代表人。

四、具備大專以上學歷，並具有國家教育部門頒發的學歷和學位證書。

五、未在國際足聯、亞足聯、中國足協、中國足協會員協會、足球俱樂部或與這些機構有關聯的組織中任職。

六、申請經紀資格之前連續三年以上沒有犯罪或經濟違法行為。

七、若申請者不具有中國國籍，則必須在中國居住時間不得少於兩年。

第五條　中國足協審查申請者是否符合規定，並對申請合格者進行資格培訓和考試。

第六條　如果申請者的申報材料存在不足，該申請將被中國足協拒絕。

第七條　中國足協將定期舉辦球員經紀人資格考試。

第八條　球員經紀人資格考試程序：

一、考試採取多項選擇形式，中國足協根據考試成績擇優錄取。

二、考試內容如下：

1. 對現行國際足聯、亞洲足聯及中國足協章程、規則及規定的熟悉程度，尤其是與轉會有關的部分；

2. 對民法的熟悉程度（個人權利的基本規定）及對《合同法》的熟悉程度；

3. 每次考試由中國足協命題。

三、申請者如沒有通過考試，可在下一年度再次申請參加考試。

四、如果一名申請者連續兩次沒有通過考試，中國足協則在以後的三年內不再接受其申請。

第九條　資格考試合格且經中國足協審核認為可授予中國足球協會足球經紀人許可證（以下簡稱許可證）者，應在規定時間內將35萬元人民幣的責任保證金足額匯入中國足協指定銀行，並將中國足協財務開具的保證金收據複印件上繳中國足協註冊辦公室。關於此保證金：

一、球員經紀人在從事足球經紀活動期間不得收回保證金。

二、球員經紀人的經紀行為違反中國足協或國際足聯的規定並造成俱樂部或球員損失的，中國足協有權使用該保證金，賠償此損失，且賠償金額不以保證金總額為限。

三、因上述原因造成保證金金額不足的，該球員經紀人的許可證將被臨時吊銷。待保證金金額重新達到35萬元人民幣，中國足協發還其許可證，該經紀人方可繼續從事球員經紀活動。

四、球員經紀人自交還許可證或許可證被吊銷之日起六個月內不得收回保證金，以賠償第三方可能提出的要求。

第十條　通過考試的申請者必須在《職業行為準則》上簽名，並保證作為球員經紀人遵守本準則中的基本規定。球員經紀人如果在工作中違反了《職業行為準則》將根據有關條款受到制裁。

第十一條　中國足協在收到責任保證金憑證和已簽署的遵守《職業行為準則》的保證書之後，向申請者頒發球員經紀人許可證。關於許可證：

一、許可證僅限本人使用，不得轉讓。

二、許可證無時間期限，並且授權球員經紀人在全國範圍內開展業務。

三、球員經紀人一旦獲得中國足協頒發的許可證，該經紀人在商業活動中有權使用中國足球協會授予的球員經紀人稱號。

第十二條　球員經紀人從事轉會經紀活動，須持有許可證，獲得許可證的中國人，或不具有中國國籍，但在中國居住時間兩年以上的外國人，每年12月1日之前在中國足協辦理年檢、註冊，不遵守本辦法或資信不佳的球員經紀人不予註冊。

第十三條　中國足協每年公布一次當年註冊的球員經紀人名單。

第三章　球員經紀人、俱樂部與球員權利、義務

第十四條　已註冊的球員經紀人接受俱樂部或球員的委託從事轉會經紀活動，必須簽訂書面合同。關於合同：

一、合同期限為兩年，可在雙方同意的前提下續約，不能自動延長。

二、合同明確規定球員經紀人的付費方式及前提條件。

三、球員經紀人從其代理的球員處所得報酬，根據球員經紀人為該球員簽合同中所規定的年收入計算，但不包括汽車、住房、保險或獎金等其他待遇。

四、俱樂部聘請球員經紀人應在提前商定好的情況下統一付費。

五、代理合同一式三份，由雙方簽字，一份由球員或俱樂部保管，一份交球員經紀人管理，其餘一份在合同簽訂三十天內上交中國足協。

六、未成年球員不經中國足協承認的合法監護人同意不得與球員經紀人簽訂代理合同。

七、球員經紀人使用國際足聯提供的標準代理合同。

第十五條　球員經紀人享有以下權利：

一、與任何不屬於俱樂部或與俱樂部的合同期限於六個月內屆滿的球員接洽、協商轉會事宜。

二、接受俱樂部的委託與其他俱樂部接洽、協商轉會事宜，簽訂轉會協議。

三、接受球員的委託與俱樂部接洽、協商轉會事宜，簽訂轉會協議。

四、俱樂部或球員隱瞞真相，球員經紀人有權拒絕或中止為其提供經紀服務。

五、如果球員與球員經紀人決定分期付款，並且該球員經紀人為球員簽訂的合同期限長於其與球員之間簽訂的合同，球員經紀人有權在與球員的合同過期後繼續從該球員處獲得報酬，直至該球員與俱樂部的合同過期或該球員委託其他球員經紀人與另一家俱樂部簽訂了新的合同。

六、如果球員與球員經紀人不能就應付報酬達成協議，或雙方之間的代理合同沒有涉及有關報酬的內容，那麼球員經紀人有權收取其為球員簽訂的合同中所獲得的收入的5%，作為賠償金。

七、球員經紀人可以對其工作進行商業運作，但其雇員只能從事與球員經紀人所從事的商業活動有關的管理性工作。只有球員經紀人本人有權代表及維護球員或俱樂部的利益，以及與其他球員或俱樂部之間的利益關係。球員經紀人每年應將其雇員名單上報中國足協備案。如雇員被除名，球員經紀人應通知中國足協。

八、與經紀行為相關的其他權利。

第十六條 球員經紀人應履行以下義務：

一、遵守中國足協、亞洲足聯以及國際足聯的章程、規定。

二、如實、及時地向俱樂部或球員介紹有關情況，為其保守商業機密。

三、為俱樂部或球員解決有關事宜。

四、收取佣金應向俱樂部或球員開具發票，並依法繳納稅費。

五、接受中國足協、體育管理部門和工商行政管理部門對其經紀活動的監督檢查，如實、及時提供檢查所需的文件、憑證、帳簿及其他資料。

六、在同一次經紀活動中只能接受一方的委託。

七、在其經手的有關經紀活動的每份文件中，均有其姓名、簽字及委託人姓名。轉會協議須載有球員經紀人的義務條款及其簽名，否則該轉會協議無效。

八、球員經紀人接受球員的委託管理其個人財務，應定期向球員匯報財務情況，如實填寫帳簿、原始憑證、業務記錄、帳簿和經紀合同至少須保存五年，經紀人與球員的財務必須分帳管理。

第十七條　球員經紀人不得採取下列行為：

一、超越中國足協核准的業務範圍。

二、通過詆毀其他球員經紀人或支付介紹費等不正當手段承攬業務。

三、誘導正在履行合同的球員不履行合同。

四、向俱樂部或球員收取佣金以外的酬勞。

五、向俱樂部或球員隱瞞與經紀活動有關的重要事項。

六、代表球員向俱樂部索要簽字費、住房或私人用車等。

七、偽造、塗改、買賣轉會證明、轉會協議等文件和憑證。

八、採取脅迫、詐欺、賄賂和惡意串通等手段，促成轉會。

九、法律法規禁止的其他行為。

第十八條　俱樂部及球員的權利和義務

一、希望提供球員服務的俱樂部只允許與球員本人或通過已註冊的球員經紀人接洽。

二、在協商轉會事宜時，俱樂部不得向球員隱瞞有關事項，不得對球員採取誘騙、賄賂等不正當手段。

三、俱樂部在協商轉會事宜時，俱樂部不得以簽字費、購買住房、私人用車等附加條件，誘使球員簽訂轉會協議；球員也不得向俱樂部提出簽字費、購買住房、私人用車等附加條件。

四、俱樂部應直接向有關俱樂部支付轉會費，不得通過球員經紀人中轉或作為酬勞付給球員經紀人。

五、俱樂部在支付球員經紀人的佣金時，應索取發票。

六、球員必須尋求已註冊的球員經紀人為其提供轉會服務。

第十九條　在轉會過程中，如果俱樂部或球員沒有使用球員經紀人的服務，應在僱傭合同中明確表明。

第四章　罰則

第二十條　中國足協根據球員經紀人、足球俱樂部和球員在轉會經紀活動中違反本辦法的具體情況，對其作出相應處罰。

第二十一條　球員經紀人違反本辦法，受如下處罰：

一、警告。

二、罰款。

三、臨時吊銷許可證。

四、吊銷許可證。

上述處罰可並用。

第二十二條　俱樂部違反本辦法，受如下處罰：

一、警告。

二、罰款。

三、取消或部分取消參與當年國內或國際球員轉會資格。

四、禁止參與國內或國際足球活動。

上述處罰可並用。

第二十三條　球員違反本辦法，受如下處罰：

一、警告。

二、罰款。

三、一年以下停賽。

上述處罰可並用。

第五章　爭議的解決

第二十四條　國內俱樂部或球員與球員經紀人之間因轉會經紀活動產生爭議，應以書面形式向中國足協訴訟委員會申訴，中國足協訴訟委員會將負責處理；其他爭議直接向國際足聯提出申訴。

第二十五條　俱樂部或球員應於權利被侵害之日起兩年內向中國足協或國際足聯申訴；若該球員經紀人已上交許可證或許可證被吊銷，申訴人應在六個月內申訴。

第六章　關於國際足聯球員經紀人

第二十六條　申報國際足聯球員經紀人資格的申請人除符合國際足聯球員經紀人申報條件外，還必須：

一、具有中國足協球員經紀人許可證，並從事球員轉會經紀活動一年以上。

二、在申請國際足聯球員經紀人之前的經紀活動中沒有違規違紀行為，且資信良好。

第二十七條　中國足協將根據《國際足聯球員經紀人規則》要求和程序，定期

舉辦國際足聯球員經紀人考試並審批、頒發國際足聯球員經紀人許可證。

第二十八條　獲得國際足聯球員經紀人許可證的球員經紀人，應遵照《國際足聯球員經紀人規則》的規定從事球員轉會經紀活動，履行自己的權利和義務。

第七章　附則

第二十九條　本辦法自公布之日起實行。

第三十條　本辦法由中國足協常務委員會負責解釋。

參考文獻

[1] 國家體育總局職業技能鑒定指導中心. 體育經紀人 [M]. 北京：高等教育出版社, 2010.

[2] 衛禹帆, 黃曉春. 體育產業市場環境下中國體育經紀人發展分析 [J]. 廣州體育學院學報, 2016, 36 (5)：14－17.

[3] 蔡朋龍, 陶玉流, 李燕領. SOLOMO 模式在體育賽事網路營銷中的應用研究——以騰訊 NBA 營銷為例 [J]. 體育成人教育學刊, 2016, 32 (4)：1－6.

[4] 錢曉燕. 國內外體育賽事旅遊營銷研究現狀及展望 [J]. 河北旅遊職業學院學報, 2016, 21 (2)：62－65.

[5] 黃海燕, 陸前安, 方春妮, 等. 體育賽事的價值評估研究 [J]. 上海體育學院學報, 2008, 32 (1)：20－24.

[6] 荊林波. 中國體育產業發展現狀、問題與對策建議 [J]. 南京體育學院學報：社會科學版, 2016, 30 (4)：1－10.

[7] 陳武. 中國體育產業市場化發展的思考探究 [J]. 青春歲月, 2016 (1)：247.

[8] 韓冬. 新形勢下政府和企業如何利用大型體育賽事實現財政與營銷雙贏 [J]. 中國市場, 2016 (44)：101－108.

[9] 邱園, 盧燕妮. 體育無形資產幾個問題的反思 [J]. 運動, 2011 (8)：140－141.

[10] KASIMATI E, DAWSON P. Assessing the Impact of the 2004 Olympic Games on the Greek Economy: A Small Macroeconometric Model [J]. Economic Modelling, 2009, 26 (1): 139－146.

[11] DOHERTY A, MURRAY M. The Strategic Sponsorship Process in a Non－prof-

it Sport Organization [J]. Sport Marketing Quarterly, 2007, 16 (1): 49-59.

[12] 童建國, TONG JIAN GUO. 非營利性體育組織賽事營利策略研究——以國際足聯世界杯賽事推廣為例 [J]. 安陽師範學院學報, 2016 (2): 93-98.

[13] 宋亨國, 周愛光. 非政府體育組織的含義、自治形態及中國社會體育組織的轉型 [J]. 體育學刊, 2016, 23 (3): 16-22.

[14] 鮑明曉. 關於體育無形資產的幾個理論問題 [J]. 北京體育大學學報, 1998 (4): 6-9.

[15] 楊新泉, 羅伯特·斯巴達克斯. 企業投資中國體育贊助以建立品牌價值問題分析 [J]. 體育文化導刊, 2005 (12): 11-14.

[16] 於善旭. 體育無形資產的經濟分析及中國的經營對策 [J]. 山東體育學院學報, 2004, 20 (2): 6-11.

[17] 徐鑫曦. 中國大型單項體育賽事營銷效果評價模型的研究 [D]. 上海: 上海體育學院, 2013.

[18] 董冬. 北京奧運會與中國體育無形資產發展的研究 [D]. 濟南: 山東師範大學, 2008.

[19] 文靜. 企業贊助體育賽事的決策研究 [D]. 上海: 上海體育學院, 2010.

[20] 賀鑫森. 社會結構變遷下體育社會組織發展研究 [D]. 蘇州: 蘇州大學, 2016.

[21] 馬法超. 體育相關無形財產權問題研究 [D]. 北京: 北京體育大學, 2007.

[22] 劉辛丹. 中國企業體育賽事贊助策略研究 [D]. 北京: 北京體育大學, 2010.

[23] 劉夫力, 孫國良, 張鈞慶. 中國競技體育無形資產發展戰略研究 [D]. 北京: 北京體育大學, 2001.

[24] 趙明垚. 美職籃與中職籃營銷策略對比研究 [D]. 哈爾濱: 哈爾濱工業大學, 2015.

[25] A ARAI, Y JAE KO, S ROSS. Branding Athletes: Exploration and Conceptualization of Athlete Brand Image [J]. Sport Management Review, 2014, 17 (2): 97-106.

[26] 吳江水. 完美的合同：合同的基本原理及審查與修改 [M]. 北京：中國民主法制出版社, 2010.

[27] 楊黎明, 餘宇. 體育賽事合同 [M]. 北京：法律出版社, 2007.

[28] 王冰, 王博. 合同時代的生存：合同簽訂、履約與糾紛預防 [M]. 武漢：武漢大學出版社, 2008.

[29] 黃文卉. 體育經紀人應向體育贊助商承諾什麼 [J]. 經紀人, 2002 (6)：67-68.

[30] 翟泉. 國際化市場化背景下對中國體育仲介問題的研究 [D]. 上海：上海交通大學, 2005.

國家圖書館出版品預行編目(CIP)資料

新編體育經紀人教程 / 范家音、王欠 主編. -- 第二版.
-- 臺北市：崧博出版：崧燁文化發行，2018.09

　面 ； 公分

ISBN 978-957-735-481-5(平裝)

1.體育 2.經紀人

528.9　　　　107015235

書　名：新編體育經紀人教程
作　者：范家音、王欠 主編
發行人：黃振庭
出版者：崧博出版事業有限公司
發行者：崧燁文化事業有限公司
E-mail：sonbookservice@gmail.com
粉絲頁　　　　　　網　址：
地　址：台北市中正區重慶南路一段六十一號八樓815室
8F.-815, No.61, Sec. 1, Chongqing S. Rd., Zhongzheng Dist., Taipei City 100, Taiwan (R.O.C.)
電　話：(02)2370-3310　傳　真：(02) 2370-3210
總經銷：紅螞蟻圖書有限公司
地　址：台北市內湖區舊宗路二段121巷19號
電　話：02-2795-3656　傳真：02-2795-4100　網址：
印　刷：京峯彩色印刷有限公司（京峰數位）

　　本書版權為西南財經大學出版社所有授權崧博出版事業有限公司獨家發行
　　電子書繁體字版。若有其他相關權利及授權需求請與本公司聯繫。

定價：550 元
發行日期：2018 年 9 月第二版
◎ 本書以POD印製發行